基于乡村振兴的秦巴山区茶产业发展与特色产业扶贫研究

李勇　乔雅洁 / 著

中国纺织出版社有限公司

图书在版编目（CIP）数据

基于乡村振兴的秦巴山区茶产业发展与特色产业扶贫研究 / 李勇，乔雅洁著 . -- 北京：中国纺织出版社有限公司，2023.7
　ISBN 978-7-5229-0707-9

Ⅰ. ①基⋯　Ⅱ. ①李⋯　②乔⋯　Ⅲ. ①茶业—产业发展—研究—陕西②特色产业—扶贫—研究—中国　Ⅳ. ① F326.12 ② F269.274.1

中国国家版本馆 CIP 数据核字（2023）第 120437 号

责任编辑：郭　婷　　责任校对：江思飞　　责任印制：储志伟

中国纺织出版社有限公司出版发行
地址：北京市朝阳区百子湾东里 A407 号楼　邮政编码：100124
销售电话：010—67004422　传真：010—87155801
http://www.c-textilep.com
中国纺织出版社天猫旗舰店
官方微博 http://weibo.com/2119887771
天津千鹤文化传播有限公司印刷　各地新华书店经销
2023 年 7 月第 1 版第 1 次印刷
开本：710×1000　1/16　印张：13.75
字数：180 千字　定价：78.00 元

凡购本书，如有缺页、倒页、脱页，由本社图书营销中心调换

前　言

　　乡村是广大农村居民生产和生活的重要承载空间，是我国国民经济和社会发展的重要组成部分。改革开放以来，我国农村地区基础设施建设、生态环境和经济发展取得了重大进展。但随着工业化、城镇化的快速推进，我国农村居住人口结构出现失衡，传统文化衰落，城乡发展不平衡愈加突出。党中央提出的实施乡村振兴战略，在我国"三农"发展进程中具有划时代、里程碑的意义。

　　中国是茶的故乡，是世界上最早发现和利用茶叶的国家。据《华阳国志》记载，早在公元前1066年周武王伐纣时，我国的巴蜀地区已用所产之茶作为"纳贡"的珍品。目前，茶产业已发展成为我国现代农业的重要组成部分，横跨第一、第二、第三产业，茶产业从业人员众多，产值高，产业的资源优势明显。秦巴山区区域范围包括河南、湖北、重庆、四川、陕西、甘肃六省市的76个县（市、区），承担着南水北调中线工程水源保护、生物多样性保护、水源涵养、水土保持和三峡库区生态建设等重大任务。茶产业在秦巴山区的河南、湖北、重庆、四川、陕西、甘肃六省市均是主导产业，也是环境友好型产业，对当地脱贫和乡村振兴具有重要作用。

　　产业扶贫作为源头治贫、长效脱贫、稳定脱贫、可持续脱贫的根本之策，是我国扶贫"五个一批"工程的最重要内容，是解决有劳动能力的贫困群众发展能力的关键举措。产业扶贫也是一个极具中国特色的扶贫模式，不仅只是产业发展问题，而且也是治理问题和农政问题，任何单一方面的理论都难以完全解释产业扶贫悖论。秦巴山区通过发展新型经营主体推动茶产业扶贫，用金融活水激起茶产业扶贫活力，通过政府与市场双驱推动茶产业发展。本书主要阐述了秦巴山区采取发展茶叶品牌、产业融合、培训扶智、优化构建利益联结机制等具体措施，并结合典型案例全方位展示了秦巴山区基于乡村振兴的茶产业扶贫。

　　本书共四章，由李勇策划统稿。其中第二章由李勇撰写完成，第一章和第四章由乔雅洁撰写完成，第三章由乔雅洁和李勇共同撰写完成。

　　在写作过程中，作者参阅了大量国内外文献，并引用了有关专家及同行在论文及著作中的观点和材料，在此特向被引用观点和材料的作者致以衷心的感谢和诚挚的敬意。本书受教育部人文社会科学研究"秦巴山区茶产业升级与精准扶贫互动发展长效机制研究"（编号：17YJAZH046）项目资助。专著中如有不足之处，恳请读者批评指正。

著者

2022 年 11 月 23 日

目 录

第一章 基于乡村振兴的特色产业发展 ... 1
- 第一节 乡村振兴战略的提出与内涵 ... 1
- 第二节 产业兴旺的内涵及相关理论 ... 23
- 第三节 乡村振兴对乡村特色产业发展的新要求 ... 35

第二章 秦巴山区茶产业扶贫研究 ... 39
- 第一节 秦巴山区茶产业现状 ... 39
- 第二节 秦巴山区茶产业的发展 ... 50

第三章 秦巴山区其他特色产业扶贫研究 ... 61
- 第一节 贫困与贫困治理 ... 61
- 第二节 产业扶贫 ... 100

第四章 秦巴山区茶产业助推乡村振兴 ... 157
- 第一节 助推乡村振兴发展现状 ... 157
- 第二节 助推乡村振兴发展方式 ... 169
- 第三节 助推乡村振兴发展案例 ... 182

参考文献 ... 199

后记 ... 211

第一章　基于乡村振兴的特色产业发展

第一节　乡村振兴战略的提出与内涵

一、乡村振兴战略的提出背景

乡村是广大农村居民生产、生活的重要承载空间，也是国民经济和社会发展的重要组成部分。改革开放以来，我国农村地区基础设施建设、生态环境和经济发展取得重大进展。伴随工业化、城镇化的快速推进，乡村衰落、城乡发展不平衡等问题逐渐凸显，这种发展的不平衡不充分等现实，反映出我国社会主要矛盾转化为人民日益增长的美好生活需要和不平衡不充分的发展之间的矛盾，关系到全局的历史性变化。这要求我们在继续推动发展的基础上，大力提升发展质量和效益，更好满足人民在经济、政治、文化、社会、生态等方面日益增长的需要，更好推动人的全面发展、社会的全面进步。因此，加快推动农村地区发展，实现乡村振兴的基本条件已经具备。

（一）乡村衰落的现实不容忽视

1. 农村人口结构失衡

改革开放以来，随着我国工业化和城镇化进程的不断加快，农村剩余劳动力大量流入城市，为城市产业发展、经济繁荣、居民生活改善做出了巨大贡献。农村劳动力加速转移和经济快速发展促进了流动人口大量增加，广大农村地区常住人口多为缺乏劳动能力或劳动能力较低的老人、妇女及儿童。伴随农村人口结构的变化，农村地区空心村、老人村、留守儿童村和贫困村逐渐增多，出现了"389961"现象，致使一些村庄土地荒芜、农业衰退等。根据国家统计局数据显示，2021年，我国全国城镇人口91425万人，农村人口49835万人，城镇化率约为64.7%。与改革开放之初的1979年相比，城镇人口增加了72930万人，乡村人口减少了29212万人，城镇化率仅为18.96%（见图1-1）。

农村人口流入城市后，大部分人都获得收入水平的提高、教育水平的提升等，拥有更多的就业机会，进一步加速了农村青壮年劳动力流失。这一群体在逐步适应城市生活后，返回乡村的意愿降低，导致农村地区人口结构进一步恶化，农村日益衰落。

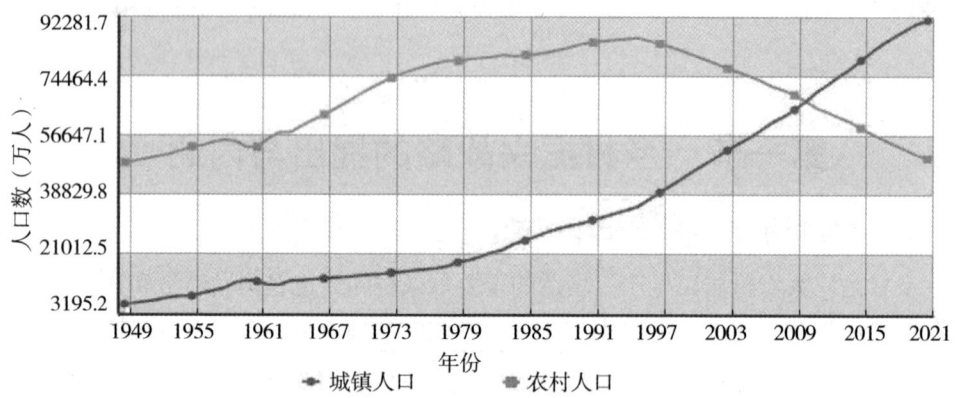

图 1-1　中华人民共和国成立以来我国城乡人口变化对比趋势图

2. 农村生态环境退化

我国工业化、城镇化快速推进，农村经济取得飞跃发展的同时，农村污染和生态环境问题逐步成为制约农村地区持续发展的重要问题之一。随着乡镇企业的快速发展，以及工业园区在农村地区的规模化布局，严重的环境污染不断出现，而农村地区的环境保护设施建设严重滞后，相关环保制度体系尚不健全，农民生态建设、环境保护意识薄弱，农村环境问题处于管理的模糊地带，这也使农村环境问题日益严峻。与此同时，种植业、养殖业等过量使用化肥、农药、除草剂等化学药品，导致农村地区水体和土壤中有毒药物和重金属含量超标。于是，农业部在 2015 年提出化肥农药零增长的要求，此后，多次在"中央一号"文件中强调"持续推进化肥农药减量增效"。根据《中国统计年鉴》统计数据，自 2015 年以来，我国农用化肥施用量呈现逐年下降的趋势，2021 年我国化肥施用量为 5191.26 万吨（见图 1-2）。农业农村部制定了《到 2025 年化肥减量化行动方案》，围绕"一减三提"目标任务，进一步明确了化肥要减量增效，强调科学、减量、绿色施肥，为农业粮食安全和高质量发展提供支撑。根据 2021 年 8 月 25 日发布的《第三次全国国土调查主要数据公报》数据，全面客观反映了我国国土利用状况，全国土壤环境得到改善。同时也反映出耕地保护、生态建设、节约集约用地方面存在的问题。

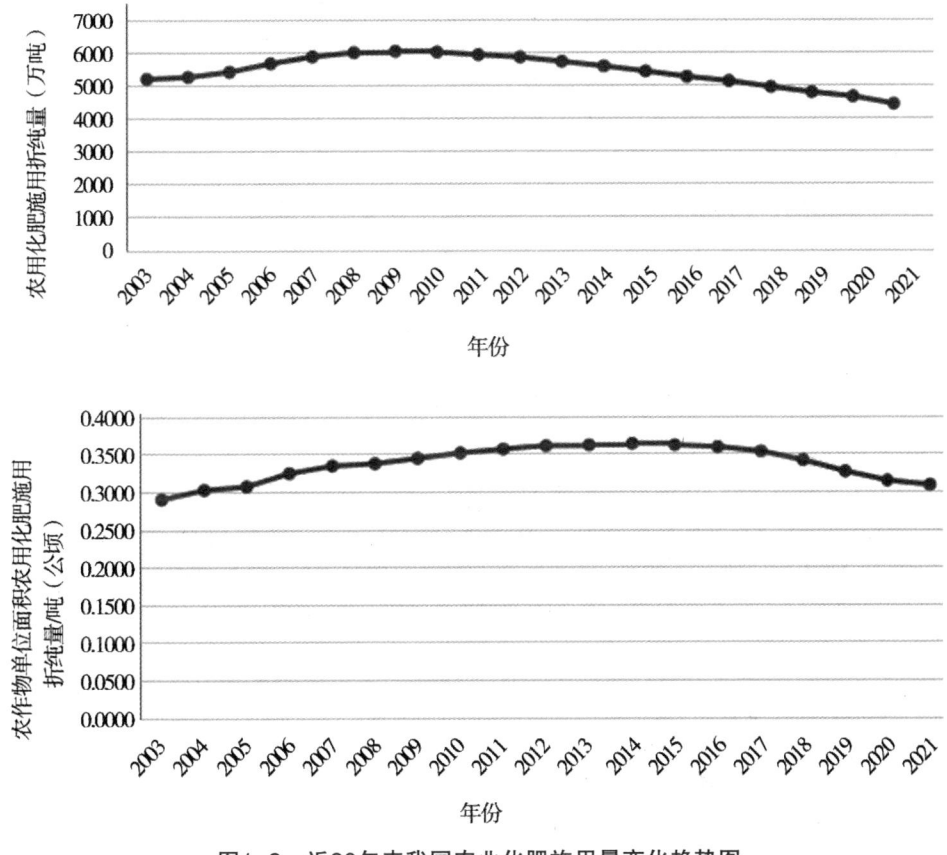

图1-2 近20年来我国农业化肥施用量变化趋势图

3. 农村传统文化衰落

农村传统文化是我国农耕文明的产物，是中华民族文化的根源，也是现代文化的灵魂，农村地区是我国传统文化的缘起、传承和生息之地。传统文化不仅体现在文化的附着物上，更体现在人的精神追求、审美趣味、乡愁记忆上。但是，随着我国城镇化进程的加快推进，农村中大量青壮年劳动力涌入城市，导致农村出现凋敝、衰败现象，传统文化的传承失去附着物，有的则是在市场大潮冲击下失去了之前的发展活力，致使中华民族的传统文化基因在农村流失趋向较为明显。特别是在新农村建设初期，农村地区在提高生活的便捷性、改善村容村貌的同时，一些具有时代特征和文化记忆的街道、古建筑等被人为拆除，一些传统的礼俗仪式、传统工艺失去附着物，人们忽略了对传统文化遗存和传统文化形态传承的保护，使乡村文化记忆逐渐模糊。

（二）城乡发展不平衡愈加突出

1. 农村产业发展质量亟待提高

在我国，部分农村地区产业结构不合理，主要表现在农业生产效率偏低，农产品加工业技术含量不高，服务业发展严重滞后。乡村主导产业不明确，规模偏小，缺乏具有市场竞争力的农业品牌，农产品阶段性、地区性供过于求与整体供给质量不高并存，农业供给侧结构性改革亟须加快推进和深化。与此同时，广大农民适应先进生产力发展和现代市场竞争的能力不足，政策引导不够，产业缺技术、缺资金、缺人才，农村产业发展质量不高。

2. 农村基础设施和民生领域欠账多

长期以来的工业化和城镇化进程使城镇区域基础设施和公共服务设施建设取得重大进展。在大量农村剩余劳动力转移进城的基础上，广大农村地区供水、排水、道路、电力、信息网络等建设仍滞后于城市，出行难、安全饮水难、网络慢、教育资源缺乏、医疗条件差等问题尚未得到有效解决。特别是20世纪末实施撤乡并镇和精简乡镇机构政策，在精减基层工作人员、减少财政负担的同时，规模较小乡镇原有的医疗、教育等设施进行撤并，养老入托严重滞后，空巢老人赡养和留守儿童看护问题突出，在一定程度上加剧了农村地区基础设施建设滞后的状况，导致乡村的整体发展水平与现代化进程不匹配。

3. 城乡居民收入差距依然较大

从城乡居民家庭人均可支配收入指标看，2021年全国城镇居民人均可支配收入为47412元，农村居民人均可支配收入为18931元。基于时间序列，从发展趋势看，相较2007年的3.14，2021年降到了2.50，从2010年开始城乡居民收入差距开始下降，随后呈现逐年下降趋势（见图1-3）。由于农村居民收入增速低，城乡居民收入差距较大，导致农村地区发展活力和潜力一直低于城市。

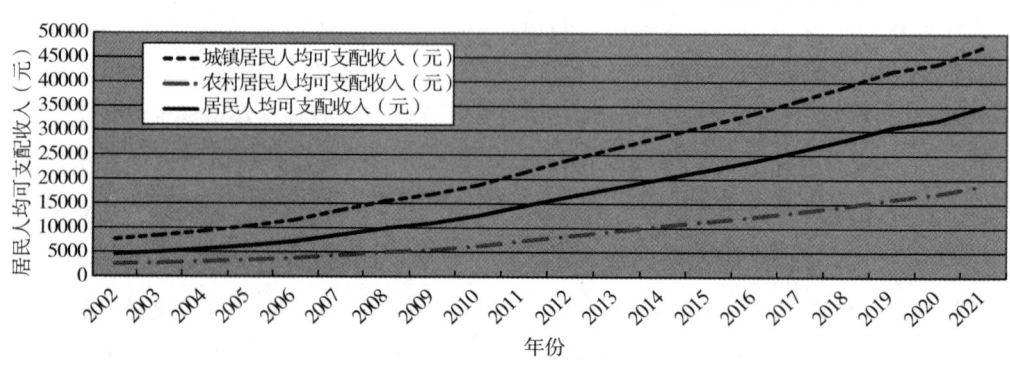

图1-3　近20年来我国城乡居民收入对比趋势图

(三)新时代我国社会主要矛盾发生变化

党的十九大报告中指出,"中国特色社会主义进入新时代,我国社会主要矛盾已经转化为人民日益增长的美好生活需要和不平衡不充分的发展之间的矛盾"。人民群众日益增长的美好生活需要对粮食安全、生态安全、健康养生、休闲旅游等方面提出了要求。随着人们收入水平提升、食品消费结构升级和生活方式发生变化,消费者对食品的方便性、营养化和安全性更加关注,食品安全和吃得健康放心,已经成为大势所趋。追求健康生态环境、体验健康产品、注重健康生活等各类需求显著增加。2022 年,我国人均 GDP 为 85698 元,体验式旅游需求激增,广大乡村依托自然生态资源、丰富的地方民俗民族文化,大力发展旅游业,为促进农业与旅游业深度融合迎来新机遇。因此,加快推动乡村振兴正是为满足人民群众日益增长的美好生活需要做出的重大战略决策。

新时代新征程,必须把发展重点放在解决"不平衡不充分的发展"这个新的矛盾的主要方面上。习近平总书记在党的二十大报告中指出:"全面建设社会主义现代化国家,最艰巨最繁重的任务仍然在农村。"全面推进乡村振兴,坚持农业农村优先发展,巩固拓展脱贫攻坚成果,坚持城乡融合发展,畅通城乡要素流动。加快建设农业强国,扎实推动乡村产业、人才、文化、生态、组织振兴。通过乡村振兴,实现"产业兴旺、生态宜居、乡风文明、治理有效、生活富裕",就是要坚持质量兴农、绿色兴农、品牌强农,加快和深入推进农业供给侧结构性改革,不断提升特色现代农业的综合竞争力,加速推进城乡产业融合、设施互联互通、公共服务共享、生态环保共建、文化传承互促、体制机制一体等进程,大力弘扬和践行社会主义核心价值观,不断提高乡村社会文明程度,进而提升乡村地区的发展质量,增强农村地区基础设施和公共服务设施保障能力,有效强化农村民生保障和乡村治理体系及治理能力。

(四)乡村振兴的基础和条件已经具备

经过近 70 年的发展,我国农村地区建设发展取得了重大成就。进入 21 世纪后,特别是党的十八大以来工业反哺农业的能力进一步增强,城乡关系调整加快,推动乡村振兴的基础设施条件已然具备。

1. 中国乡村已经具备了快速发展的基础与动力

依据《中国统计年鉴》中农村地区总人口数与农村人均可支配收入测算,2021 年我国农村地区生产总值约为 94343 亿元。2021 年全国农业及相关产业增加值为184419亿元，比上年增长10.5%（未扣除价格因素），占国内生产总值的比重为16.05%。农业总产值达到78339.51亿元，比上年增加4.5%。农村居民人均可支配收入达到18931元，增长9.7%，是1978年（134元）改革开放之初的100多倍。农村水电路网等基础设施与农业科技装备不断完善，科技观念不断更新，科技水平不断提高。2021年，农村发电设备容量81338282千瓦。此外，交通基础设施、公共服务设施以及互联网技术的深度运用，极大缩短了城乡空间距离，农业生产方式和农村流通方式发生了重大变革，资源与市场、资金、人才等资源聚集地之间的距离大为缩短。

2. 以工促农，城乡一体化融合发展的条件已经具备

改革开放40多年的伟大成就，为推动城乡一体化发展奠定了坚实的发展基础。1978—2022年，工业增加值从1621.4亿元增加到401644.3亿元，中国制造业世界竞争力显著提升，已成为世界最具制造业竞争力的国家之一。改革开放以来，我国城镇化水平显著提高，城市基础设施条件显著改善，城镇居民生活水平快速提升，城镇经济高速增长，产业结构持续升级，城市综合实力持续增强，城市已成为国家核心竞争力。随着工业化和城镇化进程的快速推进，新型工业化、信息化、城镇化和农业现代化"四化"同步发展时机已经具备，形成了工农互促、城乡互补、全面融合、共同繁荣的新型工农城乡关系，产业分工协作和城乡全面融合进入关键时期，为实施乡村振兴战略奠定基础。

3. 逆城镇化为乡村振兴带来重大机遇

城镇化进程快速推进的同时，资源环境对经济发展的束缚越来越大，城市中出现了交通拥堵、资源紧张、环境恶化等"城市病"，导致"逆城镇化"热潮。随着大城市病的凸显，回归田园的热潮涌现，城市居民返回乡村度假、体验乡村生活等成为人人向往的高品质生活方式。乡村经济由单一的农民居住、劳作向旅游度假、投资开发、特色产业等多元化发展转变。同时，随着现代农业发展水平的不断提升，农业的功能也由食品保障、原料供给、就业增收等传统功能，逐步向生态保护、观光休闲、文化传承等转型，带动了农业供给侧结构性改革，也为乡村地区获得更多的资本投入、人才流入、技术引进等带来机遇。

二、新时代实施乡村振兴战略的重大意义

乡村是具有自然、社会、经济特征的地域综合体，兼具生产、生活、生态、文化等多重功能，城市与乡村互促互进、共生共荣，共同构成人类活动的主要空间。

乡村兴则国家兴，乡村衰则国家衰。人民日益增长的美好生活需要和不平衡不充分的发展之间的矛盾在乡村最为突出，我国仍处于并将长期处于社会主义初级阶段的特征很大程度上表现在乡村。全面建设社会主义现代化强国，最艰巨最繁重的任务在农村，最广泛、最深厚的基础在农村，最大的潜力和后劲也在农村。实施乡村振兴战略，是党的十九大做出的重大决策部署，是有效解决新时代我国社会主要矛盾的重要路径，也是补齐全面建成小康社会短板的战略选择，更是全面建设社会主义现代化强国的重要保障，具有极其重大的现实意义和深远的历史意义。

2017年12月29日，中央农村工作会议首次提出走中国特色社会主义乡村振兴道路，让农业成为有奔头的产业，让农民成为有吸引力的职业，让农村成为安居乐业的美丽家园。2018年1月2日，国务院公布了2018年"中央一号"文件，即《中共中央国务院关于实施乡村振兴战略的意见》。2018年3月5日，国务院总理李克强在《政府工作报告》中讲到，大力实施乡村振兴战略。2018年5月31日，中共中央政治局召开会议，审议《国家乡村振兴战略规划（2018—2022年）》。2018年9月，中共中央、国务院印发《乡村振兴战略规划（2018—2022年）》。实施乡村振兴战略，是党的十九大作出的重大决策部署，是决胜全面建成小康社会、全面建设社会主义现代化国家的重大历史任务，是新时代"三农"工作的总抓手。党的二十大报告和2023年"中央一号"文件再次强调，要全面推进乡村振兴，发展乡村特色产业，拓宽农民增收致富渠道。巩固拓展脱贫攻坚成果，坚决守住不发生规模性返贫底线。增强脱贫地区和脱贫群众内生发展动力，落实巩固拓展脱贫攻坚成果同乡村振兴有效衔接政策，推动乡村产业高质量发展。

（一）是解决新时代我国社会主要矛盾的重要路径

马克思主义唯物辩证法认为，矛盾是事物运动发展的源泉和动力。准确把握社会主要矛盾和次要矛盾的特质性，及时处理和辨析二者的关联性，是辩证唯物主义和历史唯物主义的基本要求。中华人民共和国成立70年多来，世情、国情、党情、民情在发展中不断出现新变化，在社会生产力快速发展、人民生活水平不断改善、人民对美好生活需求不断提高、发展不平衡，我国社会主要矛盾随着经济社会的不断发展而不断变化。从党的八大提出的"人民对于经济文化迅速发展的需要同当前经济文化不能满足人民需要的状况之间的矛盾"到1979年邓小平同志指出的"我们的生产力发展水平很低，远远不能满足人民和国家的需要，这就是我们目前时期的主要矛盾"，到1981年《关于建国以来党的若干历史问题的决议》提出的"在社会主义改造基本完成以后，我国所要解决的主要矛盾，是人民日益增长的物质文化需要同落后的社会生产之间的矛盾",再到党的十九大提出的"我国社会主要矛盾已经转化为人民日益增长的美好生活需要和不平衡不充分的发展之间的矛盾"。改革开放40多年来我国经济社会取得的巨大成就,也进一步印证了我国之所以能够创造人类历史上的发展奇迹,其根本在于准确抓住了我国社会主要矛盾。经过长期努力,中国特色社会主义进入了新时代,这是我国发展的新的历史方位。中国特色社会主义进入新时代,我国社会主要矛盾已经转化为人民日益增长的美好生活需要和不平衡不充分的发展之间的矛盾。人民的需求和区域的协调,对经济社会发展提出了更高的要求。改革开放40多年来取得巨大发展成就的同时,城乡发展水平出现分化趋势。与城市快速发展相对应的是,广大农村地区发展严重滞后。农村地区基础设施建设速度和质量远远落后于城市,教育、科技、公共服务设施短板较多,农业仍然以原始农业和小农经济为主,城乡居民收入差距依然较大,现代城市文明对农村地区的辐射和带动能力极为有限。进入新时代,加快推动乡村振兴战略,就是要按照党中央的总要求,夯实农村发展产业基础、推动设施建设与城市同步、促进农民增收致富、改善农村生态环境,实现城乡融合发展。因此,在我国发展进入新时代背景下,实施乡村振兴战略,既是解决新时代我国社会主要矛盾的重要路径,也是实现城乡融合发展的重要举措。

(二)是全面建设社会主义现代化强国的重要保障

在科学审视国内外形势尤其是国内经济社会发展状况的基础上,我国提出在21世纪中叶建成社会主义现代化强国的战略部署。社会主义现代化强国建设是整体性建设,是在全面协调推进经济建设、政治建设、文化建设、社会建设、生态文明建设和党的建设中,不断地促进物质文明、政治文明、精神文明、社会文明和生态文明协同发展的社会整体文明进步过程,也是促进城市与乡村融合发展的增收致富过程,是建设社会主义现代化强国的重要内容,在社会主义现代化强国建设中具有至关重要的作用。我国广大农村地区人口众多、发展基础薄弱、振兴难度较大。可以说,社会主义现代化能否整体实现,农业农村现代化、农民实现增收致富是其首要指标。实施乡村振兴战略是新时代做好"三农"工作的总抓手,事关整个社会主义现代化建设大局。实施乡村振兴战略,推动广大乡村地区快速发展,实现产业兴旺、生态宜居、乡风文明、治理有效、生活富裕,不仅能够为农业农村现代化的顺利实现提供坚实的物质基础,而且能够为全面建设社会主义现代化国家提供保障。

具体来说，可以总结为以下六个方面：

1. 农业农村农民问题是关系国计民生的根本性问题

没有农业农村的现代化，就没有国家的现代化。当前，我国发展不平衡不充分问题在乡村最为突出，主要表现在：农产品阶段性供过于求和供给不足并存，农业供给质量亟待提高；农民适应生产力发展和市场竞争的能力不足，新型职业农民队伍建设亟须加强；农村基础设施和民生领域欠账较多，农村环境和生态问题比较突出，乡村发展整体水平亟待提升；国家支农体系相对薄弱，农村金融改革任务繁重，城乡之间要素合理流动机制亟待健全；农村基层党建存在薄弱环节，乡村治理体系和治理能力亟待强化。实施乡村振兴战略，是解决人民日益增长的美好生活需要和不平衡不充分的发展之间矛盾的必然要求，是实现"两个一百年"奋斗目标的必然要求，是实现全体人民共同富裕的必然要求。

2. 实施乡村振兴战略是建设现代化经济体系的重要基础

农业是国民经济的基础，农村经济是现代化经济体系的重要组成部分。乡村振兴，产业兴旺是重点。实施乡村振兴战略，深化农业供给侧结构性改革，构建现代农业产业体系、生产体系、经营体系，实现农村一二三产业深度融合发展，有利于推动农业从增产导向转向提质导向，增强我国农业创新力和竞争力，为建设现代化经济体系奠定坚实基础。

3. 实施乡村振兴战略是建设美丽中国的关键举措

农业是生态产品的重要供给者，乡村是生态涵养的主体区，生态是乡村最大的发展优势。乡村振兴，生态宜居是关键。实施乡村振兴战略，统筹山水林田湖草系统治理，加快推行乡村绿色发展方式，加强农村人居环境整治，有利于构建人与自然和谐共生的乡村发展新格局，实现百姓富、生态美的统一。

4. 实施乡村振兴战略是传承中华优秀传统文化的有效途径

中华文明根植于农耕文化，乡村是中华文明的基本载体。乡村振兴，乡风文明是保障。实施乡村振兴战略，深入挖掘农耕文化蕴含的优秀思想观念、人文精神、道德规范，结合时代要求在保护传承的基础上创造性转化、创新性发展，有利于在新时代焕发出乡风文明的新气象，进一步丰富和传承中华优秀传统文化。

5. 实施乡村振兴战略是健全现代社会治理格局的固本之策

社会治理的基础在基层，薄弱环节在乡村。乡村振兴，治理有效是基础。实施乡村振兴战略,加强农村基层基础工作,健全乡村治理体系,确保广大农民安居乐业、农村社会安定有序,有利于打造共建共治共享的现代社会治理格局,推进国家治理体系和治理能力现代化。

6. 实施乡村振兴战略是实现全体人民共同富裕的必然选择

农业强不强、农村美不美、农民富不富,关乎亿万农民的获得感、幸福感、安全感。乡村振兴,生活富裕是根本。实施乡村振兴战略,不断拓宽农民增收渠道,全面改善农村生产生活条件,促进社会公平正义,有利于增进农民福祉,让亿万农民走上共同富裕的道路,汇聚起建设社会主义现代化强国的磅礴力量。

党的十九大作出中国特色社会主义进入新时代的科学论断,提出实施乡村振兴战略的重大历史任务,在我国"三农"发展进程中具有划时代的里程碑意义。实施乡村振兴战略必须深入贯彻习近平新时代中国特色社会主义思想和党的十九大精神,在认真总结农业农村发展历史性成就和历史性变革的基础上,准确研判经济社会发展趋势和乡村演变发展态势,切实抓住历史机遇,增强责任感、使命感、紧迫感,把乡村振兴战略实施好。

三、新时代实施乡村振兴战略的基础

党的十八大以来,面对我国经济发展进入新常态带来的深刻变化,以习近平同志为核心的党中央推动"三农"工作理论创新、实践创新、制度创新,坚持把解决好"三农"问题作为全党工作重中之重,切实把农业农村优先发展落到实处;坚持立足国内保证自给的方针,牢牢把握国家粮食安全主动权;坚持不断深化农村改革,激发农村发展新活力;坚持把推进农业供给侧结构性改革作为主线,加快提高农业供给质量;坚持绿色生态导向,推动农业农村可持续发展;坚持在发展中保障和改善民生,让广大农民有更多获得感;坚持遵循乡村发展规律,扎实推进生态宜居的美丽乡村建设;坚持加强和改善党对农村工作的领导,为"三农"发展提供坚强政治保障。这些重大举措和开创性工作,推动农业农村发展取得历史性成就、发生历史性变革,为党和国家事业全面开创新局面提供了有力支撑。

农业供给侧结构性改革取得新进展,农业综合生产能力明显增强,农业结构不断优化,农村新产业新业态新模式蓬勃发展,农业生态环境恶化问题得到初步遏制,农业生产经营方式发生重大变化。农村改革取得新突破,农村土地制度、农村集体产权制度改革稳步推进,重要农产品收储制度改革取得实质性成效,农村创新创业和投资兴业蔚然成风,农村发展新动能加快成长。城乡发展一体化迈出新步伐，城乡居民收入相对差距缩小，农村消费持续增长，农民收入和生活水平明显提高。农村公共服务和社会事业达到新水平，农村基础设施建设不断加强，人居环境整治加快推进，教育、医疗卫生、文化等社会事业快速发展，农村社会焕发新气象。

与此同时，当前我国农业农村基础差、底子薄、发展滞后的状况尚未根本改变，经济社会发展中最明显的短板仍然在"三农"，现代化建设中最薄弱的环节仍然是农业农村。主要表现在：农产品阶段性供过于求和供给不足并存，农村一二三产业融合发展深度不够，农业供给质量和效益亟待提高；农民适应生产力发展和市场竞争的能力不足，农村人才匮乏；农村基础设施建设仍然滞后，农村环境和生态问题比较突出，乡村发展整体水平亟待提升；农村民生领域欠账较多，城乡基本公共服务和收入水平差距仍然较大，脱贫攻坚任务依然艰巨；国家支农体系相对薄弱，农村金融改革任务繁重，城乡之间要素合理流动机制亟待健全；农村基层基础工作存在薄弱环节，乡村治理体系和治理能力亟待强化。

从2018年到2022年，是实施乡村振兴战略的第一个5年，既有难得机遇，又面临严峻挑战。从国际环境看，全球经济复苏态势有望延续，我国统筹利用国内国际两个市场两种资源的空间将进一步拓展，同时国际农产品贸易不稳定性和不确定性仍然突出，提高我国农业竞争力、妥善应对国际市场风险任务紧迫。特别是我国作为人口大国，粮食及重要农产品需求仍将刚性增长，保障国家粮食安全始终是头等大事。从国内形势看，随着我国经济由高速增长阶段转向高质量发展阶段，以及工业化、城镇化、信息化深入推进，乡村发展将处于大变革、大转型的关键时期。居民消费结构加快升级，中高端、多元化、个性化消费需求将快速增长，加快推进农业由增产导向转向提质导向是必然要求。我国城镇化进入快速发展与质量提升的新阶段，城市辐射带动农村的能力进一步增强，但大量农民仍然生活在农村的国情不会改变，迫切需要重塑城乡关系。我国乡村差异显著，多样性分化的趋势仍将延续，乡村的独特价值和多元功能将进一步得到发掘和拓展，同时应对好村庄空心化和农村老龄化、延续乡村文化血脉、完善乡村治理体系的任务艰巨。

综上所述，实施乡村振兴战略，是党中央对"三农"工作一系列方针政策的继承和发展。具备较好的条件基础，在党中央、国务院的高度重视、坚强领导、科学决策之下，实施乡村振兴战略已写入党章，成为全党的共同意志，使得乡村振兴具有根本政治保障。社会主义制度能够集中力量办大事，强农惠农富农政策力度不断加大，农村土地集体所有制和双层经营体制不断完善，乡村振兴具有坚强制度保障。优秀农耕文明源远流长，寻根溯源的人文情怀和国人的乡村情结历久弥深，现代城市文明导入融汇，乡村振兴具有深厚文化土壤。国家经济实力和综合国力日益增强，对农业农村支持力度不断加大，农村生产生活条件加快改善，农民收入持续增长，乡村振兴具有雄厚的物质基础。农业现代化和社会主义新农村建设取得历史性成就，各地积累了丰富的成功经验和做法，乡村振兴具有扎实工作基础。实施乡村振兴战略，也是亿万农民的殷切期盼。必须抓住机遇，迎接挑战，发挥优势，顺势而为，努力开创农业农村发展新局面，从而推动农业全面升级、农村全面进步、农民全面发展。

四、乡村振兴战略的主要内容

《乡村振兴战略规划（2018—2022年）》共分11篇37章，围绕产业兴旺、生态宜居、乡风文明、治理有效、生活富裕的总要求，对实施乡村振兴战略作出阶段性谋划，分别明确至2020年全面建成小康社会和2022年召开党的二十大时的目标任务，细化实化工作重点和政策措施，部署重大工程、重大计划、重大行动，确保乡村振兴战略落实落地，是指导各地区各部门分类有序推进乡村振兴的重要依据。《规划》按照党的十九大提出的决胜全面建成小康社会、分两个阶段实现第二个百年奋斗目标的战略安排，中央农村工作会议明确了实施乡村振兴战略的目标任务，确定了"三步走"时间表。到2020年，乡村振兴的制度框架和政策体系基本形成，各地区各部门乡村振兴的思路举措得以确立，全面建成小康社会的目标如期实现。到2022年，乡村振兴的制度框架和政策体系初步健全。探索形成一批各具特色的乡村振兴模式和经验，乡村振兴取得阶段性成果。到2035年，乡村振兴取得决定性进展，农业农村现代化基本实现。到2050年，乡村全面振兴，农业强、农村美、农民富全面实现。

乡村振兴战略是在我国主要矛盾发生变化的新时代，在"三农"发展取得一定成就的基础上所作出的重大战略安排。体现了党对"三农"工作的重视，同时也是党的十八大以来习近平"三农"探索的总结与升华，主要包括以下三方面内容。

（一）农业全面升级

作为国民经济的基础性产业，农业发展水平的提升不仅取决于农业生产力所创造的客观环境基础，也是居民需求结构升级所产生的结果。农业朝着产出高效、产品安全、资源节约、环境友好的目的发展，朝着国际竞争力的方向前进，是农业全面升级的要求。

农业全面升级依赖于土地制度改革的前提条件。土地是农业农村发展的源泉，乡村振兴战略进一步强调农村土地"三权分置"的重要性。首先，集体所有权不变是农村土地制度改革的首要前提。改革开放确立的家庭联产承包责任制是适应我国社会主义初级阶段的基本国情、适应改革开放的时代背景、符合市场经济发展要求的农村土地经营方式，四十多年的实践也深刻证明了其正确性。现今，虽然中国特色社会主义进入新时代，但我国仍处于社会主义初级阶段，改革开放、市场经济的总基调不会变，因此，农村土地所有权也不能改变。农村土地改革不能将所有制改垮，这是应遵循的基本原则，因此，农村土地集体所有制的方向任何时候都不得偏离。其次，农村土地制度改革要稳定农户承包权。农户的承包权始于家庭联产承包责任制的实施，在第二轮土地即将到期的关键时刻，乡村振兴战略进一步强调土地承包关系稳定并长久不变的总基调，并再次将第二轮土地承包到期后再延长三十年，保障了农民的土地权益，对稳定民心、确保国家粮食安全、促进农业全面升级奠定了良好基础。最后，农村土地制度改革要放活土地经营权。近年来，在土地规模化经营的推动下以及农村集体产业发展的带动，土地流转不断得以规范，效力增强。因此，乡村振兴战略将放活土地经营权作为重要内容具有深刻的意义。此外，乡村振兴战略再次强调承包地"三权分置"完善问题也具有一定的国际视野。世界农业最发达的美国虽然实行农村土地私有制，但国家通过立法和农业补贴等政策强力支持规模经营，发展多种形式的农业经营主体，加之完善的市场体系，美国人均粮食高达千斤并成为世界上最大的农产品出口国。由世界农业发展来看，规模化经营也成为不可逆转的大趋势。

农业全面升级以农业供给侧结构性改革作为发展主脉络。随着我国主要矛盾的转变以及居民消费结构提升的状况下，农业供给侧结构性改革旨在提高农产品供给质量，满足市场需求，其自提出以来，在全国陆续开展。例如浙江安吉鲁家村的草莓种植将产品生产与采摘体验结合起来，每斤35元的价格依旧畅销；河北省南和县骆驼木村建立了农业嘉年华，生产基地达十万平方米，进行蔬菜立体无土栽培，大棚种植鲜花，吸引了大量旅游、拍婚纱照的游客等，为农业现代化发展提供了经验。但现阶段我国农业供给侧结构性改革也存在很多问题，如适度规模经营的发展前提还不够完善，农产品质量偏低不适合农业产业的发展等。由此，乡村振兴战略进一步提出要将农业产业体系、生产体系、经营体系的发展作为重要支撑，将新型农业经营主体的培育、农村三大产业融合问题作为重点工作，从而促进农业供给侧结构性改革、促进农业全面升级。首先，农业供给侧结构性改革应和农业产业化发展结合。通过延长产业链对农产品进行生产、加工、销售等，提高农产品附加值，促进当地农民就业，增强农村经济发展水平；充分发掘当地自然资源、文化资源等发展旅游业、搞农家乐，利用网络、旅游等宣传当地特色农产品，实现农村一二三产业的融合发展。其次，农业供给侧结构性改革应充分体现绿色农业的理念。随着人们生活水平的提升，人们对于转基因食品、农药化肥的抵触越来越强烈，农产品清洁绿色、高质量无公害显得更加重要，因此，农业供给侧结构性改革应注重绿色农业的发展，提升农业质量，这同我国所倡导的人与自然和谐共生的生态思想一脉相承。

总之，乡村振兴战略以土地制度改革为前提，农业供给侧结构性改革为主线，贯穿绿色、优质、高效的理念，以推动农业全面升级，让农业成为有奔头的产业，让农业参与到国际竞争的行列。2018年被农业农村部列为"农业质量年"，旨在深化农业供给侧结构性改革，增强农业现代化的发展动力，增强农业竞争力。而到了2023年，农业农村部持续发力全面推进乡村振兴，以加快建设"农业强国"为目标，2023年将是我国加快农业强国建设的"元年"。

（二）农村全面进步

随着中国特色社会主义进入新时代，我国发展不平衡不充分的主要矛盾主要表现在城乡发展不平衡、农村发展不充分上。城乡发展不平衡是造成我国乡村长期以来积贫积弱的根本原因，因此，乡村振兴战略站在美丽乡村建设的基础之上，要求农村政治、经济、文化、生态、社会全面进步，实现农村现代化。

城乡融合发展是乡村振兴战略对于城乡关系的新部署，城乡融合发展是党的十八大以来城乡发展状态所作出的新判断，要求城市、乡村相互取长补短，实现你中有我、我中有你的命运共同体。一方面表明我国农村经济实力不断增强、城乡差距进一步缩小的事实，在此基础上我国有条件、有能力实现城乡融合，另一方面，也为下一阶段的城乡工作提出了更高的要求，即将进行更艰难的"三农"工作。首先，缩小城乡差距，实现城乡融合发展要继续坚持城市对乡村的支持作用，提高国家对农村的政策补贴，鼓励支持城市资源流向农村，建立更加完备的基础设施，更加完善的社会保障体系。其次，乡村内在动力的提升是城乡融合的关键。乡村振兴战略为农业现代化的发展提出了系列要求，其中农业质量的提高和农业结构的优化以及农业产业的发展是农村经济发展的直接力量，农村一二三产业的深度融合过程也是农村精神文明创建的过程，农业的优质高效绿色发展也能够推动乡村生态环境的改善等，农村内生动力的增强将是支持城市发展的资本，也是充分利用城市流动资源的条件。

精准脱贫为增强乡村发展内生动力的实现创造了良好的条件。精准扶贫工作为实现农村贫困人口摆脱贫困，实现全面建成小康社会目标而提出，精准到户精准到人，扶贫同扶志、扶智相结合，精准扶贫自实施以来取得了突破性成就，也涌现出一批又一批经典的脱贫事例。如陕西省汉阴县通过搭建"镇园产业联盟"平台，实现全县园区、龙头企业、合作社等新型经营主体与贫困户信息互联互通，共享市场需求和产业发展信息，实现当地村民脱贫；湖南省湘西十八洞村充分结合当地少数民族文化特质，发展苗族织锦，乡村旅游开展农家乐，实现贫困户全部脱贫。截至2020年5月17日，河北、山西、内蒙古、吉林、黑龙江、安徽、江西、河南、湖北、湖南、广西、海南、重庆、四川、贵州、云南、西藏、陕西、甘肃、青海、宁夏、新疆等22个省区市的780个贫困县宣布脱贫摘帽。然而精准脱贫作为新时代我国三大攻坚战之一是一个长期的过程，在新形势下，如何进一步加强农村贫困地区的造血致富能力，如何进一步提高农村的社会保障能力等成为紧迫的脱贫任务。党的十九大报告中再次强调精准脱贫的战略任务，并制定以2020年为节点的战略目标，这就要求国家进一步推进贫困地区的确认、帮扶与支持，要求党的领导进一步加强，充分发挥基层党组织的领导作用，要求贫困村民进一步发挥人力资本的作用，增强脱贫的实力与信心。精准脱贫不仅仅是振兴"三农"的有力举措，也成为一个社会问题，关系到社会主义现代化的建设。因此只有集社会合力综合施策，才能实现我国全面脱贫的目标。20世纪70年代，日本通过造村运动实现了乡村的振兴，消除了"二战"结束后严重的城乡差距；20世纪末，韩国的新村运动以政府的引导为突破口，以农村基础设施建设为切入点，实现了农村的振兴；法国政府通过支持乡村旅游实现了法国农村的经济发展；我国在乡村振兴战略背景下的农村全面进步也要借鉴国外有利经验实现中国农村的崛起，为发展中国家的乡村发展提供经验。

（三）农民全面发展

乡村振兴战略作为解决"三农"问题的新对策，其最终造福的对象是农民。

农民作为农村的主人，也必然是乡村振兴战略实施的主体，与此同时，乡村振兴战略农业农村的现代化发展也需要具备现代化素质的农民，通过掌握先进的技术、管理等才能，为自身生活品质提升而奋斗，为乡村全面振兴而奋斗。

当下我国农村在取得一系列发展后仍有诸多不乐观的现状，如大量农村年轻劳动力选择外出打工的问题依旧较为严重，虽然近年来我国进城务工人口增长量有所下降，但根据国家统计局发布的报告显示，截至2021年，我国农民工人数达到29251万人，比上年增加691万人，增长2.4%，几乎占乡村总人口数的60%，大量农民进城务工意味着农村年轻劳动力的稀缺，致力于乡村振兴战略的高素质农民较少，这也是我国"三农"问题进展较缓慢，农业农村现代化发展受阻的重要原因，基于这样的背景，外来人才也被阻隔在外，乡村基层党组织的工作也难以开展。

首先，乡村振兴战略为农民发展提供了充分条件。乡村振兴战略为农业农村的发展描绘了一幅崭新的画面，针对谁来发展农业、谁来繁荣农村的现实问题提出了方针、政策、措施。政府通过加大投入力度为乡村全面发展创造良好的经济政治环境，通过城乡融合发展体制机制的创建致力于城乡资源互通壁垒的打破，通过健全金融机制鼓励农民创新创业，因此，在政策的推动下，农业农村现代化将实现加速发展，农民将迎来广阔的发展天地。土地不再是农民的唯一寄托，进城务工也不再是农民增加收入的最佳选择，农业农村现代化发展背景下将产生承包商、农业经营大户、企业家、股东、雇用工人、乡村导游等多重角色供农民自由选择，现代农民不再具有传统农民的标签，而是乡村经济的建设者、乡村文明的传播者、乡村环境的保护者、乡村财富的持有者。

其次，农民的现代化也是推动乡村振兴战略实施的直接力量。乡村振兴战略贵在实施，乡村振兴关乎党在农村的执政基础，影响着社会大局的稳定，加强党的领导是实现"三农"新发展的根本保障。一方面，自治、法治、德治是乡村治理的最佳方式。注重党对农村工作的全面领导，既是我们党的执政传统，也是党的执政优势，在完成全面脱贫攻坚步入乡村振兴的新发展阶段，更要毫不动摇地坚持和加强党对乡村工作的领导，确保党在乡村振兴进程中能够始终发挥总揽全局、统筹协调作用，为新时代"三农"工作和乡村振兴提供坚强有力的政治保障。加强农村基层基础工作就是要加强基层党员干部的建设，破除队伍变动性大、工作开展有难度、缺乏"三农"理论等的现状，增强基层党建，党员干部应主动向优秀县委书记、优秀党员干部学习，加强自身素质，贴近农民生活，既然下得去，就要留着住、干得好，带领广大农民团结一心、凝聚合力，形成农村自治、法治、德治的良好治理体系。另一方面，"一懂两爱"是国家对"三农"工作队伍的基本要求。"三农"工作队伍从农民中来，也要到农民中去。"懂农业"是要农民成为现代农业的发展者；"爱农村"是要爱护农村的生态环境，守护农村的精神文化；"爱农民"是要增进和农民的情感，成为农民中的一员，增进认同。因此，农村基层领导好，带领农民全面发展，才能实现乡村政治、经济、文化、社会、生态全面振兴。乡村振兴战略的实施关键在人，人才振兴是乡村振兴战略的基础，没有农民的全面发展就没有乡村的全面振兴。

基于上述几方面内容，党的二十大报告提出要"全面推进乡村振兴"，这是对党的十九大报告所提出的"实施乡村振兴战略"的进一步发展，彰显出新时代新征程在工农城乡关系布局上的深远谋划，为不断推进乡村振兴、加快农业农村现代化进程指明了方向。乡村振兴战略既是关系全面建设社会主义现代化国家的全局性、历史性任务，又是新时代"三农"工作总抓手。围绕目前发展中的突出问题，要走好中国特色社会主义乡村振兴道路，需要抓住问题重点，着力落实好七方面内容，即重塑城乡关系，走城乡融合发展之路；巩固和完善农村基本经营制度，走共同富裕之路；深化农业供给侧结构性改革，走质量兴农之路；坚持人与自然和谐共生，走乡村绿色发展之路；传承发展提升农耕文明，走乡村文化兴盛之路；创新乡村治理体系，走乡村善治之路；打好精准脱贫攻坚战，走中国特色减贫之路。

五、乡村振兴战略的总体要求

乡村振兴战略提出"产业兴旺、生态宜居、乡风文明、治理有效、生活富裕"的总要求，同时也是乡村振兴战略的精髓。五大要求的具体内容可概括为以下五方面：

（一）乡村振兴战略的重点是产业兴旺

经济是一切发展的基础，乡村振兴战略作为建设现代经济体系的重要一环，作为乡村经济发展的驱动力，并置于五大要求的首位，是最基础、最关键的任务。然而农业发展落后的状况不仅暴露了其短板也昭示了农业发展的巨大潜力。乡村振兴战略要求将农业现代化发展作为重点任务，通过农业供给侧结构性改革优化农业结构、增强农产品质量，是农业产业崛起的关键。习近平总书记在党的二十大报告中指出,"建设现代化产业体系"。现代化产业体系是现代化国家的物质支撑,是实现经济现代化的重要标志。我国已迈上全面建设社会主义现代化国家的新征程,面对严峻复杂的发展环境和解决发展不平衡不充分问题的迫切要求,必须坚持以经济建设为中心,把发展经济的着力点放在实体经济上,把建设现代化产业体系作为经济现代化的重要任务。此外,乡村一二三产业的深度融合,不仅有利于延长产业链促进经济的进一步发展,也是实现农民就业促进农民增收、维护农村社会秩序的有力举措。因此,将产业发展作为乡村振兴战略的重点有其现实意义,乡村振兴战略的实施应以农业产业的发展为切入点,深层直趋。

(二)乡村振兴战略的关键是生态宜居

实现生态宜居的乡村发展状态并非一蹴而就。生态文明建设作为我国"五位一体"总体布局中的重要一方面,作为支撑现代化建设的重要一环,意义重大。从 2003 年"千村示范万村整治"的理念,到十六届五中全会"社会主义新农村建设"村容整洁的要求,从 2005 年"绿水青山就是金山银山"的理论,再到党的十八大以来美丽乡村建设,农村的生态文明建设一直得到高度重视。在党的二十大报告中,习近平总书记进一步指出尊重自然、顺应自然、保护自然,是全面建设社会主义现代化国家的内在要求。我们必须牢固树立和践行"绿水青山就是金山银山"的理念,坚持山水林田湖草沙一体化保护和系统治理,统筹产业结构调整、污染治理、生态保护、应对气候变化,协同推进降碳、减污、扩绿、增长,推进生态优先、节约集约、绿色低碳发展。因此,乡村振兴战略中生态宜居的要求是建立在长期农村生态文明建设工作的基础上提出的新标准,生态体现了农村自然环境和社会环境的发展,宜居体现的是农民生活状态、居住条件,只有生态宜居的乡村环境状况,才有绿色农业、乡村旅游的发展基础,也是推动经济社会发展绿色化、低碳化,实现高质量发展的关键环节。

(三)乡村振兴战略的保障是乡风文明

乡风是村民乡愁所在、乡村的文明所指,代表着乡村的特性,旨在促进乡村的精神文明建设。中国是一个有着悠久农耕历史的国家,传统文化在很大程度上是乡土文化。然而我国长期以来将工作的重点放在经济方面,乡风文明一度受到忽略,此外农民受传统封建迷信思想的影响较严重,乡风文明又遭到很大程度的破坏。乡村振兴战略将乡风文明置于乡村全面发展的要求之一,就应当要求社会各界的共同努力唤起文明乡风。一是要保护与弘扬优秀乡风,包括乡村物质文明和非物质文明两方面，良好优秀的乡风既能展现一村村民的精神面貌，又能体现一方特有的乡村风情。注重家庭家教家风建设，深入实施农耕文化传承保护工程，加强重要农业文化遗产保护利用。二是要抵制封建腐朽的思想，落后的乡风只能成为乡村全面振兴的桎梏，必须加以遏制。三是要贯彻社会主义文化建设，弘扬当下主流思想、良好的精神品质。在乡村振兴战略中，乡风文明建设是城乡融合发展中乡村保持相对独立性的标志之一，也是展现农民精神风貌积极投身乡村振兴的内在体现。良好的乡风不仅是"三农"工作的重点也是在实现中国梦的过程中弘扬中华优秀传统精神的需要。

（四）乡村振兴战略的基础是治理有效

首先，没有治理就不成秩序，任何社会都需要法律、规则、道德的约束和规范，城乡差距的具体表现之一在于乡村秩序不如城市规范有序，乡村全面振兴需要进一步提升治理水平，因此，乡村社会应增加治理内容，完善治理秩序。其次，乡村治理要注重效果。关于乡村治理工作，历届领导人对此都高度重视，但更注重治理的过程。农村处于党的路线方针政策实施贯彻的最末端，更应该注重效率和落实，对此，加强党对乡村振兴战略的领导是关键；此外，农民是农村的主人，村民自治是乡村治理的根本，村民自治是一个协商的过程，能够更加注重公平，更加体现治理效果。因此，通过自治、德治、法治相结合将形成"村村有村规，人人讲规矩"的乡村善治。

（五）乡村振兴的根本是生活富裕

贫穷不能成为社会主义的内容，同样贫穷也不构成乡村振兴。乡村生活富裕是一个不断变化不断发展的概念，人民对美好生活的需要是不断提升的，从农民收入情况来看，现阶段我国农民的年均收入是改革开放初期的 100 倍，从农民的精神消费来说，由于收入的增加，农民消费结构不断优化，精神消费的数量和质量不断提升。因此，不能将现在的农民富裕标准衡量将来的乡村振兴。然而无论生活富裕的标准如何变化，坚持乡村可持续的发展、经济绿色发展、文化创新性发展的原则是不容更改的。

综合考虑乡村振兴战略的五大要求，构成政治、经济、文化、生态、社会五方面建设的有机整体，贯穿乡村振兴战略的始终。农业、农村、农民问题不是一个个独立存在的个体，而是三者相互交融。乡村振兴战略旨在乡村的全面振兴，其五大要求紧密相连，其中任一方面的发展都对其他方面甚至整个全局产生深刻影响。

首先，乡村产业的兴旺发展建立在农业供给侧结构性改革的基础之上，是优质高效的发展方式，这种农业经营模式能够合理利用土地资源，具有生态、绿色、可持续的性质，有利于乡村生态环境的改善，为乡村生态宜居的良好环境奠定基础；农业产业发展也是实现乡村经济发展的主要推动力，为更多农民提供就业岗位，增加农民收入，在物质财富获得满足之后，精神需求的消费便增加，有利于文明乡风的构建，物质文明、精神文明两方面共同发展才是农民生活富裕的实质；此外，产业发展推动下农民生活水平提升，有利于乡村良好社会秩序的构建，为乡村治理有效奠定坚实基础。

其次，生态宜居的要求充分表明了乡村居住环境的特点。我国高度重视农村环境保护与开发工作，尤其是对于自然资源占据优势的地区，更是主张将资源优势转化为发展优势。农村良好的生态环境是构建生态农业发展的前提，也是乡村旅游资源开发的重要形式，同时，环境对人的发展具有重要影响，人们在良好的环境下能够保持良好的精神面貌，更积极地从事生产实践。因此，生态宜居不仅仅是乡村外部环境的一种体现，更是乡村全面发展的强劲动力。浙江安吉余村就是典型的成功案例，20世纪70年代，安吉余村为了发展经济开采矿山，办水泥厂，环境受到严重破坏，2004年关停了部分矿山，村集体收入从300多万元下降到20万元，正当村干部犹豫之时，2005年8月习近平同志来此考察，对该村的做法表示赞同并鼓励余村村民合理开发自然资源，于是，余村从靠山吃山变成了养山育山，通过复垦复绿、治理水库、改造村容村貌、支持发展农家乐等举措，余村变成了山清水秀、竹海连绵的"美丽乡村"。2021年，余村吸引各地游客80万人次，村集体经济收入达到801万元，村民人均年收入6.1万元，远高于全省平均水平。乡村旅游已发展成了产业链条，周边村庄也被带动发展起来。同时吸引了年轻人回乡创业。如今，余村35周岁以下的年轻人，在村里务工的有近100人。农村生态文明建设能够促进农村产业的发展，从而推动村民摆脱贫困，实现生活富裕。因此，生态宜居看似仅仅是乡村发展的一个外部因素，但对乡村全面振兴具有重要的意义。

此外，乡村的资源优势不仅表现在生态环境方面，还包含物质文化和非物质文化的乡风，良好的乡风是当地乡村精神文明的重要体现，精神文明是推动乡村治理的良好基础，展现乡村与村民的良好精神面貌。同时乡风获得良好的开发也能够成为吸引游客参观旅游的资源，从而为乡村特色产业的发展增强动力，对农民收入增加、生活富裕具有积极作用。因此，乡村振兴战略五大要求之间相互融合、相互影响，其中，生活富裕是基本目标，产业兴旺是动力，生态宜居和乡风文明都可以成为产业化的有效形式，也和治理有效共同为乡村政治、经济、文化、社会、生态环境的建设提供保障。

乡村振兴战略的五大要求涉及乡村政治、经济、文化、社会、生态五个方面的发展，其中一方面的要求达不到，乡村的全面振兴就不能实现，因此，在实施乡村振兴战略的过程中应正确处理好整体与部分的相互关系，共同作用于乡村全面振兴。

六、乡村振兴相关研究内容

站在新的历史起点，在深刻分析当前的国际国内形势，全面掌握工业化、城镇化的历史演变规律和建设现代化强国的目标下，党中央提出的实施乡村振兴战略，强调"农业农村优先发展"，是将"三农"问题上升到了国家战略的高度进行决策部署。正视现阶段农业农村发展所面临的突出问题，充分体现了党中央在新时期推动解决"三农"问题的决心。

自乡村振兴战略提出以来，各界人士、相关专家学者等围绕乡村振兴领域展开了集中研究。通过百度指数搜索自2018年1月以来的全国数据，搜索热度不断增加（图1-4）。从区域分布看，华东地区搜索指数居首位，北京、成都、杭州三个城市分别排在前三位（图1-5）。搜索人群涵盖各行各业，年龄集中在20～49岁，其中20～29岁、30～39岁、40～49岁各占47.12%、30.82%和10.6%。

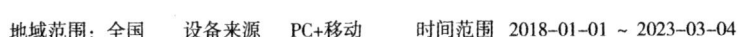

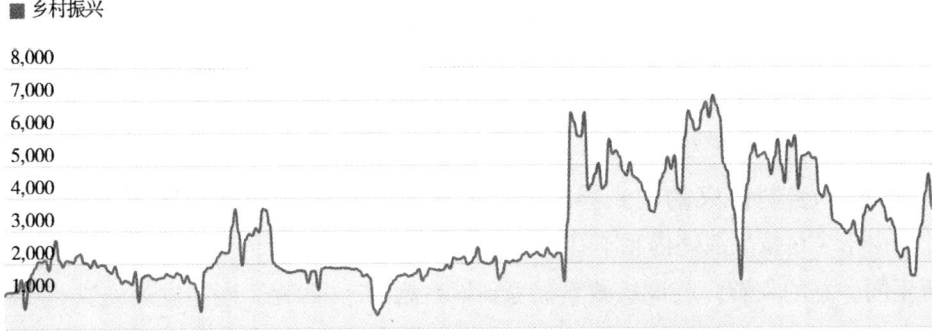

图1-4 "乡村振兴"关键词百度搜索指数变化趋势图

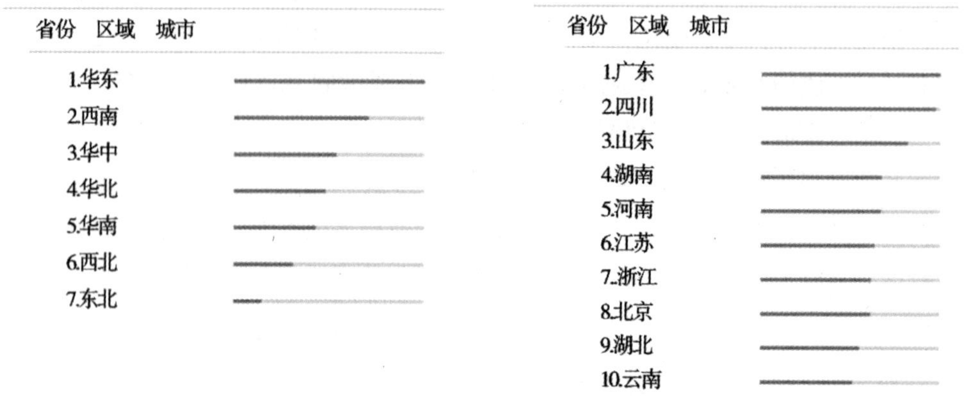

图1-5 "乡村振兴"关键词2018—2023年百度搜索指数区域分布图

通过中国知网对乡村振兴研究现状的梳理发现，自2018年1月以来，相关专家学者围绕"乡村振兴"展开了大量研究，2019年出现了爆发式增长（图1-6）。

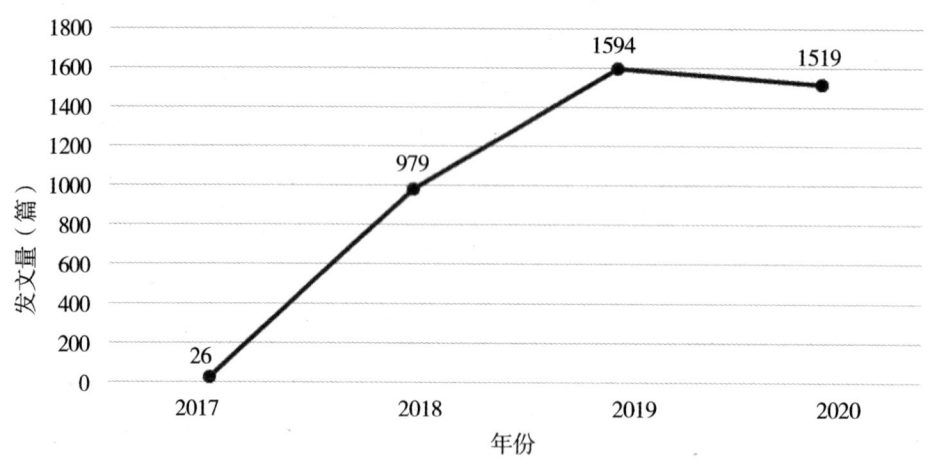

图1-6 中国知网2017—2020年核心以上期刊发文趋势图

当前我国学者围绕乡村振兴开展的相关研究可概括为以下三个方面：

（一）乡村振兴的内涵界定

由于乡村振兴战略内涵丰富，站在不同角度理解，不同学者界定的侧重也有所不同。总的来看，应该从城乡统筹到城乡融合、"四化"同步发展到农业农村优先发展、从农业现代化到农业农村现代化等转变来理解乡村振兴战略的丰富内涵。新时期的乡村振兴战略是以激活乡村人口、土地、产业等要素活力和内生动力为抓手，推进城乡关系转型和重塑，其主要内容应包括经济建设、文化建设、生态建设、福祉建设、政治建设等五个方面。若从城乡关系的角度来看，要素、城乡联系和空间是影响乡村发展及演变的重要因素和路径选择。

（二）实施乡村振兴的路径选择和相关实践研究

围绕乡村振兴战略的"20字方针"，深入研究某一个层面在具体实施过程中的现状、问题和应对策略是乡村振兴战略相关实践研究的重点和热点。围绕某个区域、某个具体省市（区、县）的突出问题或难题，围绕农业发展中的关键问题，围绕农民关心的迫切问题，通过实证和理论相结合的方法，开展大量相关研究。实证进一步论证了村庄整治、建设生态宜居村庄是乡村振兴战略实施的突破口。学者们认为乡村振兴是相较于乡村衰落而言的，基于乡村衰落角度，应该从产业结构调整、乡村人口稳定、科技文化建设、社会治理体系构建、基础设施建设、生态环境保护等方面促进乡村振兴战略的推进实施。现阶段我国的乡村振兴已经进入农村地域空间综合价值追求新阶段，未来要以特色小镇和美丽乡村同步规划建设为抓手，进一步推动乡村振兴战略。

（三）乡村振兴的结构优化及内在机制研究

乡村振兴战略背景下的城乡融合、脱贫攻坚、农业农村现代化、乡村旅游、乡村治理、乡村文化等方面的研究，这些都是乡村振兴战略的重要组成部分，也是研究领域的热点问题。有学者在梳理了城乡融合与乡村振兴的科学内涵及相互作用关系后，认为乡村振兴战略与城乡融合发展互为支撑、相互推动。而乡村振兴与脱贫攻坚两者之间存在着内在逻辑关联。

第二节 产业兴旺的内涵及相关理论

一、产业兴旺的提出

党的十九大报告第一次提出了乡村振兴战略，把产业兴旺、生态宜居、乡风文明、治理有效、生活富裕五个方面作为乡村振兴战略的总要求，其中产业兴旺是乡村振兴战略的首位要求。

产业兴旺是乡村振兴的重点，没有产业兴旺，乡村振兴将成为无源之水、无本之木。可以说，产业兴旺是乡村振兴其他四个方面即生态宜居、乡风文明、治理有效、生活富裕赖以实现的物质基础。经济是一切发展的基础，乡村振兴战略作为建设现代经济体系的重要一环，产业兴旺作为乡村经济发展的驱动力，并置于五大要求的首位，是最基础、最关键的任务。

产业兴旺是要振兴乡村，而不是要将乡村"变"为城市，所以要美丽乡村、建设乡村、振兴乡村。关于农业的研究在未来会是乡村工作中的重中之重，是建设乡村一切问题的前提，就像是"以经济建设为中心"一样，乡村振兴就是要先以农村产业为中心，建立信息化农业，职业化农民，科学化管理，达到产业兴旺，实现农业现代化。对于乡村振兴战略来说，产业兴旺绝不是简单地给当地引进一个企业就能实现的，部分农民在当地支柱型企业务工的方式虽然能够给农民自身带来一定的收入，但是这并不是真正的产业兴旺。产业兴旺应是能够带动当地大部分农民参与其中，并能从中获取较高收益的模式。产业兴旺是实现乡村振兴的基础和难点，一个乡村如果不能实现产业兴旺，即使具备优美的自然环境和"路不拾遗"的乡风，实现了生态宜居和乡风文明，也难以解决生活富裕问题，不具备可持续发展的属性。

乡村振兴战略要求将农业现代化发展作为重点任务，通过农业供给侧结构性改革优化农业结构、增强农产品质量，是农业产业崛起的关键。此外，乡村一二三产业的深度融合，不仅有利于延长产业链促进经济的进一步发展，也是实现农民就业促进农民增收、维护农村社会秩序的有力举措。因此，将产业发展作为乡村振兴战略的重点有其现实意义，乡村振兴战略的实施应以农业产业的发展为切入点，深层直趋。

2018年1月，中共中央、国务院颁发《关于实施乡村振兴战略的意见》，明确产业兴旺是乡村振兴战略实施的重点，要提升农业发展质量，培育乡村发展新动能。2018年9月，中共中央、国务院颁发《乡村振兴战略规划（2018—2022年）》，制定了产业兴旺阶段性工作任务，细化政策措施，为各地区各部门分类有序推进产业兴旺提供重要依据。2019年1月，中共中央、国务院颁发《坚持农业农村优先发展做好"三农"工作的若干意见》，提出要发展壮大乡村产业，拓宽农民增收渠道，以保证全面建成小康社会的目标如期实现。2019年6月，国务院颁发《关于促进乡村产业振兴的指导意见》，明确产业兴旺是乡村振兴的重要基础，是解决农村一切问题的前提，对促进乡村产业振兴做出全面部署。2020年12月16日国务院发布《关于实现巩固拓展脱贫攻坚成果同乡村振兴有效衔接的意见》，设立5年过渡期，从集中资源支持脱贫攻坚转向巩固拓展脱贫攻坚成果和全面推进乡村振兴。可见，国家对产业兴旺的政策支持是一贯的、持续的，足见产业兴旺在乡村振兴战略中的地位和作用。

二、产业兴旺的内涵及特征

（一）产业兴旺的内涵

乡村振兴是相对于城镇化进程中出现的农村发展"空心化"等为表征的"乡村衰败"而言的，而乡村衰败的根本在于农村缺少产业发展做支撑，因此产业兴旺在乡村振兴战略的五个目标中列首位，是乡村振兴战略实施的重点和基础。

1. 产业兴旺是农民生活富裕的前提

农民生活富裕是实施乡村振兴战略的根本目的，主要表现在农民收入水平、生活水平的提高，其中农民收入水平的提高既与生活水平息息相关，也是生活水平提高的关键所在。而产业兴旺旨在构建现代农业的三大体系和建立与农民相关联的利益联结机制，其根本就在于发展产业，解决农村的就业和收入问题，因此从两者发展的根本来看，产业兴旺不仅能直接提高农民收入水平，也对农民享受公共服务等起到促进作用。

2. 产业兴旺是提高生态宜居水平的重要动力

从需求层次来看，农民只有生活达到一定水准之后，才开始看重生态要素的价值，产业进步后，才能通过持续的技术创新，提高农村生态水平；从我国发展实际来看，落后的农业发展水平对生态环境的破坏也比较大，只有在现代农业发展中注重生产和生态的协调，才能有效改善农村生态宜居水平。因此产业兴旺是生态宜居水平提高的重要动力，只有实现产业兴旺，才能在资金和物质的支撑下改善农村的生活、生态水平，或者将现有的设施配置和农业资源等发挥效益最大化。

3. 产业兴旺是乡风文明、治理有效的基础

乡村振兴战略的实施必须要坚持物质文明和精神文明一体化建设，"乡风文明"着重在于提高农村精神文明建设水平，精神文明建设是以物质文明建设为支撑的。农村经济发展并不是意味着"乡风文明"一定会进步，但是只要正确发挥经济发展的引领作用，就能有效促进农村精神文明建设，实现农村经济、社会和文化事业的协调发展。治理有效的核心就是自治，要发挥农村领导班子的引领作用，带领全体农民实现自治和德治，同时以法制为保障，因此从农民主体来看，随着经济水平的提高，人们的价值观念也会发生变化，由此逐步提高农村治理水平，达到治理有效的目标。

（二）产业兴旺的主要关注点

1. 产业兴旺的核心在于实现农业现代化发展

发展现代农业是产业兴旺实现与否最重要的内容，其重点是要通过三产融合发展拓展农业发展空间，使得农民能够享受更多的产业升值收益。补齐目前小农户大量存在的短板、实现规模化经营是现代农业发展的必需路径，着眼于第一产业，发展非农产业也是农村地区现代化事业发展的核心，目前以园区建设促进农业产业链的延伸已经是产业实现兴旺、乡村实现振兴的重要抓手，以农业园区为先导集聚科技优势和成本优势等也是产业兴旺的关键所在。农业现代化发展不仅是要在农村地区实现现代化，更多的是要突破农村地区的发展地域性，实现农业领域的现代化发展。

2. 产业兴旺的根本在于实现农民收入持续快速增加

农民问题一直是"三农"问题的核心，乡村振兴战略作为新时代解决"三农"问题的抓手，仍要坚持农民的主体地位，其落点还是要在农村产业发展的基础上解决农民的就业和收入问题，拓宽农民增收渠道、提高农民收入水平。因此产业兴旺的实施是要把发展落实到农民增收上，推动农民实现生活富裕；如果当地农村经济发展无法带动当地农民收入的提高和贫困问题的改善，那么以青壮年农村劳动力外流为表征的农村衰败现象也就难以改变。从以上来看，产业兴旺根本目的仍是以农民为主体、以农业为载体形成一个可持续和稳定的农民增收长效机制。

3. "产业兴旺"要强化投入要素的供给

产业兴旺的关键在于加大人、钱、地要素的投入。人力资本是乡村振兴战略的重要推动力，农村现代化发展与人才发挥科学技术的能力有关，是由人力资本的质量所决定的，只有吸引高素质和高技术水平的劳动者，才能有效促进农业生产率的提高，推动农村经济发展。资金问题是推动经济发展的原生动力，也是推动农村经济繁荣所必需的发展要素，但是目前农村资金缺口还很大，且随着农村深化改革的持续推进，资金缺口将进一步加大，因此资金的保障是未来农村发展的关键。土地要素作为农业生产最基本的要素，也是农民的立身之本。实现产业兴旺就要围绕"人、地、钱"等要素供给，强化人才支撑和用地保障、健全多元投入保障机制、加大金融支农力度等，通过发展要素保障才能有效推动农村实现产业兴旺、乡村振兴。

(三)农村产业兴旺的特征

1. 要素流动双向性

长期以来,农村产业发展滞后,仅提供农业初级产品,城乡之间产业严重失衡,造成农村劳动力大量流失,产业要素在城乡之间呈现从农村向城市的单向流动,导致了与城市快速发展的形成鲜明对比的是农村衰落凋零,在推拉效应的作用下农村发展阻力增大。农村产业兴旺通过调整农村产业结构,促进农村产业发展,提高农村产业发展的标准化和绿色化为城乡产业联合奠定产业基础。产业兴旺培养出具有契约和法制意识的农民,提高农民的组织化程度,完善农村基础设施,拓展农村市场,这样必将进一步打破城乡二元结构,形成城乡之间产业连接、要素互通的良性发展局面,使城乡之间产业关系更加互补,从而促进生产要素在城乡之间双向流动,更好地促进城乡之间的融合发展。

2. 经营主体多元性

产业兴旺是多主体共同推动实现,随着农村生产力的发展,产业扶贫、产业融合的发展,新的产业主体不断出现,并且日益在农村产业发展的过程中起到了越来越重要的作用,新乡贤依托自身资源回乡创业建设乡村产业;家庭农场和专业大户以家庭为单位促进生产经营方式的创新,农民专业合作社提高了农民自身的组织性,为农民进行产业生产提供全程的服务;农业产业化龙头企业等在促进农村产业兴旺的过程中起到重要的引领作用,不仅促进农村产业发展,同时培养了一批运用现代产业经营方式,具有现代化生产观念的新型职业农民,为农村产业兴旺奠定了人才基础。新型产业经营主体带领广大农民,开拓多样产业类型,各主体各司其职,共同推动农村产业兴旺。

3. 利益联结复合性

传统农业产业单一,生产主体主要是农民,利益关系只在生产者和收购者之间,农民作为生产者和粮食的收购者之间的利益关系相对单一。农村产业兴旺必然将催生更多的经营主体,主体之间的合作增多,形成多种利于发展的利益连接机制。产业兴旺是各种主体充分发挥其功能,改变过去的单一生产农作物然后进行销售的单一经营形式,各主体之间的合作深入生产、加工、销售的每个阶段,必然形成更加丰富完善的利益联结机制。目前,合作社+农户、龙头企业+农户、龙头企业+基地+农户、农商银行+龙头企业+基地+农户等利益联结方式在促进农村产业发展过程中起到了重要作用,随着农村产业的发展,主体必将继续增多，各种利益联结机制必然实现从单一向复合转变。

4.产业发展融合性

传统农业只生产初级农产品，农业的产业功能仅仅限于生产。农村产业兴旺，产业功能得到拓展，农业在生产功能得到强化的同时，还具备了生态涵养、休闲观光、健康养老、文化体验等多种产业功能，更加具有多种价值，使农村成为城市体验农忙、感受农村生活气息、放松身心的绝佳场所，为产业融合发展拓展空间。就地进行产品成加工，延长产业链，提高农产品附加值，促进一二产业之间的融合；同时将生产过程绿色化，保证农村的秀丽山水，发展乡村旅游、生态农业、体验农业等，促进一三产业之间的融合。把第一产业做强、第二产业做优、第三产业做活，推进农村产业从单产发展到整体升级，促进农村产业从单一到丰富，从丰富到融合，增加产业发展融合性。

三、产业兴旺相关理论

（一）马克思产业优先增长思想

马克思在研究社会资本再生产在流通过程中发现，各种产业和产业内部之间发展时要遵循一定的比例协调发展。也就是说某一个社会经济结构的发展，要不断向更高方向升级，就必须不断提高社会生产力，其中社会各生产部门中的产业部门会优先得到发展，这也是经济社会发展的客观要求和必然结果。马克思指出，生产资料的优先增长是由于科学技术的不断进步，并在实践生产中的应用形成的。一方面，提高生产生产资料部门的发展是促进社会产业结构不断优化升级的重要前提保障。另一方面，在整个社会产品的发展过程中，生产资料的发展要优先于消费资料的增长。

首先，生产生产资料的部门优先增长的根本动力是资本的技术构成和资本的价值构成关系的发展提高。马克思强调资本有机构成的发展和提高是由于科学技术的不断进步以及生产率的发展所造成，这是资本发展的客观规律，指资本的不变资本比可变资本增长速度相对要快。生产生产资料的部门要比其他部门获得的资金投入量大，从而导致生产资料获得了快速优先的发展。正是基于社会生产内部生产资料优先发展的规律，马克思对于这一理论进行了概括总结：在某一社会，科学技术的发展促进了生产力的进步，导致劳动生产率的发展和资本有机构成的提高，从而导致大量的资金投向生产生产资料的部门，造成生产生产资料的部门的发展较生产消费资料的部门有着更多的资金技术支持。最终导致社会的发展是生产生产资料的部门发展速度要快于生产消费资料部门的发展速度。

其次，社会各部门之间的发展和各部门之间的增长要合乎一定的比例统筹发展。生产生产资料的部门不可以片面地、单独地进行孤立发展。生产资料的发展要结合消费资料的生产发展。一方面生产生产资料要依靠于生产消费资料为参照，任何部门不是单独孤立的，而是直接地、间接地相互发生联系。生产资料和消费资料两者之间是相互依存、相互联系、互为前提的，任何一方不能单独地进行发展。另一方面，生产生产资料的本质是为了促进科学技术的发展，不断提高工业水平，促进生产力，最终去服务消费资料生产部门，使消费资料生产部门获得更快捷、更高效的生产设备。在某一社会总资本的流通和再生产过程中，生产生产资料的部门得到优先的发展，必须要在一定的科学的生产比例和良好的产业结构的基础前提下进行。这样一来才能良好健康地推进社会的发展，促进产业部门的优先发展，进而带动整体社会产业结构的优化升级。

在资本主义社会下工业的形成发展到成熟的发展过程中，马克思发现并揭露了产业发展的规律，也就是指出了产业优化升级的一般性。资本主义社会下的工业最开始是简单的合作发展模式，当一定的简单的工人劳动形成大的规模时，手工工场的出现就形成了劳动者的分工和协作。而产业的升级则是某一产业由形成、发展、走向成熟的过程。但是由于"工场手工业本身的狭隘的技术基础发展到一定程度，就和它自身创造出来的生产需要发生矛盾"，这样的前提下就需要工业生产方式向机械化大生产的模式转变。因此，资本主义环境下的工业产业从形成到最终成熟分别经历了简单合作、手工业工厂和大规模机械化工业三个阶段。所以说，任何社会环境下的产业部门的优化升级本质上就是产业内部和产业之间不断进化的过程，是资本的有机构成的不断积累和整合，吸收先进的、有利的资源的同时摒弃落后的资源，最终实现对整个产业部门整体的换代升级。

（二）关于农业合作化问题思想

毛泽东同志把马克思主义关于农业合作化的思想同中国农村实际相结合，初步建立社会主义的农村生产关系，利用农业合作化逐步推翻封建旧制度从而孕育新的社会主义生产关系的萌芽，进而在建立新中国之后对于农村进行全方面的社会主义改造。

1951年，毛泽东同志提出了"先合作化后机械化"的思想，指出一方面我国重工业的发展还有待提升；另一方面，要首先实现农业合作化，有了农业的需求才能使用大型机械化生产。集体化道路使过去分散经营的农民联合、合作起来，为工业化道路奠定基础，同时还促进了生产力的发展。随着农业的合作化道路得到良好的发展，土地资源和劳动力资源都得到了集中管理，为农业机械化生产提供可能。另外工业的发展离不开农业的支持，农业合作社为我国工业的原始积累提供资金，形成以农促工，以工带农，稳步发展的工农业互助合作社。该思想提出互助组、初级社、高级社三步走，逐步地组成和发展各种以私有财产为基础的农业生产互助合作组织。这种分层、逐步的过渡方式在稳定农村生产的前提下，使广大农民得以接受这种制度，在当时取得了农民的支持，激发了农民生产积极性，提高了农村的生产力水平。伴随生产关系从私有制到公有制的转变，农业收入和农村生产力得到发展提高，农民的生活水平条件得到有效的改善。1953年毛泽东同志在《关于发展农业生产合作社的决议》中指出，利用社会主义"高级社"使农民摆脱贫困，从而实现社会繁荣和共同富裕的最终目的。

（三）乡村振兴战略

党的十九大报告中首次提出乡村振兴战略，指出"三农"问题是关系到全体人民幸福生活的保障，是全国农民赖以生存的基础前提，我国目前的工作重心就是要解决农业、农村、农民的问题，统筹兼顾，协调发展，最终实现全面小康社会。自从党的十九大会议提出乡村振兴战略以来，党中央、国务院就不断出台新的文件、条例，加大了对乡村振兴战略的重视和落实。从2018年"中央一号"文件《中共中央　国务院关于实施乡村振兴战略的意见》再到《政府工作报告》，以及《乡村振兴战略规划（2018—2022年）》等一系列的文件、政策纷纷出台，更加强调了"乡村振兴"的重要性和关键性。

"乡村振兴"战略强调，首先要明确农村土地经营制度的不变。在土地集体所有制的前提下实现农村土地的三权分置，保证农村粮食产量，保证8亿亩农耕土地的红线和国家战略粮食安全。坚持精准扶贫，坚持农村供给侧结构性改革。其次要发挥农村基层党支部的作用，坚持农民为主体的原则，坚持以农业发展为方式，提高农民生活水平为目标，打造美丽乡村为重点，全面实现农村、农民、农业的健康快速发展。最后要培育一支爱农村、爱农民的工作队伍，从而进一步实现"三农"问题的解决，使"三农"获得长久性的发展。

乡村的发展是城市乃至国家发展的基础保障，农村社会具有其他地域不具备的综合性，主要表现为人类社会和自然的统一，自然与经济发展的统一，经济发展与人的发展的统一。整个农村社会是经济发展、自然环境、人民生活、文化娱乐等全方面的综合性体现，所以促进农村的全面发展是国家整体发展的重要前提。农村兴旺则国家兴旺，农村衰落则国家衰落。我国的社会基本矛盾发生了变化，现阶段已经发展成为我国人民日益增长的美好生活需求和不平衡不充分的发展之间的矛盾。这一矛盾不单在城市服务业、重工业中体现，在农村这一矛盾体现得尤为突出。所以"三农"问题是目前迫切需要解决的一大问题。解决好"三农"问题，实现乡村振兴，是社会发展和农村现代化要求，更是实现我国两个百年和中华民族伟大复兴的重要一环。"三农"问题的科学解决是我国一切其他战略政策的前提保障，农业发展、农村稳定才能保证其他产业的有效发展，才能促进我国更好地向世界高尖端领域进军。所以说"三农"问题一方面关系到农民的幸福生活，另一方面影响到我国全面发展的方方面面。

（四）西方经济学关于产业发展的相关理论

1. 产业链理论

产业链理论可以追溯到1958年赫希曼的著作《经济发展战略》，书中解释了产业之间的关联效应，阐释了产业链的思想，但是没有能够提出"产业链"一词。1989年史迪文斯提出产业链是一个由供货商、制造商、分销商和消费者联系起来的系统，是信息链和功能链的统一。产业链是对于一些具有某种内在联系的企业群关系的一种描述，它是一个宏观经济的概念，具有结构属性和价值属性。产业链中各企业之间呈现出一种上下游关系，两者之间相互进行价值的交换，上游环节向下游环节输送产品或服务，下游环节向上游环节反馈信息。产业链不是固定不变的，其始端和终端随着产业的发展而变化。按照变化的不同可以分为接通产业链和延伸产业链。接通产业链是指将一定空间范围内的具备一定联系的产业部门，借助一定产业合作形式在产业上连接起来，共同处于统一产业链。延伸产业链可以向两个方向，即向上游拓展或下游延伸。产业链向上游延伸一般使产业链进入基础产业环节和技术研发环节，向下游拓展则进入市场拓展环节。

2. 产业集群理论

产业集群理论也叫产业群、区域集群等，是20世纪出现的一种西方经济理论。亚当·斯密在《国民财富的性质和原因的研究》一书中描写到："日工所穿的粗劣呢绒上衣就是由牧羊者、剪羊毛者、梳羊毛者、染工、粗梳工、纺工、织工等许多的小企业联合劳动的产物"，在当时，他虽没有明确提出产业群的概念，但是开创性地提到了产业联合的思想。后来马歇尔从外部经济和规模经济方面，工业区位经济学家韦伯从空间角度，埃德加·胡佛将规模经济引入了产业集群，新制度经济学家威廉姆森从产业组织的角度研究产业集群的现象，直到20世纪20年代迈克尔·波特在竞争战略的范围内研究产业群，并且明确提出了产业集群理论。迈克尔·波特提出"产业集群是指在特定区域下的一个特殊领域，存在一群相互关联的公司、供应商、关联企业和专门化的制度和协会，是一个独立的又相互关联的企业通过分工协作在特定区域上的集中现象"。产业集群根据不同分类标准有不同分类方式，根据集群产业的性质可以分为传统产业集群、高科技产业集群、资本和一般技术相结合的产业集群；按照集群发展的主导因素可以分为区位主导型、自然资源主导型、科技创新主导型、核心企业主导型。产业集聚一般发生在地理临近、产业之间关联性较强的企业之间，在产业区内部之间仍然存在着竞争性，促进整个产业集群的发展，但是产业之间的关联性又使得产业之间相互依存，在经营方式上灵活多变。因此，一般认为产业集群具有集聚型、竞争性、一体化、多样性等特征。

3. 产业融合理论

产业融合思想发源于1963年卢森博格对美国机械工具产业的研究，他认为一个相似的技术应用于不同的产业就会产生新的不同的机械工具产业，并将这个过程称为技术融合。后来英国学者塞海尔、美国学者波特、海格尔等人也都提出技术使传统产业边界发生改变，1997年格里斯腾和汉纳从产业的角度提出，"产业融合作为一种经济现象，是指为了适应产业增长而发生的产业边界的收缩或消失"。产业融合因为划分标准的不同可以有不同的分类，从市场供需角度分为供给融合和需求融合；从产品角度分为替代型、互补型和融合型；从产业角度分为产业渗透、产业交叉、产业重组三种形式；从融合的程度分为全面融合和部分融合。推进产业融合原因是多元的，技术创新、规制改革、企业间的跨企业并购与战略联盟等管理机制的创新是促进产业融合的重要原因。产业融合在本质上是一种产业创新，发生于产业边界之处，是一个动态的过程，是产业分工的内部化。

4. 规模经济理论

规模经济理论围绕成本展开，指可以通过扩大经营规模降低平均成本，从而提高产出水平，典型学者有马歇尔、张伯伦等，马歇尔在《经济学原理》中提到大工厂的有利之处在于专门机构的使用和改革、专门技术和经营管理工作的进一步划分，马歇尔将规模经济分为内部规模经济和外部规模经济。萨缪尔森提出企业内部组织生产的动力来自大规模生产的经济性。随着企业规模的扩大，企业的生产成本将不断下降；科斯从市场交易的角度出发对规模经济做了补充研究，他提出如果依靠企业，并且以企业内部的行政管理为手段，通过交易内部化就能节约市场的交易成本。这在农业中也适用，如果以合作社为主体，采用现代化经营管理，就可以节约农业生产的成本。规模经济中还提出长期的大批量生产将使得分工更加专业化，从而产生新的技术等。

农业规模经济理论将土地规模作为理论研究的重点，提出土地规模是影响农业产出的关键因素。在资源短缺的大环境下，只有提高农地的边际产出，提高农村土地的生产率和产出率，从而使投入的适量农业生产要素可以获得更多的产出效果。农业实现规模经济是提高农业产出的必要条件，它对于降低成本、促进农民增收都具有重要的作用。同时规模经济效应的形成是具有条件的，只有满足内外部条件才能形成优化的规模经济效应，因素的改变也会引起规模经济的变化，从外部来看，市场需求、行业发展、原材料成本和政策制度安排都对农业规模效益的发挥产生影响，农业劳动力的素质、生产设施的投入等也都会从内部问题上产生影响。

（五）产业兴旺能力理论

产业兴旺可视为产业发展的升级版。从产业发展到产业兴旺，产业被赋予新的动能，同时也对我国农业产业有了新的指引，产业兴旺能力则是当前产业兴旺水平的潜力体现。纵观众学者观点，产业兴旺能力离不开增产导向转为提质增效，农业附加值的提升，农产品加工化程度的增加，农业多功能性的提高及品牌化程度的增强。

四、产业兴旺相关研究内容

自乡村振兴战略提出以来，学者们从不同角度对乡村振兴，特别是产业兴旺的内涵和实现途径进行了广泛的研究和探讨。主要包括以下几个方面：

（一）实现乡村振兴关键在产业兴旺

产业兴旺的重要作用是不言而喻的。乡村产业兴旺是农村经济增长的源泉，是推动传统农业转型升级、实现农业现代化的关键所在；同时，产业兴旺是乡村振兴的可靠收入来源，能为乡村振兴汇聚人才和人力资源，保障乡村振兴可持续发展。产业兴旺关系国计民生和国家发展全局，是加快农业转型升级和农民就业增收的主要途径，是实现乡村全面振兴的经济基础。乡村振兴的首要任务是发展生产力，产业兴旺要在进一步提高农业综合产能基础上，把提高农业综合效益和竞争力作为主攻方向。产业兴旺应是农民视角和乡村视角的产业，以促进乡村多元经济相互渗透、融合、发展的一种状态，具有多样性、综合性和整体性特征。

（二）实现产业兴旺首先要正确理解其内涵

产业兴旺不能仅局限于第一产业农业的发展，而应着眼于"接二连三"、一二三产业融合、功能多样、质量取胜的现代农业产业的兴旺与发展。要瞄准城乡居民消费需求的新变化，以休闲农业、乡村旅游、农村电商、现代食品产业等新产业为引领，着力构建现代农业三大体系，推动农业向二三产业延伸，使农村产业体系全面振兴。乡村产业兴旺，不应理解为追求乡村产业经济的快速增长和对国民经济增长贡献的提升，而是乡村多元经济相互渗透、融合、发展的一种状态，是我国现阶段现代农业发展的客观要求，是在农业综合生产能力达到高水平稳定状态后，对农业质量提升、效益提高和农村产业链条延伸的必然要求。学者朱启臻从社会学的角度解释产业兴旺，认为产业兴旺只有限定在乡村范围内且以农民为主体才具有实际意义，只有建立在乡村整体价值基础上并与乡村价值体系相结合才具有可能性。产业兴旺应致力于提升农业综合竞争力，体现在农业创新力、竞争力、农产品品质和全要素生产率等方面。产业兴旺与农业综合生产能力、农业综合效益、产品竞争力密切相关。产业兴旺的实现，既与休闲农业等新业态息息相关，也离不开产业链纵向延伸发展。同时，衡量产业兴旺的标准应该是多维度的，可从生产能力、单产水平、产品质量、生产效率和多功能性等多维度来衡量，或从投入产出水平、产品质量、产业竞争能力、绿色生态安全、三产融合发展程度来衡量。

（三）产业兴旺要在确保农业发展基础上促进三产融合发展

对于如何实现产业兴旺，学者叶兴庆认为要瞄准以休闲农业、乡村旅游和农村电商等新产业新业态为引领，促进农村一二三产业融合发展，使农村产业体系全面振兴。产业兴旺的主要内容包含发展现代农业、发展新业态、推动三次产业融合。农村一二三产业融合发展是实现产业兴旺的重要路径，要积极探索发展的多种方式，因地制宜，培育多元化三产融合主题，建立完善利益联结机制。要优化涉农企业家成长发育的环境，科学选择推进乡村产业兴旺的重点，加强推进乡村产业兴旺的载体和平台建设。

（四）实现产业兴旺要处理好政府与市场的关系

实现产业兴旺首先要处理好政府与市场的关系，深化改革，强化制度性供给，强化政策支撑。振兴乡村产业需要在相关顶层设计、产业兴旺服务体系、政策支持体系、相关制度改革方面发力，有效推动农村产业兴旺。破解阻碍产业兴旺的难题，强化制度性供给尤为重要，深化农村土地制度改革、建立农村财产登记制度、界定政府和市场边界等应成为机制改革的重点。

第三节　乡村振兴对乡村特色产业发展的新要求

乡村振兴，产业兴旺是重点。必须坚持质量兴农、绿色兴农，以农业供给侧结构性改革为主线，加快构建现代农业产业体系、生产体系、经营体系，提高农业创新力、竞争力和全要素生产率，加快实现由农业大国向农业强国转变。乡村振兴战略的提出，为新时期乡村产业发展提出了新要求。

一、夯实农业生产能力基础

深入实施藏粮于地、藏粮于技战略，严守耕地红线，确保国家粮食安全，把中国人的饭碗牢牢端在自己手中。全面落实永久基本农田特殊保护制度，加快划定和建设粮食生产功能区、重要农产品生产保护区，完善支持政策。大规模推进农村土地整治和高标准农田建设，稳步提升耕地质量，强化监督考核和地方政府责任。加强农田水利建设，提高抗旱防洪除涝能力。实施国家农业节水行动，加快灌区续建配套与现代化改造，推进小型农田水利设施达标提质，建设一批重大高效节水灌溉工程。加快建设国家农业科技创新体系，加强面向全行业的科技创新基地建设。深化农业科技成果转化和推广应用改革。加快发展现代农作物、畜禽、水产、林木种业，提升自主创新能力。高标准建设国家南繁育种基地。推进我国农机装备产业转型升级，加强科研机构、设备制造企业联合攻关，进一步提高大宗农作物机械国产化水平，加快研发经济作物、养殖业、丘陵山区农林机械，发展高端农机装备制造。优化农业从业者结构，加快建设知识型、技能型、创新型农业经营者队伍。大力发展数字农业，实施智慧农业林业水利工程，推进物联网试验示范和遥感技术应用。

二、实施质量兴农战略

制定和实施国家质量兴农战略规划，建立健全质量兴农评价体系、政策体系、工作体系和考核体系。深入推进农业绿色化、优质化、特色化、品牌化，调整优化农业生产力布局，推动农业由增产导向转向提质导向。推进特色农产品优势区创建，建设现代农业产业园、农业科技园。实施产业兴村强县行动，推行标准化生产，培育农产品品牌，保护地理标志农产品，打造一村一品、一县一业发展新格局。加快发展现代高效林业，实施兴林富民行动，推进森林生态标志产品建设工程。加强植物病虫害、动物疫病防控体系建设。优化养殖业空间布局，大力发展绿色生态健康养殖，做大做强民族奶业。统筹海洋渔业资源开发，科学布局近远海养殖和远洋渔业，建设现代化海洋牧场。建立产学研融合的农业科技创新联盟，加强农业绿色生态、提质增效技术研发应用。切实发挥农垦在质量兴农中的带动引领作用。实施食品安全战略，完善农产品质量和食品安全标准体系，加强农业投入品和农产品质量安全追溯体系建设，健全农产品质量和食品安全监管体制，重点提高基层监管能力。

三、构建农村一二三产业融合发展体系

大力开发农业多种功能，延长产业链、提升价值链、完善利益链，通过保底分红、股份合作、利润返还等多种形式，让农民合理分享全产业链增值收益。实施农产品加工业提升行动，鼓励企业兼并重组，淘汰落后产能，支持主产区农产品就地加工转化增值。重点解决农产品销售中的突出问题，加强农产品产后分级、包装、营销，建设现代化农产品冷链仓储物流体系，打造农产品销售公共服务平台，支持供销、邮政及各类企业把服务网点延伸到乡村，健全农产品产销稳定衔接机制，大力建设具有广泛性的促进农村电子商务发展的基础设施，鼓励支持各类市场主体创新发展基于互联网的新型农业产业模式，深入实施电子商务进农村综合示范，加快推进农村流通现代化。实施休闲农业和乡村旅游精品工程，建设一批设施完备、功能多样的休闲观光园区、森林人家、康养基地、乡村民宿、特色小镇。对利用闲置农房发展民宿、养老等项目，研究出台消防、特种行业经营等领域便利市场准入、加强事中事后监管的管理办法。发展乡村共享经济、创意农业、特色文化产业。

四、构建农业对外开放新格局

优化资源配置，着力节本增效，提高我国农产品国际竞争力。实施特色优势农产品出口提升行动，扩大高附加值农产品出口。建立健全我国农业贸易政策体

系。深化与"一带一路"沿线国家和地区农产品贸易关系，积极支持农业走出去，培育具有国际竞争力的大粮商和农业企业集团。积极参与全球粮食安全治理和农业贸易规则制定，促进形成更加公平合理的农业国际贸易秩序。进一步加大农产品反走私综合治理力度。

五、推进现代农业经营体系建设

统筹兼顾培育新型农业经营主体和扶持小农户，采取有针对性的措施，把小农生产引入现代农业发展轨道。培育各类专业化市场化服务组织，推进农业生产全程社会化服务，帮助小农户节本增效。发展多样化的联合与合作，提升小农户组织化程度。注重发挥新型农业经营主体带动作用，打造区域公用品牌，开展农超对接、农社对接，帮助小农户对接市场。扶持小农户发展生态农业、设施农业、体验农业、定制农业，提高产品档次和附加值，拓展增收空间。改善小农户生产设施条件，提升小农户抗风险能力。研究制定扶持小农生产的政策意见。

同时，突出抓好家庭农场和农民合作社两类经营主体，鼓励发展多种形式适度规模经营。实施家庭农场培育计划，把农业规模经营户培育成有活力的家庭农场。推进农民合作社质量提升，加大对运行规范的农民合作社扶持力度。发展壮大农业专业化社会化服务组织，将先进适用的品种、投入品、技术、装备导入小农户。支持市场主体建设区域性农业全产业链综合服务中心。支持农业产业化龙头企业创新发展、做大做强。深化供销合作社综合改革，开展生产、供销、信用"三位一体"综合合作试点，健全服务农民生产生活综合平台。培育高素质农民，组织参加技能评价、学历教育，设立专门面向农民的技能大赛。吸引城市各方面人才到农村创业创新，参与乡村振兴和现代农业建设。

六、强化现代农业科技和物质装备支撑

实施大中型灌区续建配套和现代化改造。到2025年全部完成现有病险水库除险加固。坚持农业科技自立自强，完善农业科技领域基础研究稳定支持机制，深化体制改革，布局建设一批创新基地平台。深入开展乡村振兴科技支撑行动，支持高校为乡村振兴提供智力服务。加强农业科技社会化服务体系建设，深入推行科技特派员制度。打造国家热带农业科学中心。提高农机装备自主研制能力，支持高端智能、丘陵山区农机装备研发制造，加大购置补贴力度，开展农机作业补贴。强化动物防疫和农作物病虫害防治体系建设，提升防控能力。

七、构建现代乡村产业体系

依托乡村特色优势资源，打造农业全产业链，把产业链主体留在县城，让农民更多分享产业增值收益。加快健全现代农业全产业链标准体系，推动新型农业经营主体按标生产，培育农业龙头企业标准"领跑者"。立足县域布局特色农产品产地初加工和精深加工，建设现代农业产业园、农业产业强镇、优势特色产业集群。推进公益性农产品市场和农产品流通骨干网络建设。开发休闲农业和乡村旅游精品线路，完善配套设施。推进农村一二三产业融合发展示范园和科技示范园区建设。把农业现代化示范区作为推进农业现代化的重要抓手，围绕提高农业产业体系、生产体系、经营体系现代化水平，建立指标体系，加强资源整合、政策集成，以县（市、区）为单位开展创建，到2025年创建500个左右示范区，形成梯次推进农业现代化的格局。创建现代林业产业示范区。组织开展"万企兴万村"行动。稳步推进反映全产业链价值的农业及相关产业统计核算。

八、推进农业绿色发展

实施国家黑土地保护工程，推广保护性耕作模式。健全耕地休耕轮作制度，加强农用地土壤镉等重金属污染源头防治，强化受污染耕地安全利用和风险管控。建立农业生态环境保护监测制度，持续推进化肥农药减量增效，推广农作物病虫害绿色防控产品和技术。加强畜禽粪污资源化利用。加快农业投入品减量增效技术推广应用，推进水肥一体化，全面实施秸秆综合利用和农膜、农药包装物回收行动，加强可降解农膜研发推广，建立健全秸秆、农膜、农药包装废弃物、畜禽粪污等农业废弃物收集利用处理体系。在长江经济带、黄河流域建设一批农业面源污染综合治理示范县。支持国家农业绿色发展先行区建设。加强农产品质量和食品安全监管，发展绿色农产品、有机农产品和地理标志农产品，试行食用农产品达标合格证制度，推进国家农产品质量安全县创建。加强水生生物资源养护，推进以长江为重点的渔政执法能力建设，确保十年禁渔令有效落实，做好退捕渔民安置保障工作。发展节水农业和旱作农业。推进荒漠化、石漠化、坡耕地水土流失综合治理和土壤污染防治、重点区域地下水保护与超采治理。实施水系连通及农村水系综合整治，强化河湖长制。巩固退耕还林还草成果，完善政策、有序推进。实行林长制。科学开展大规模国土绿化行动。完善草原生态保护补助奖励政策，全面推进草原禁牧、轮牧、休牧，加强草原鼠害防治，稳步恢复草原生态环境。实施重大危害入侵物种防控攻坚行动，加强"异宠"交易与放生规范管理。

第二章　秦巴山区茶产业扶贫研究

第一节　秦巴山区茶产业现状

一、秦巴山区范围的界定

按照国务院扶贫办、国家发展改革委2012年5月22日印发的《秦巴山片区区域发展与扶贫攻坚规划（2011—2020年）》的界定，秦巴山片区西起青藏高原东缘，东至华北平原西南部，跨秦岭、大巴山，地貌类型以山地丘陵为主，间有汉中、安康、商丹和徽成等盆地。气候类型多样，垂直变化显著，有北亚热带海洋性气候、亚热带—暖温带过渡性季风气候和暖温带大陆性季风气候，年均降水量450～1300毫米。地跨长江、黄河、淮河三大流域，是淮河、汉江、丹江、洛河等河流的发源地，水系发达，径流资源丰富，森林覆盖率达53%，是国家重要的生物多样性和水源涵养生态功能区（见图2-1）。

图2-1　秦巴山区区域图

（图片来源：中国电力报）

秦巴山区区域范围包括河南、湖北、重庆、四川、陕西、甘肃六省市的76个县（市、区），国土总面积为22.5万平方公里（见表2-1）。秦巴山区生态建设任务重，片区承担着南水北调中线工程水源保护、生物多样性保护、水源涵养、水土保持和三峡库区生态建设等重大任务，有85处禁止开发区域，有55个县属于国家限制开发的重点生态功能区。生态建设地域广、要求高、难度大，资源开发与环境保护矛盾突出。

表2-1　秦巴山区所辖6省（市）18地市76个县（市、区）名称

秦巴山区（76）	河南（10）	洛阳市	嵩县、汝阳县、洛宁县、栾川县
		平顶山市	鲁山县
		三门峡市	卢氏县
		南阳市	南召县、内乡县、镇平县、淅川县
	湖北（7）	十堰市	郧阳区、郧西县、竹山县、竹溪县、房县、丹江口市
		襄阳市	保康县
	重庆（5）	重庆市	城口县、云阳县、奉节县、巫山县、巫溪县
	四川（16）	绵阳市	北川羌族自治县、平武县
		广元市	昭化区、朝天区、旺苍县、青川县、剑阁县、苍溪县
		南充市	仪陇县
		达州市	宣汉县、万源市
		巴中市	巴州区、恩阳区、通江县、南江县、平昌县
	陕西（29）	西安市	周至县
		宝鸡市	太白县
		汉中市	南郑县、城固县、洋县、西乡县、勉县、宁强县、略阳县、镇巴县、留坝县、佛坪县
		安康市	汉滨区、汉阴县、石泉县、宁陕县、紫阳县、岚皋县、平利县、镇坪县、旬阳县、白河县
		商洛市	商州区、洛南县、丹凤县、商南县、山阳县、镇安县、柞水县
	甘肃（9）	陇南市	武都区、成县、文县、宕昌县、康县、西和县、礼县、徽县、两当县

注：巴中市恩阳区2013年6月由原来巴州区分出成立。

二、河南省茶产业现状

（一）历史悠久

河南省茶叶生产历史悠久，主要集中于信阳一带。信阳茶在唐代时已闻名天

下。陆羽在《茶经》中评价信阳茶为淮南地区数一数二的好茶。北宋时茶叶的集散地十三茶场,信阳就占有其三:光山、商城、子安。明清时期,万里茶道的南路便是从信阳出发,经桐柏、唐河、青台到赊店,再向北,穿越茫茫沙漠到达沙俄。

(二)茶产业实现了平稳发展

按照《中国统计年鉴(2021)》的数据,河南省 2020 年底茶叶种植面积为 113.0 千公顷,占全国的 3.51%,排全国第 11 位,河南省 2020 年茶叶产量为 7.1 万吨,占全国的 2.42%,排全国第 13 位。

从图 2-2 可以看出,2015—2020 年全国茶叶种植面积在持续增长,6 年增长了 21.82%。河南省茶叶种植面积和 6 年前比略有降低,有一些波动,但基本保持稳定。

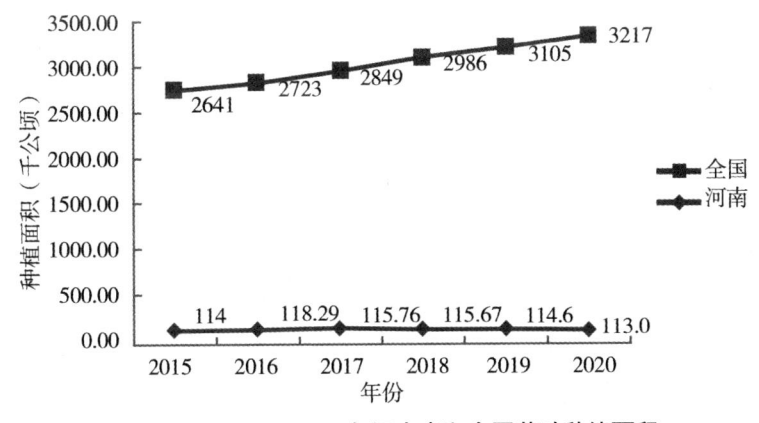

图2-2　2015—2020年河南省和全国茶叶种植面积

从图 2-3 可以看出,2015—2020 年全国茶叶产量在持续增长,6 年增长了 28.79%。河南省茶叶产量和 6 年前比略有增长,有一些波动,但基本保持稳定。

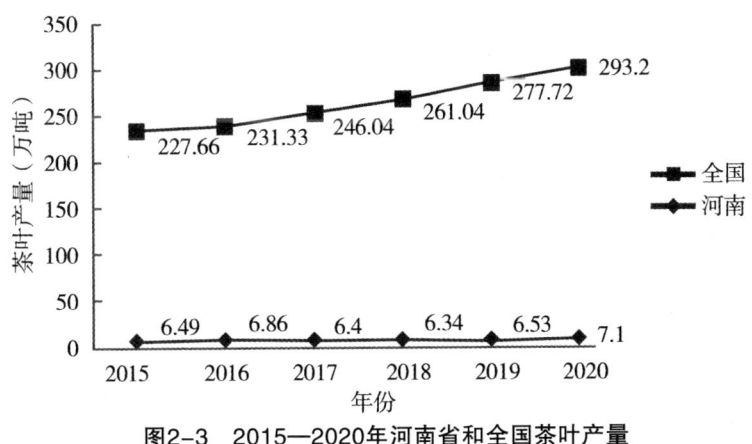

图2-3　2015—2020年河南省和全国茶叶产量

河南省茶叶这6年除了种植面积和产量保持稳定略有增长外，在以下几个方面也取得了较好成绩。一是茶叶产品种类不断优化，历史上河南省的茶叶生产主要是绿茶，目前已呈现出以绿茶、红茶为主导，黑茶、白茶、青茶、花茶等茶类多元化发展的良好局面，一批茶饮料、茶食品、茶药品、茶化工产品等高附加值产品相继问世，极大地提高了河南省茶叶的综合利用率和经济效益；二是茶叶市场发展良好，河南省地处中原，既是重要的茶叶产区，更是茶叶的主销区，目前河南省已形成以郑州、信阳为中心，辐射周边城市和北方省区的茶叶集散地，有效地带动了茶业经济的发展和繁荣；三是茶文化得到了传承发扬，信阳茶文化节、郑州中原茶文化节、开封宋茶文化、茶博览会等各种茶事活动丰富了茶文化内涵，促进了茶产业的发展。

（三）茶产业存在的主要问题

一是茶产业过于集中在信阳市，2019年信阳市茶叶种植面积达106.46千公顷，占河南省的92.86%，2019年信阳茶叶产量为6.15万吨，占河南省的94.18%，相反，隶属秦巴山区在河南省产茶排第二位的南阳市，茶叶种植面积仅占全省的4.34%，茶叶产量仅占全省的3.98%；二是生产成本持续走高，随着河南省农村大量劳动力向城市转移，以信阳毛尖为代表的河南省茶产业的茶园管理、采摘、炒制等环节还主要靠人工完成，劳动力短缺和成本走高矛盾突出；三是满足消费者新的需求能力不足，茶叶生产的清洁化、标准化任重道远，传统营销模式与电商新业态新消费模式的互补融合实践不够，供给侧结构性改革和创新发展方式学习推广也较少。

三、湖北省茶产业现状

（一）产业优势明显

湖北是茶圣陆羽的故里，产茶历史悠久，文化底蕴深厚，早在魏晋南北朝就有大量关于茶的文献记载。湖北省生态环境优越，茶树良种资源丰富，茶叶品类齐全，茶叶科技基层队伍充实且力量雄厚。湖北省的交通便利，历来是全国重要的茶叶交易市场。

（二）茶产业增长较快

按照《中国统计年鉴（2021）》的数据，湖北省2020年底茶叶种植面积为358.4千公顷，占全国的11.14%，排全国第4位，湖北省2020年茶叶产量为36.1万吨，占全国的12.31%，排全国第3位。

2015—2020年全国茶叶种植面积在持续增长，6年增长了21.82%。从图2-4可以看出，湖北省茶叶种植面积也是持续增长，6年增长了37.06%，远远高于全国平均增长，而且湖北省茶叶种植面积原本在全国占比就很高，增长之快，充分说明茶产业在湖北省的重要地位。

图2-4　2015—2020年湖北省茶叶种植面积

2015—2020年全国茶叶产量在持续增长，6年增长了28.79%。从图2-5可以看出，湖北省茶叶产量也是持续增长，6年增长了38.16%，远远高于全国平均增长，这也说明了茶产业在湖北省的重要地位。

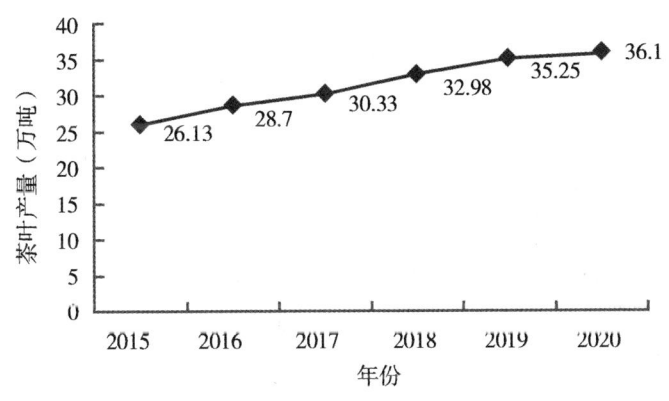

图2-5　2015—2020年湖北省茶叶产量

湖北茶叶这6年除了种植面积和产量持续增长外，在以下几个方面也取得了较好成绩。一是优势区域逐步形成，湖北省被中茶协认定的全国重点产茶县达19个，已有鄂东大别山名优绿茶区、鄂西武陵山及宜昌三峡富硒茶和宜红茶茶区、鄂西北秦巴山高香绿茶区、鄂南幕阜山青砖茶茶区等四大优势茶叶主产区；二是科技应用较为普及，湖北省的重点产茶县和龙头茶叶企业都有科技研发机构作支撑，使绿色生产模式与加工集成技术得到了较好的推广；三是三产融合助推产业升级，湖北省充分利用茶文化的底蕴优势，已有20多个县开展了茶叶与旅游融合发展项目，开辟茶旅专线14条，茶叶健康引导、文化宣传扩大进一步满足了消费需求。

（三）茶产业存在的主要问题

一是产能过剩，湖北省茶叶产量持续增长，产品库存积压严重或低价销售现象持续；二是虽然茶叶品牌资源丰富，但水平参差不齐，尤其是缺乏在全国叫得响的知名品牌；三是出口贸易受限，国际茶叶市场针对茶叶进口所采取的壁垒措施越来越多，给茶叶出口带来了较大的困难和困惑。

四、重庆市茶产业现状

（一）特色优势产业

重庆产茶历史悠久，文化底蕴深厚。茶叶是重庆极具潜力的特色优势产业，对于发展重庆农村经济，特别是带动贫困山区脱贫致富，有着其他经济作物不可替代的作用。

（二）茶产业增长较快

按照《中国统计年鉴（2021）》的数据，重庆市2020年年底茶叶种植面积为52.1千公顷，占全国的1.62%，排全国第14位，重庆市2020年茶叶产量为4.8万吨，占全国的1.64%，排全国第14位。

2015—2020年全国茶叶种植面积在持续增长，6年增长了21.82%。从图2-6可以看出，重庆市茶叶种植面积在2018—2020年增长较快，6年增长了30.71%，高于全国平均增长，可以看出重庆市在加快茶叶的发展，同时凸显了重庆市茶产业在脱贫致富的重要地位。

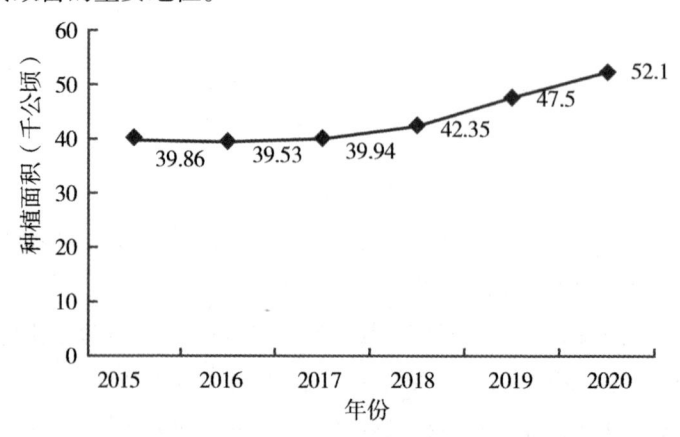

图2-6　2015—2020年重庆市茶叶种植面积

2015—2020年全国茶叶产量在持续增长，6年增长了28.79%。从图2-7可以看出，重庆市茶叶产量也是持续增长，6年增长了37.14%，明显高于全国平均增长，这也说明了茶产业在重庆市农村经济的重要地位。

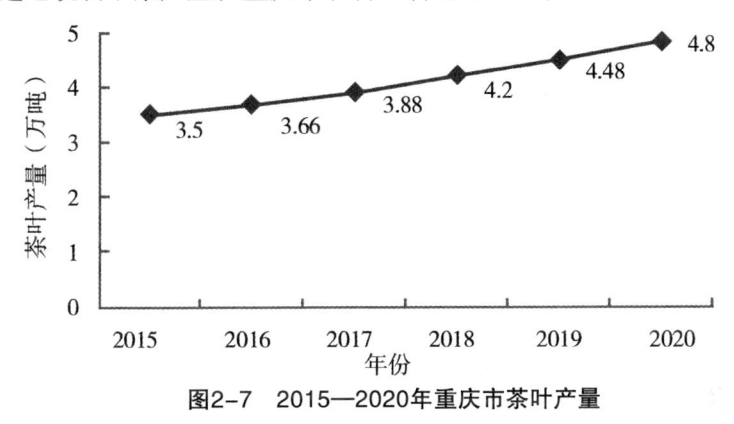

图2-7　2015—2020年重庆市茶叶产量

重庆茶叶这6年除了种植面积和产量持续增长外，在以下几个方面也取得了较好成绩。一是科研优势明显，重庆市汇集了西南大学、市农科院茶研所、市农技总站等一批科教推广机构，涌现出一批国家级专家，能定期对重庆市茶业发展对接指导；二是区位效益优势突出，重庆有三峡黄金水道、渝新欧铁路、寸滩保税港区，物流四通八达，进出口贸易成本较低；三是重视茶文化推进，重庆打造了中国·重庆茶旅文化节、永川茶山竹海休闲观光节、巴南休闲茶叶采摘节、南川金佛山古茶树节等大型茶事活动，同时注重挖掘巴渝传统茶文化，有力地推进了茶叶三产融合发展。

（三）茶产业存在的主要问题

一是产业集中度不高，重庆市有37个产茶县，目前还没有十万亩产茶县，茶叶企业多达545家，但规模较大的还比较少，龙头企业缺乏；二是茶叶品牌影响力不够，重庆茶叶品牌众多，规模偏小，区域辐射窄，品牌推广落后，难以推广到市外国外。

五、四川省茶产业现状

（一）历史悠久

四川是茶树原产地之一，四川茶叶历来以产量大、品种多、分布广、品质好而著称，自古就有"蜀土茶称圣"的美誉。

（二）茶产业增长较快

按照《中国统计年鉴（2021）》的数据，四川省2020年年底茶叶种植面积为396.4千公顷，占全国的12.32%，排全国第3位，四川省2020年茶叶产量为34.4万吨，占全国的11.73%，排全国第4位。

2015—2020年全国茶叶种植面积在持续增长，6年增长了21.82%。从图2-8可以看出，四川茶叶种植面积也是持续增长，6年增长了24.25%，高于全国平均增长，而且四川茶叶种植面积原本在全国占比就很高，增长之快，充分说明茶产业在四川省的重要地位。

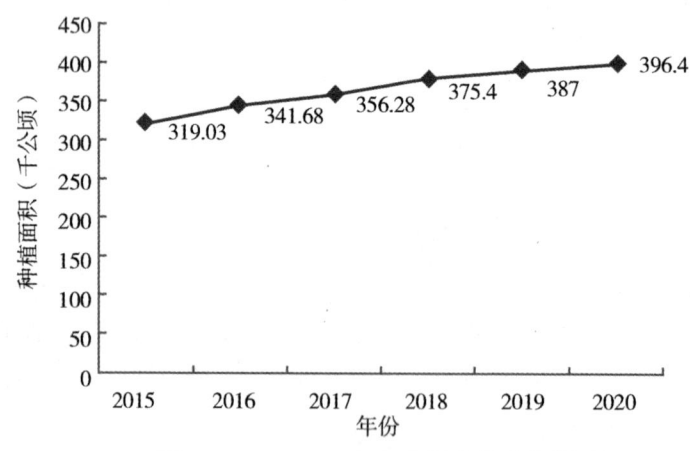

图2-8　2015—2020年四川省茶叶种植面积

2015—2020年全国茶叶产量在持续增长，6年增长了28.79%。从图2-9可以看出，四川省茶叶产量也是持续增长，6年增长了39.78%，远远高于全国平均增长，这也说明了茶产业在四川省的重要地位。

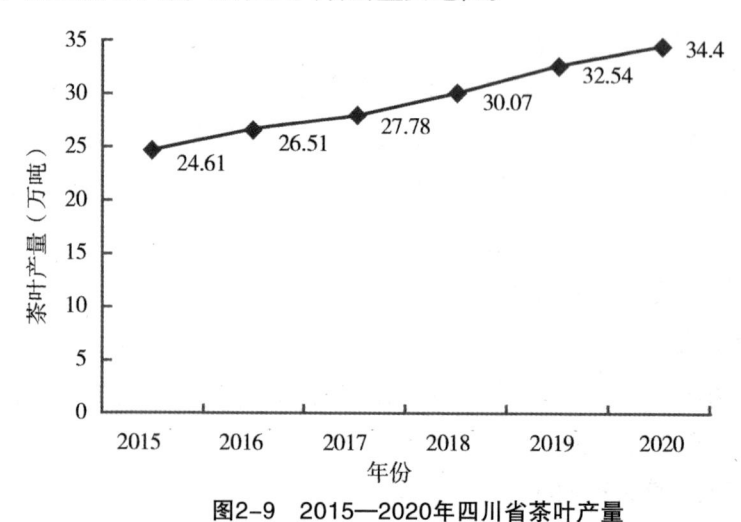

图2-9　2015—2020年四川省茶叶产量

四川省茶业这6年除了种植面积和产量持续增长外，在以下几个方面也取得了较好成绩。一是分布广集聚高，四川有130个县产茶，优势产茶县32个，茶叶面积20万亩以上的产茶大县有18个，茶产业集中度达80%以上；二是重视品牌的宣传运作和打造，成立了四川省茶叶品牌促进会，重点打造"天府龙牙""峨眉山茶""蒙顶山茶"三大区域品牌；三是政府重视对茶产业的投入，省政府高度重视，对基地建设、技术改造、新产品开发、品牌宣传运作等项目资金的投入持续大幅度增加，茶产业发展目标明确，效果显著。

（三）茶产业存在的主要问题

一是仍有30%的企业未制定产品质量标准，50%的企业无生产、加工技术规范，从而导致了部分茶叶企业加工粗糙，产品质量不稳定；二是茶叶精深加工滞后，原料利用率低，附加值不高；三是海外市场亟待拓展，20世纪80年代的时候四川省茶叶产量的30%可以出口，目前基本以内销为主，出口仅占全国茶叶出口量的百分之零点几。

六、陕西省茶产业现状

（一）产茶历史悠久、文化底蕴厚重

陕西省茶产区集中在秦巴山区的汉中、安康和商洛三市，陕茶经历过上古神农茶、唐前巴蜀茶、唐宋山南茶、明代汉中茶、清代民国紫阳茶和中华人民共和国成立后陕青茶几个历史阶段。早在西周时代，陕南的巴人就已开始在园中人工栽培茶叶。"汉中仙毫""安康富硒茶""秦岭泉茗""泾阳茯茶"已成为亮丽的陕茶名片。

（二）茶产业增长较快

按照《中国统计年鉴（2021）》的数据，陕西省2020年茶叶种植面积为152.7千公顷，占全国的4.75%，排全国第9位，陕西省2020年茶叶产量为8.7万吨，占全国的2.97%，排全国第11位。

2015—2020年全国茶叶种植面积在持续增长，6年增长了21.82%。从图2-10可以看出，陕西省茶叶种植面积也是持续增长，6年增长了36.14%，远远高于全国平均增长，发展势头良好。

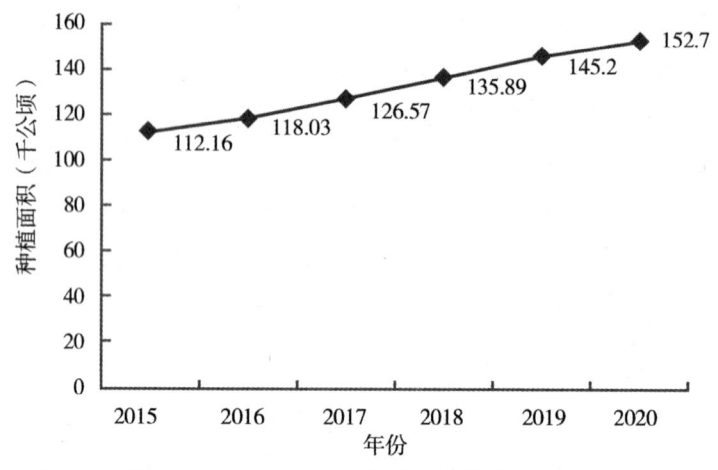

图2-10 2015—2020年陕西省茶叶种植面积

2015—2020年全国茶叶产量在持续增长，6年增长了28.79%。从图2-11可以看出，陕西省茶叶产量也是持续增长，6年增长了60.81%，远远高于全国平均增长。陕西省茶叶产量全国排名也已从2015年的第12位，上升到了2020年的第11位，随着新建茶园的进一步开采，茶叶产量还将显著上升。

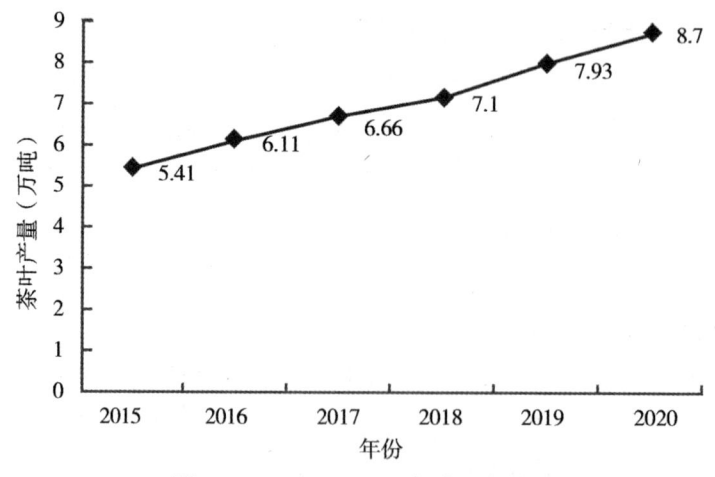

图2-11 2015—2020年陕西省茶叶产量

陕西茶叶这6年除了种植面积和产量持续增长外，在以下几个方面也取得了较好成绩。一是茶叶原料利用率得到了提高，随着茯砖茶的发展，陕南夏秋茶已成为黑毛茶的重要产区，大大提高了陕西茶叶的产量，实现了增收；二是品牌意识逐渐加强，参与品牌打造和市场开拓的力度已逐步反映在茶产品的销售上；三是重视茶园建设，认定了省市茶叶园区、生态标准园、无公害茶园、有机茶园等几种茶园类型。

（三）茶产业存在的主要问题

一是陕西茶企相对较多，但上规模实力强的龙头企业较少；二是特色宣传不够，如富硒茶是陕西茶叶的一个特点，但针对性的宣传还偏少；三是市场开拓仍需加强，陕西是丝绸之路的起点，茶叶作为丝绸之路的重要商品，目前陕西省茶叶的出口还偏少，在国内知名度和市场开拓上也需进一步加强。

七、甘肃省茶产业现状

（一）秦巴山区的新茶区

甘肃茶区位于省东南部的陇南市，地处秦岭南麓秦巴山区，是甘肃全省唯一的茶叶产区，集中分布在文县、康县和武都3个县区。目前，"陇南绿茶"已取得农业农村部国家地理标志登记证书，在西北市场具有较高的知名度。

（二）茶产业持续增长

按照《中国统计年鉴（2021）》的数据，甘肃省2020年底茶叶种植面积为12.3千公顷，占全国的0.38%，排全国第17位，甘肃省2020年茶叶产量为0.2万吨，占全国的0.07%，排全国第17位。

2015—2020年全国茶叶种植面积在持续增长，6年增长了21.82%。从图2-12可以看出，甘肃省茶叶种植面积也是持续增长趋于稳定，6年增长了9.14%。

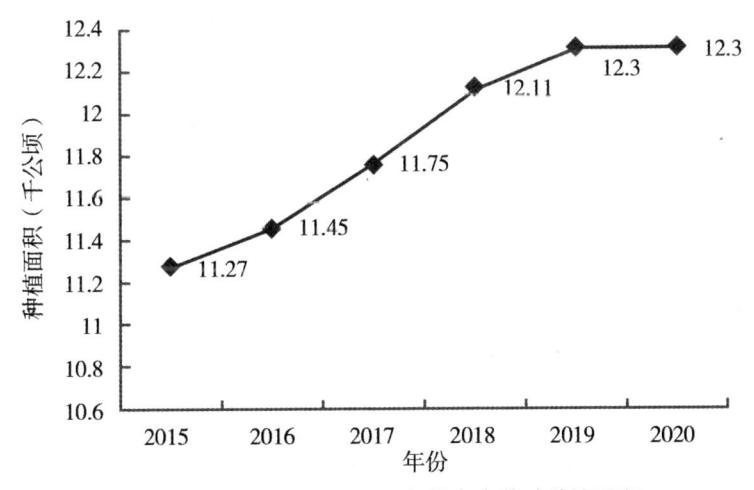

图2-12 2015—2020年甘肃省茶叶种植面积

2015—2020年全国茶叶产量在持续增长，6年增长了28.79%。从图2-13可以看出，甘肃省茶叶产量也是持续增长，6年增长了66.67%，远远高于全国平均增长水平。

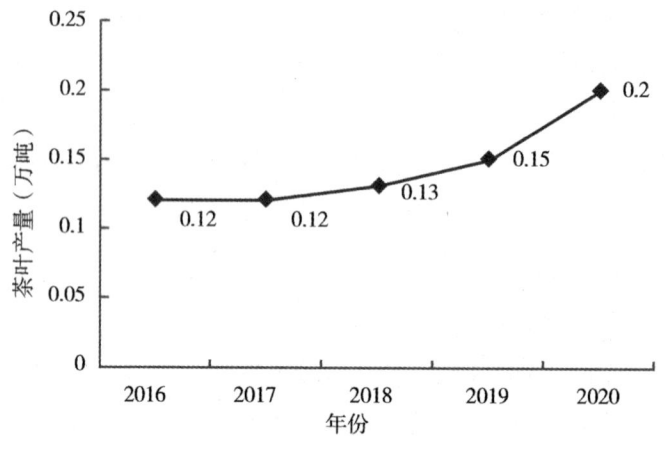

图2-13 2015—2020年甘肃省茶叶产量

甘肃茶叶这6年除了种植面积和产量持续增长外，在以下几个方面也取得了较好成绩。一是政府按照"抓龙头、带基地、兴产业、促发展"的茶产业发展思路，每年均加大投入，强化引导，积极培育生态茶叶产业，大力促进产业提质增效，效果显著；二是茶叶产业已成为宜茶区群众脱贫致富的主渠道；三是把茶产业发展与乡村旅游有机融合，以茶叶专业合作社为依托，积极引导茶农开办农家客栈、农家乐等旅游项目，同时积极举办中国（甘肃）国际茶产业博览会，扩大了甘肃省茶叶的影响力。

（三）茶产业存在的主要问题

一是整体规模不大，知名度不高；二是茶文化积淀和挖掘不够；三是茶产业新型从业主体培育还需加强。

总之，茶产业在秦巴山区的河南、湖北、重庆、四川、陕西、甘肃六省市均是主导产业，其中陕西省和甘肃省的茶叶产区均在秦巴山区，其他四省市茶叶生产在秦巴山区也占有相当的比例。通过上面的数据可以看出，近几年秦巴山区茶产业发展迅速，为当地脱贫致富起到了重要的作用。

第二节 秦巴山区茶产业的发展

一、政府

（一）服务型政府理论

服务型政府理论是由我国学者张康之于1998年提出的。该理论认为服务型政府是一种更优质的新型政府，其内涵要求政府向社会大众提供优质的公共服务为根本目标，始终坚持服务性这一根本特征，始终坚持以人为本的服务理念，从官本变为民本，从效率导向转为公正导向，是一种引导型而非控制型的政府职能模式。从政府的职能方面来看，服务型政府强调政府要减少对市场活动的指挥和控制，要保证市场在经济活动中充分发挥其决定性作用，要为市场运行提供良好的生态空间。政府应从满足社会大众的公共需求和公共利益出发，向社会大众和市场提供高品质的公共服务和产品。从政府的行政手段来看，强调向服务为主的模式转变。

（二）政府职能

政府职能是指国家管理的执行机关依法对国家政治、经济和社会公共事务进行管理时应承担的职责和所具有的功能。政府职能主要包括政治职能、经济职能、文化职能和社会保障职能。

（三）政府的经济职能

政府的经济职能是指政府从社会经济生活宏观的角度，履行对国民经济进行全局性地规划、协调、服务、监督的职能和功能。它是为了达到一定目的而采取的组织和干预社会经济活动的方法、方式和手段的总称。

我国政府有三大经济职能，一是宏观调控职能，即政府通过制定和运用财政税收政策和货币政策，对整个国家经济运行进行间接的、宏观的调控。二是提供公共产品和服务职能，政府通过政府管理、制定产业政策、计划指导、就业规划等方式对整个国民经济实行间接调控。此外，还要发挥社会中介组织与企业的力量，与政府一道共同承担提供公共产品的任务。三是市场监管职能，即政府为确保市场运行畅通，保证公平竞争和公平交易、维护企业合法权益而对企业和市场所进行的管理和监督。政府经济职能的内容表明，只有政府才能在关于国计民生、耗资巨大、时间周期长、见效缓慢的项目中承担重任。

（四）政府在茶产业发展中的主要职能

一是宏观调控职能。主要包括整体规划，制定本地茶产业发展规划及扶持茶产业发展相关的政策文件；茶产业政策的推行与落实；收集政策落地过程中的情况反馈，实现政策的针对性应用与调整。

二是协调职能。主要包括对茶产业发展相关知识的宣传，提升消费者对茶产业的认知度；化解茶叶企业发展中用钱、用地等方面的需求与矛盾。

三是服务职能。主要包括加大公共服务设施建设，构建更加完善的物流、园区、平台等体系以适应当前茶产业发展的需要；积极推动改革，为茶产业发展提供便利；积极引进先进技术及茶产业高端人才，提升本地茶产业发展水平。

四是监管职能。主要包括切实发挥市场监管部门对茶产业的监管职责，维护茶产业秩序，确保茶产业公平、健康、有序发展。

二、新型主体

（一）新型农业经营主体的内涵

2012年，我国政府正式提出培育新型农业经营主体，将这类主体作为现代农业发展的主力军和实施乡村振兴战略的重要力量。新型农业经营主体，主要是相对于传统的基于个体农户经营主体来讲的，是创新和发展了的传统农业经营方式，具有较大经营规模、较好物质装备和管理水平，该主体劳动生产、资源利用及土地的产出率较高，是以商品化的生产为主要目标的组织。新型农业经营主体包括从事各类专门化农产经营组织和为农业生产提供多元化的专业服务商业机构。

（二）新型农业经营主体的类型

1. 专业大户

专业大户是从事某一类农产品生产的大型专业化农户，相比于传统的普通农户，其种植或养殖的产业规模明显较大。专业种养大户是从传统农户中分离出来的，他们能够通过优化组合农业生产要素、土地流转，并只针对一种农产品进行规模化、专业化生产，与传统小农户相比，规模更大，专业化与管理水平更高。专业大户虽然实现了一定程度的规模经营，但由于不同地区的自然、经济条件不尽相同，实际生产中也存在许多问题，如生产的专业化、经营的集约化以及土地的规模化标准等。目前对专业种养大户的资格认定在全国范围内尚未形成统一标准。我国在"第三次全国农业普查方案"中对规模农业经营户的定义标准是：种植业：以商品化经营为主，规模要达到，一年一熟地区露地规模100亩及以上，一年二熟及以上地区露地50亩及以上，设施农业设施占地25亩及以上。

2. 家庭农场

家庭农场是以农户单个家庭为单位，以家庭成员为主要的经营人员和劳动力，同时，家庭主要收入来源为其农场的收入。

3. 农民专业合作社

农民专业合作社是农户在自愿、联合、民主的原则下联合组建起来的互助性生产经营组织。合作社主要服务会员，不仅满足其农业生产用品、机械和肥料需求，还帮助销售和运输，并提供物流信息和其他技术援助。

4. 农业龙头企业

农业龙头企业指的是较大型的农业企业，这类企业从事农产品的加工、流通、销售及贸工农一体化，通过分工合作，独立经营、自负盈亏，能够适应瞬息万变的市场挑战和自然风险，并通过与农户联系，将农户领进农产品市场。农业龙头企业跟其他主体相比，经济实力更强、生产技术和机械设备更加先进、经营管理方式更加规范、人力资源更加整合、在农业市场上竞争优势更加明显。

（三）新型农业经营主体的特征

通过对新型农业经营主体的介绍可以看出，新型农业经营主体与传统个体农户经营主体的粗放化经营相比，第一个特征就是适度规模和集约化生产；第二个特征是专业化经营，专业化生产一方面指的是农业生产上的专业化，另一方面指的是农民职业的专业化；第三个特征是组织化，新型农业经营主体以利益共同体的形式，共同凝结成为生产链条的一个单元，来提高农业在市场上的核心竞争力。

（四）对秦巴山区茶产业培育新型农业经营主体的建议

一是大力发展专业种植大户。茶产业的基地建设，要求茶园专业化和适度规模化，传统个体茶农的小规模、粗放式茶园不适宜现代农业发展和乡村振兴的产业兴旺。相反发展专业大户可以满足茶产业基地建设需要。

二是家庭农场不是培育的重点。茶产业在茶叶加工方面对技术和资金要求较高，目前茶叶加工已实现了全程机械化，茶叶机械种类多、费用高，家庭投入压力大。标准化茶叶产品对加工技术要求也与之前传统农产品有了明显不同，技术不过关、产品质量不稳定会严重影响茶叶产品的口碑。茶叶销售和品牌建设对家庭农场来说，也存在一定的困难。因此，家庭农场在茶产业领域不是培育的重点。

三是提倡发展农民专业合作社。农民专业合作社是农民自愿组建起来的互助性生产经营组织。农民专业合作社运营中往往有能人或村干部带动，可以给茶农提供各种服务和技术援助，有利于茶园标准化和专业化建设发展，因此这种新型主体在茶产业领域应该提倡。

四是全力支持发展农业龙头企业。目前秦巴山区茶业龙头企业数量偏少、实力一般、产品市场占有率不高。应该重点培育壮大茶产业龙头企业，打造一批自主创新能力强、加工水平高、处于行业领先地位的大型龙头企业。引导龙头企业向优势产区集中，通过龙头企业带动推进茶业生产经营专业化、标准化、规模化、集约化。

三、创新

（一）创新对人类社会及企业的重要性

离开了创新，人类社会不可能向前迈进，科学技术也不可能有实质性的进步。创新是一个国家兴旺发达的不竭动力。在激烈的国际竞争中，唯创新者进，唯创新者强，唯创新者胜。可以说，创新已经成为现代社会发展与进步的基本动力。

创新驱动绿色发展的关键是要激发和保持企业家的创新精神，进而构建创新的企业文化，使之成为驱动企业实现高质量发展的加速器。

（二）秦巴山区茶产业创新的主要内容

1. 茶园生产与管理

茶园生产与管理首先在于茶树品种的优化，过去我们一直依赖高产，现在茶叶产品要讲究特色和亮点，安吉白茶、黄金芽、黄金茶就是很好的例子，今后需要多发掘类似的种质资源。其次是茶树栽培生态化、茶树植保绿色化、茶园耕作机械化、鲜叶采制机械化、茶园管理信息化。只有通过高产优质的品种资源创新、高效低耗的栽培技术创新、绿色安全的病虫防控、先进加工技术与装备创新及跨界增值的深加工利用，才能实现我国茶产业的高产、优质、安全、低耗、增值。

2. 现代茶叶加工

茶叶加工领域，在保持茶的色、香、味、形的同时，要坚持标准化、机械化、自动化和智能化，没有标准化和机械化就没有现代茶叶大产业。传统的手工作业、非物质文化遗产只能作为一种文化传承，要真正做大产业，做老百姓喝得起的好茶，让中国茶走向世界，必须要坚持标准化、机械化、自动化和智能化。

3. 茶叶产品创新

茶叶产品创新要在提高茶叶色、香、味的基础上，不断实现产品的方便化、功能化、时尚化和高雅化。如果没有这"四化"，很多年轻人对茶就会敬而远之，很多有消费实力的人会因为没有时间用传统的方式冲泡茶，而对茶望而却步。所以要把茶叶产品的多样化，尤其是时尚化、高雅化、功能化推向新的高度。当然，茶叶产品质量标准化是我们必须永远坚持的，没有标准化就没有规模化的现代茶业。

4. 茶叶贸易流通与消费领域

茶叶贸易流通端与消费端的发展趋势是经营品牌化、渠道多元化、电商普及化、品饮方便化和消费时尚化。在这"五化"方面，茶叶行业还有很大的提升空间。我们要关注年轻人饮茶的三个关键点，即年轻人、新茶饮、新时尚。当传统茶人还在用传统方式缓慢泡茶的时候，新茶饮已经风生水起，几年之间就成功打造了几百亿、上千亿元的产业规模。今天是茶吧时代，当新茶饮来临的时候，作为传统茶业一定要认清形势、认真分析、深度开发，从而去寻找新的茶业商机。

5.信息新技术应用

应借助大数据、云计算、物联网、人工智能等技术，在机器换人、绿色防控、天空地一体化监测、生长模型构建、病虫害识别和水肥一体化领域开展技术创新集成，实现生产端的数字化转型。应积极利用物联网和区块链技术，一站式追溯茶叶的种植、采摘、检验、加工、仓储物流和零售消费等阶段，将溯源信息被篡改的概率降到最低，进而倒逼企业进行绿色有机生产，建立质量安全可溯品牌，推动茶产业良性发展。

四、诚信

（一）诚信及诚信价值观

"诚"指诚实不欺，"信"指讲信用。"诚"体现为道德的根本，"信"体现为行动的准则。诚信一方面指的是发自内心的坦诚相待和实事求是的处事态度，另一方面指的是言行一致和知行合一的行为表现。现代意义上的诚信是建立在规则之上、体现在章程之中，除了讲自觉，还强调规则法条的约束，体现出平等性与强制性的特征。

诚信同时也是中国公民层面的社会主义核心价值观之一，是对公民的道德要求和道德准则。诚信价值观包含着个体对诚信的认知程度、对诚信道德情感的感知力和意志力。诚信也反映着一个国家、一个民族的素质和未来。

（二）企业诚信

企业诚信是由市场诚信、企业间诚信、社会诚信和企业内部诚信等组成的。针对企业的市场诚信包括企业产品质量诚信、广告宣传诚信、价格诚信、服务诚信等。企业间诚信是企业在与其他企业进行交易活动中的诚信行为，主要指合同的忠实履行。针对企业的社会诚信主要体现为企业积极承担社会责任，如环境诚信、税务诚信和反腐败等方面的内容。企业内部诚信包括薪酬诚信、劳动合同诚信、管理体系实施诚信、员工诚信和诚信文化等。企业要想在市场经济中立于不败之地，就必须建立以诚信为本的企业文化，树立诚信理念。

（三）茶叶行业诚信体系建设好的做法

2008年中国茶叶流通协会开始开展企业信用等级评价并编制发布了《茶叶专卖（营）店经营管理规范》。同时茶业界各行业协会、商会等通过发表行业自律公约，在行业内引导企业规范经营。目前多个茶叶区域公共品牌依托品牌管理，已在网络平台开辟诚信企业信息专栏。在食品安全建设领域已推广茶叶可追溯体系，共同打击销售假冒伪劣农产品和禁用限用农药等损害消费者利益的行为。在电子商务中，通过建立网上交易茶叶的质量和价格监管机制，茶企业提高了诚信度。部分企业已制定了《企业信用管理制度》，并积极参加工商、质检、税务等部门开展的诚信企业评比。

（四）提高茶叶行业诚信体系建设的建议

1. 提高公民的诚信意识

加强公民道德建设，将社会主义核心价值观渗透到社会主义精神文明建设中，融入人们日常生活和实践中，内化为人们的价值取向，从而使之成为全社会致力于中华民族文化复兴的精神力量。如果社会的诚信道德状况还没有取得满意的效果，那么茶叶行业的诚信可能也不会特别乐观。

2. 加大诚信制度建设

让诚信价值进入社会制度中，以制度化推进诚信建设，可以有效扩大诚信建设效果。诚信建设制度化需要构建科学有序、系统联动、全面协同的制度体系，依靠制度治理释放诚信效能，以制度的"笼子"引领诚信行为。特别要制定严格的失信惩戒制度，扩大失信限制范围，要让失信成本高于守信获得，形成各领域失信"黑名单"信息共享制度，让守信在利益博弈中成为必然选择。具体在茶业行业重点强化两个方面的制度建设：一是信用承诺制度，通过《企业信用承诺书》等形式，对市场主体规范自律或向社会公开做出承诺，接受行业和社会监督；二是建立茶业企业信用档案和评价制度，实行茶业企业信用档案和评价动态管理，实现对行业信用信息全面及时监测和更新。

3. 利用新技术构建诚信管理平台

区块链技术具有公开透明、安全性、可追溯性等特点，建议构建基于区块链技术的茶叶市场诚信管理平台，进一步促进企业诚信建设，优化茶叶市场环境。该建议实施后，一方面可以整合现有数据平台，建立茶业全行业的信用信息数据库，将行业基本信息、信用信息、信用评价结果等归集到平台，另一方面可以进一步完善平台的共享功能，实现跨地区、跨部门信用系统互联、互通、共享交换。

4. 茶业企业自身诚信建设

一是要构建企业诚信文化体系，推行以诚信为核心的企业文化。对于企业来说，诚信就是品牌，对于员工个人来说，诚信是做人的基本原则，是在企业中做事的必要条件，是实现企业久远成长进步的必然前提。企业制度文化是使企业精神文化深入人心的制度保障。企业行为文化可以彰显企业经营管理的合理程度。企业物质文化可以提升企业的社会影响力，并对企业品牌的知名度以及社会认可度打下坚实基础。

二是要做好茶叶企业信用管理，提高财务部门对信用风险的评估，增强企业防范信用风险的能力。

三是对茶叶进行标准化生产和经营，提高企业核心竞争力。

五、深加工

（一）什么是茶叶深加工

茶叶深加工是指使用茶树鲜叶、修剪叶、茶籽或由其加工而来的半成品、成品或副产品为原料，通过集成应用分离纯化工程、生物化学工程、制剂工程、食品工程等领域的加工工艺，实现茶叶有效成分的分离制备，生产出人类所需产品的过程。

目前我国茶叶深加工年消耗茶叶原料20多万吨，约占我国茶叶总产量的8%，产值达1200多亿元，经济效益和社会效益显著，发展空间巨大。

（二）茶叶深加工重要作用

茶叶深加工可以提升茶叶资源利用率，有效解决茶叶资源过剩的问题。目前我国茶叶结构性产大于销，低档茶和夏秋茶资源利用率低，通过茶叶深加工可以促进我国茶产业从数量规模型向质量效益型转型升级。

深加工茶可以满足一部分消费者新的消费需求。随着社会发展和人们健康意识的不断增强，具有天然、保健、方便、安全等特性的茶叶深加工产品逐步获得广大消费者的青睐。如年轻人喜欢方便、时尚的茶产品，女性青睐于美容养颜减肥类的茶产品，中老年人爱好有保健功效的茶产品等。

通过茶叶深加工可以跨界拓展茶叶的应用领域，是延长茶产业链和提高茶叶附加值的重要途径。

（三）茶叶深加工的主要产品

1. 以茶叶有效组分为主体的产品

该类茶品主要包括速溶茶、茶浓缩汁、灌装（瓶装）液态茶饮料。

速溶茶是一种能迅速溶解于水的固体饮料茶。以成品茶、半成品茶、茶叶副产品或鲜叶为原料，通过提取、过滤、浓缩、干燥等工艺过程，加工成一种易溶入水而无茶渣的颗粒状、粉状或小片状的新型饮料，具有冲饮携带方便，不含农药残留等优点。速溶茶分为纯茶与调料调配茶两类，纯茶常见的有速溶红茶、速溶绿茶、速溶铁观音、速溶乌龙茶、速溶茉莉花茶、速溶普洱茶等。调料调配茶有含糖的红茶、绿茶、乌龙茶以及柠檬红茶、奶茶、各种果味速溶茶。

国际市场上速溶茶的价格约为干茶的10倍，并且越是发达国家，消费量越大，如美国速溶茶消费量约占茶叶消费量的1/3，每年大约3万吨。

速溶茶成品既可直接饮用，又可与水果汁、糖等辅料调配饮用，从而能满足不同消费者的需要。速溶茶符合食品卫生安全要求，原料中所带的重金属、砂石和农药残留物等在速溶茶加工过程中均随叶渣一起除去，是一种比较纯净的饮品。速溶茶生产容易实现机械化、自动化和连续化。速溶茶既可冷饮又可热饮，又无去渣烦恼，符合现代生活快节奏的需要。

目前我国速溶茶和茶浓缩汁的年生产能力近20000吨，是国内外多家企业的茶饮料生产原料。同时，产品出口到美、日、欧洲发达国家。如今，浙江、福建、江西、湖南、江苏等地有50多个工厂生产速溶茶粉。

液态茶饮料以饮品为主，是一种调味基础茶，以茶作为基础，在其基础上加入糖和酸等调料。与其他汽水及果汁饮料相比，茶饮料具备清新感，口感较好。茶饮料中天然成分较多，因此成为新时代饮料，受到消费者的喜欢。

2. 抹茶和茶籽油

抹茶源于我国隋代，流行于宋，兴盛于日本，是茶中兼具饮、食、妆功效的产品，可广泛用于食品、医疗、化妆品等行业。抹茶是以覆盖栽培的茶青经蒸汽或热风杀青、干燥制成的茶叶为原料，按研磨工艺加工而成的微粉状茶产品。2019年我国抹茶产量2000吨。预计到2025年，我国抹茶产量将超5000吨。目前全球抹茶供应国仅有日本、中国和韩国，缺口很大，具有良好的发展空间。

茶籽油是高端的食用油产品，经由茶籽压榨或浸提而成。湖南、广东、湖北、江西、浙江、福建、贵州等地公司均有生产。有较大发展空间。

3. 以功能成分开发为主体的产品

该类产品主要包括茶多酚、茶氨酸、茶多糖、茶皂素等功能成分为主体的茶叶提取物。

茶多酚是茶叶中多酚类物质的总称，绿茶中茶多酚含量较高，占其质量的15%～30%，主要成分包括儿茶素类化合物或者黄烷醇类、黄酮醇类、黄酮类、酚酸类和花色苷类等多种分类化合物。茶多酚在食品领域的应用也得到了认可，美国食品与药品管理局已经批准茶多酚可用于健康食品或者功能食品的添加剂；我国于1990年将其列入GB 2760—1996食品添加剂国家标准;1997年将其列为中成药原料。2019年中国茶多酚产量达5356吨。全国现有茶多酚生产企业50多家，主要分布在东南沿海地区、长三角地区以及中西部的四川、贵州和湖南等地区。

茶氨酸是茶叶的特征氨基酸，也是茶叶呈味物质之一，具有甜味和鲜爽味，容易溶于水中，可被用于食品的添加剂。

茶多糖是由糖类、果胶、蛋白质组成的复合物，其中糖的成分主要含阿拉伯糖、木糖、葡萄糖、半乳糖等。茶多糖可以被广泛地应用于茶产品的生产与研发中。

茶皂素是一种五环三萜类皂苷，具有表面活性作用和杀菌、抑菌、消炎作用，广泛应用于农药、化工等方面。中国茶皂素年产量约2万吨，主要生产地区包括湖南、江西及浙江等地。

4. 功能性终端产品

以茶叶功能成分提取物、速溶茶、茶浓缩汁为原料，开发具有高附加值的含茶食品、保健食品、茶天然药物、食品添加剂、日化用品、动物健康产品及饲料、植物保护剂、建材添加剂、环境治理产品等功能性终端产品。

含茶食品与功能食品。包括茶味零食、茶味糕点、茶味蜜饯等茶休闲食品及以茶多酚为主要成分，添加一定比例的茶叶功效成分或茶提取物开发出的保健食品。

茶化妆品与个人护理品。如高茶氨酸系列保湿增白茶叶面膜、黑茶精粹修护乳、黑茶长效保湿润肤水、富含多酚和黄酮等抗炎抗氧化成分的沐浴露和洗发液、黑茶植萃莹润精华液等护肤品、添加茶多酚的黑茶牙膏、含茶皂素的解酒饮料、婴儿用茶皂素洗洁精等。

茶酒制品。如茗酿茶酒、黑茶金色艾尔啤酒等融合茶与酒二者所长、具有中国特色的创新茶酒产品。

茶的动物健康产品。绿色饲料添加剂的研究和开发越来越得到重视，如富含茶多酚茶饲料等。

第三章　秦巴山区其他特色产业扶贫研究

第一节　贫困与贫困治理

一、贫困

（一）贫困的定义

贫困是每个国家都必须要面对的社会问题，它综合了历史、现实等原因。首先，贫困本身就是一个动态过程。贫困的状态会随着时间的变化、思想观念的转换、社会的发展等不断变化。其次，因为每个国家的文化背景、自然条件、国家政策都千变万化，所以在不同地区和国家，对贫困的定义和理解也不尽相同。此外，学术界对于贫困的定义也各有千秋，不同的学者对贫困的看法也不同。

因为贫穷而生活窘困，称为贫困。世界银行在《1981年的世界发展报告》中把贫困定义为"没有资源获取一般的饮食、生活以及舒适地参加各种活动"。《1990年世界发展报告》对贫困的定义又进行了更正与补充，认为贫困指"缺少达到最低生活水准的能力"。

1979年英国学者汤森在《英国的贫困：家庭财产和生活标准的测量》一文中指出："所有居民中那些缺乏获得各种食物、参加社会活动和最起码的生活和社交条件资源的个人、家庭和群体就是所谓的贫困。"该定义不仅考虑了物质生活，而且还考虑了参加社会活动。

1991年国家统计局的《中国城镇居民贫困问题研究》课题组从经济角度给贫困的定义是："贫困一般是指物质生活困难，即一个人或一个家庭的生活水平达不到一种社会可接受的最低标准。他们缺乏某些必要的生活资料和服务，生活处于困难境地。"

联合国开发计划署在1997年的《人类发展报告》中指出："人文贫困是指人们在寿命、健康、居住、知识、参与、个人安全和环境等方面的基本条件得不到满足，而限制了人的选择。"该报告指出贫困应该包括收入贫困、权利贫困、人力贫困和知识贫困四个部分。这一概念克服了仅从经济角度定义贫困的传统,强调从人的收入、权利、发展能力、知识等多方面阐述贫困,将贫困的范围扩展到了经济以外的多个领域,因此该定义具有较好的代表性和影响力。同样,世界银行在《2000—2001年度报告》指出:"贫困不仅意味着低收入和低消费,而且意味着缺少受教育的机会,营养不良,健康状况差。贫困还意味着没有发言权和恐惧等。"

在最开始,学术界把贫困主要分为绝对贫困与相对贫困。绝对贫困在衡量上只考虑收入因素,指那些在收入上没有达到最低生活标准的人口。相对贫困考虑了社会生活水平,它指相对于一定社会生活水平而言的贫困状态。相对贫困在某种程度上有价值判断的意思,它强调不同成员间生活水平的比较。虽然绝对贫困和相对贫困反映了贫困的两种不同状况,但是它们之间也有联系。一方面,不管是处于相对贫困,还是绝对贫困的人,他们所具有的能力不能让自身达到社会最低生活标准。另一方面,随着社会的不断发展进步,相对贫困和绝对贫困不是固定的,两者可以进行转化。有的学者偏向于经济性解释,认为贫困是指在收入方面等低于一般水平的人口或家庭。更多的是偏向于社会意义与人文关怀,强调贫困不仅是指经济、生活水平的落后,还包括教育医疗资源的缺乏、权利的分配不均等。贫困衡量不仅要考虑收入等经济因素,还要包括社会福利内容。我国有许多学者对贫困的界定也有不同的看法,最典型的就是国家统计局在《中国农村贫困标准》课题组中以及《中国城镇居民贫困问题研究》课题组中认为贫困是指物质生活层面的贫困。

综上所述,贫困首先是个经济问题,贫困人口收入低、消费低;其次要全面看待贫困问题,关注贫困人口的健康状况、受教育程度、发展能力以及应拥有的相应权利。对于"贫困"的具体定义是需要把它放置到更为宏观的历史背景与更为具体的现实背景下去考察的,因此如若想获得关于贫困概念的全景性解释,只有将其放到不同国家经济社会发展的现实中进行实证性分析。

(二)贫困线

贫困线又叫贫困标准,它是在一定的时间、空间和社会发展阶段条件下,维持个人基本生存所必需消费的最低费用,也是社会和政府在贫困治理中,为了确定贫困状况而设定的具体经济标准。

1990年,世界银行选取了一组最贫穷国家的贫困线,采用购买力平价将它们换算成美元，通过计算平均值，把国际贫困线标准确定为每人每天 1 美元。2008 年世界银行将国际贫困线上调至每天人均 1.25 美元。2015 年 10 月世界银行再一次将这一标准上调至 1.9 美元。世界银行所确定的贫困线在国际上具有很大的影响力，是唯一被大多数国家参照的国际性标准。

1978 年我国政府确定了每人每年 100 元的贫困标准。2008 年根据 2000 年的物价水平确定了每人每年 865 元的贫困标准。2011 年确定的贫困线标准为每人每年 2300 元。目前我国是按照 2011 年 2300 元不变价为基准，2014 年为 2800 元，2015 年为 2968 元，2016 年为 3146 元，2017 年为 3335 元，2018 年为 3535 元，2019 年为 3747 元，2020 年为 4000 元。按照 1 美元兑换 6.8787 元人民币计算，每天人均 1.25 美元的标准是年人均收入 3138 元，每天人均 1.9 美元的标准是年人均收入 4770 元。目前我国贫困线标准还略低于世界银行所定标准，总体趋势是越来越接近。

（三）贫困的由来

贫困为何产生？关于贫困产生的原因历来多有争论。梳理现有研究发现，贫困产生的原因大体可以概括为以下七个方面：

1. 经济因素

从经济学视角探讨贫困的诱发因素与形成机理是当下学界较为主流的。持有这种观点的学者多认为造成贫困的主要原因是由于低收入导致的物质、基本服务的匮乏，让部分社会成员丧失发展手段和机会，最终陷入贫困状态。

2. 文化因素

王兆平在《转型经济发展中的文化断裂与贫困研究》中尝试遵循"文化——制度——经济"这种整合的思路来解释贫困成因，认为正是由于文化的断裂引起的制度失意和制度排斥才导致贫困人口处于制度边缘而难以获得发展的资源和致富的机会。与此同时，一些学者认为贫困不仅是物质资源的贫困，也是智力、信息、观念、文化的贫困，强调文化的贫困在一定程度上影响着经济贫困。学者们还提出贫困文化是贫困阶层长期生活在封闭落后的贫困环境中形成的特别生活方式、行为规范、价值观念，会让贫困人群的生活态度消极、观念陈腐落后、缺乏进取精神，甚至会代代相传并由此产生贫困的恶性循环，因此导致农村贫困地区长期贫困、深度贫困的重要原因之一是"贫困文化"。美国人类学家斯卡·刘易斯从文化角度做出解释，即在贫困文化中生存、成长的人群其个人性格特点以及生活方式和习惯都深受贫困文化的影响，致使他们与主流文化和其他人的生活相隔离开来，因此即便是遇到了可以摆脱贫困的机会，也难以很好地利用这些机会走出贫困。除此之外，斯卡·刘易斯还创新性地提出贫困不仅是一种结果，还是造成新贫困的原因。

3. 社会制度因素

早在20世纪40年代，我国著名社会学家费孝通先生在他的著作《乡土中国》中提到，世代都生活在乡村里的农民其自身社会结构、人际关系以及权力结构都具有浓厚的乡土特征，在现代性以及城市化的浪潮冲击下，这些乡土社会和人文生态逐渐土崩瓦解，乡村精英背井离乡，农村社会秩序变得紊乱，这是农村走上了凋敝之路后导致农村落后贫穷的重要原因。现代化往往也是城市化的过程，在这个进程中，各种新的外生性制度进入脆弱的农村社会，冲击着农村社会的传统，导致农村的人力、财力、物资源源不断地流出农村，农村内部的伦理、价值体系遭受到巨大的冲击甚至崩塌的同时，农村也越来越衰败。学者张有春认为农村贫困是国家现代化进程的产物，是城市化、工业化过程中的制度成本向弱势群体转嫁的结果。也有学者以社会排斥角度来研究致贫原因，认为"贫困"是超出经济领域，且很大程度上是制度缺失、自由缺失、个人权利缺失的后果。英国学者克莱尔·肖特在《消除贫困与社会整合：英国的立场》中认为"贫困"是由于社会成员权利的边缘化造成的。学者于洪生认为导致城市贫困现象产生的原因是由于缺乏制度保障和不合理政策；与于洪生关注城市贫困问题不同的是，学者银平均在他的博士论文《社会排斥视角下的中国农村贫困》中更是直指中国农村贫困问题，他强调中国农村贫困作为一种社会问题，是由于自然、历史、个体以及政策体制层面的社会排斥和社会剥夺等因素相互作用的最终结果。当然，"贫困"不仅仅是因为低收入，还是经济、政治、社会相互作用彼此不断强化过程的产物，往往与不平等密切联系在一起，包括诸如在一些关系到自己命运的重要决策上缺少发言权、缺少发展权利、缺少参与经济活动的机会等因素，导致部分人群被社会排斥在外，在此过程中进一步加剧了这一部分人的物质匮乏，将其锁定在贫困之中。

4. 可行性能力因素

在《以自由看发展》中，印度经济学家阿马蒂亚·森站在可行性能力被剥夺的角度对贫困现象和产生的原因作了新的阐释，他将实质自由的缺乏与经济贫困相联系，认为贫困不仅仅是收入低下，还必须被视为基本可行性能力的被剥夺，因为低收入可以是一个人的可行性能力被剥夺的重要原因。阿马蒂亚·森认为造成贫困的直接原因往往比较清楚，但最终原因是模糊不清，甚至是一个没有定论的问题。他尝试从权利角度提供了一个分析致贫因素的一般性框架，即权利的失败导致人们能够过自己愿意过的那种生活的可行性能力的丧失。

5. 政府管理因素

学者杨进强调政府管理不善对农村贫困造成的深远影响，如政府制定的政策目标并没有按照既定方向发展，或是政府某些干预行为的不得当阻碍了市场功能的正常发挥，难以实现社会资源最优化。此外，政府自身问题也导致各项政策不能得到有效的贯彻和延续。各类问题叠加，不仅加重了社会经济发展的负担，还消耗了大量的社会资源，这些都成为加重农村贫困的重要原因。

6. 自然禀赋因素

贫困地区往往是生态环境脆弱的地域，这些自然条件和生态环境方面的原因导致贫困地区落后、人民贫穷。同时，贫困地区人们对于过上富裕生活的强烈追求导致不合理、不计后果地开发利用自然资源。多数欠发达地区往往伴随有贫困的特征，由于资金和技术的原因使被破坏的生态环境难以得到有效治理，生态环境的破坏又加重了贫困的状况，最终陷入"环境脆弱——贫困——不合理开发资源——环境恶化——贫困困境"的恶性循环。

7. 综合因素

贫困的形成不是单一的，而是多维的。美国哈佛大学的戴维·S.兰德斯在《国富国穷》中横跨历史学和经济学两大学科，从地域因素、政治因素、历史因素、经济因素等不同方面来分析古今各国的贫富问题，探讨国家的兴衰贫富的历史现象和历史事实。戴维认为，一国的经济发展过程反映了历史的演进轨迹，"政治"因"经济"而变，地理因素又影响着"政治"和"经济"的选择，这是国家兴衰更替的内在规律。瑞典学者冈纳·缪尔达尔以11个亚洲国家的贫困和发展问题作为研究对象，从经济、政治、制度、文化、习俗等广泛层面入手，研究欠发达国家贫困的原因，还对阻碍发展的各种因素进行了实事求是的评价。

概括而言，"贫困"是复杂的社会现象，"贫困"的归因分析就如"贫困"概念本身一样是极其复杂的。研究秦巴地区的贫困问题和贫困治理，必须放在各自独特的境域中加以全面考察。

二、贫困治理

（一）贫困治理的内涵

人类对待贫困的态度经历了从歧视、社会救助到系统治理的过程。人类社会早期，处在底层的贫困人口普遍受到严重的歧视；随着社会进步，人人平等的观念逐步深入人心，社会上出现了自发做慈善的个人和机构；随着社会进一步发展，各国政府越来越重视贫困问题的系统治理。

贫困治理是政府主导下，充分调动社会资源，各方力量广泛参与，形成合力采取减贫措施，最终实现摆脱贫困目标的过程和状态。

（二）共同富裕思想

实现所有人的共同富裕是自古以来人类的梦想，我国古代就有世界大同的理想。马克思主义理论第一次系统地阐述了共同富裕的历史性、实现共同富裕的物质前提、社会制度前提、社会途径以及共同富裕与人的全面发展的关系、实现共同富裕的阶段性等方面内容，从而揭示了共同富裕的发展规律。

在我国，"共同富裕"这一概念最早于1953年12月16日正式提出，中国共产党中央委员会通过了《中共中央关于发展农业生产合作社的决议》，指出："为着进一步地提高农业生产力，党在农村中工作的最根本的任务，就是要善于用明白易懂而为农民所能够接受的道理和办法去教育和促进农民群众逐步联合组织起来，逐步实行农业的社会主义改造，使农业能够由落后的小规模生产的个体经济变为先进的大规模生产的合作经济，以便逐步克服工业和农业这两个经济部门发展不相适应的矛盾，并使农民能够逐步完全摆脱贫困的状况而取得共同富裕和普遍繁荣的生活。"

邓小平提出贫穷不是社会主义，共同富裕是社会主义的本质特征。鼓励一部分地区一部分人先富起来，先富带动、帮助后富，最终达到共同富裕。

（三）新时代精准扶贫理论

2013年11月，习近平总书记到湖南湘西考察时做出了"实事求是、因地制宜、分类指导、精准扶贫"的重要指示，首次提出了"精准扶贫"的要求。精准扶贫就是针对不同贫困区域环境、不同贫困农户状况，运用科学有效的程序对扶贫对象实施精确识别、精确帮扶、精确管理的治贫方式。

2015年6月，习近平总书记在贵州召开部分省区市党委主要负责同志座谈会，强调要科学谋划好"十三五"时期扶贫开发工作，确保贫困人口到2020年如期脱贫，并提出扶贫开发"贵在精准，重在精准，成败之举在于精准"。提出了扶贫开发工作"六个精准"的基本要求，即扶持对象精准、项目安排精准、资金使用精准、措施到户精准、因村派人精准、脱贫成效精准。"六个精准"的提出，为精准扶贫指明了努力的方向。2015年10月16日，习近平总书记在2015减贫与发展高层论坛上强调，中国扶贫攻坚工作实施精准扶贫方略，增加扶贫投入，出台优惠政策措施，坚持中国制度优势，注重六个精准，坚持分类施策，因人因地施策，因贫困原因施策，因贫困类型施策，通过扶持生产和就业发展一批，通过易地搬迁安置一批，通过生态保护脱贫一批，通过教育扶贫脱贫一批，通过低保政策兜底一批，广泛动员全社会力量参与扶贫。2015年11月29日颁布的《中共中央国务院关于打赢脱贫攻坚战的决定》是我国新时期脱贫攻坚的纲要性文件。该文件指出到2020年，我国稳定实现农村贫困人口不愁吃、不愁穿，义务教育、基本医疗和住房安全有保障。确保我国现行标准下农村贫困人口实现脱贫，贫困县全部摘帽，解决区域性整体贫困。

精准扶贫理论要求在扶贫过程中要处理好三方面的关系：一是扶贫开发工作与生态保护之间的联系；二是政府主导扶贫工作与贫困群众主体协同共建关系；三是精准扶贫与集中连片贫困地区开发的关系。

三、贫困治理的政策演进

依据我国农村贫困治理政策的阶段性特征，结合中国特色社会主义实践的历史进程，改革开放以来中国农村贫困治理政策可以大致划分为三个阶段。

（一）"隐蔽的贫困治理"阶段（1978—1991年）

1978年年底，党的十一届三中全会召开，正式拉开了我国改革开放的帷幕。1979年中央通过了《中共中央关于加强农业发展若干问题的决定》，由此我国改革的步伐从农村开始起步，中国的农村贫困治理也因此开始。此阶段的贫困治理主要是借助体制改革的红利带动贫困消减，而非专门针对我国农村的具体贫困状况提出有计划、有针对性、大规模的贫困治理，被认为是"隐蔽的贫困治理"阶段。

1978年中国提出改革开放之时，当时全国的人口数量为9亿左右，人口基数大，加之我国农村底子薄、耕地面积少的基本国情，使得普遍贫困成为当时中国社会的重大问题，也使中国成为世界贫困人口大国。面对如此严重的社会现实，1977年中共十届三中全会上邓小平同志明确指出"反贫困是社会主义的本质要求，是共产党人搞社会主义建设的基本目标，是战胜资本主义的前提"。因此，改革开放后中国经济的快速发展也正是中国农村贫困治理事业的一种表达。在这场轰轰烈烈的经济社会大发展中，数以亿计的农村贫困人口成功脱贫。所以说，这一阶段的农村贫困治理主要是以经济发展带动农村贫困人口摆脱贫困。

人民公社化时期，在劳动分配上，我国农村主要采取"平均主义大锅饭"的分配政策，大部分农民的劳动付出与劳动所得严重失调，也大大降低了农民的生产和劳动积极性，从而阻碍了农村经济的发展。1978年安徽凤阳小岗村创造并尝试了包产到户的土地经营模式，逐渐的，包干到户的理念受到大到党中央、小到农村生产队的普遍认可。1984年年底，以家庭承包经营为基础、统分结合的双层经营的农业基本经营制度正式确立。所谓家庭联产承包责任制是由农户或小组承包集体所有土地和其他生产资料，并对生产和经营结果负责的富民政策。农村家庭联产承包责任制确立后，农村经济发展取得良好收效，也很大程度上改变了中国农村贫困落后的面貌。农村家庭联产承包责任制的实行，提高了农民农业劳动生产率，大大节省了农民农作的劳动时间，广泛地调动了农民生产劳动的积极性和主动性。尤其是当时提出的一项"富民政策"——提高粮食收购价格，使得农民的农业收入水平显著提高。乡镇企业的产生和发展也彻底地改变了农民的收入结构，拓宽了广大农民的收入来源。据统计，中国农村实行家庭联产承包责任制后，至1985年中国的贫困人口数量与1978年的2.5亿相比，降低了50%。

与此同时，我国经济体制处于社会主义计划经济体制向市场经济体制的过渡中，国家对农村的生产、分配和收购方式也进行了大刀阔斧的改革，农村市场逐步解禁。政府放开了农产品的价格，这一时期，政府对农产品的收购价格大大提升，实行了超购加价政策等，有效增加了农民的农业收入；农业产业结构向附加值更高的产业转化，政府有关农村人口流动的相关政策也逐渐松动，从改革开放前的严格控制到允许自由流通，使得一些在土地上解放出来的劳动力自筹资金、自理口粮进城务工或经商，开启了农民在非农领域就业的起点；自中华人民共和国成立以来一直延续的"统购派购"的农产品流通体制也有所改观，逐步变更为自由贸易，极大地缓解了农村普遍贫困的现象。可以说，这一时期，多方面的经济体制改革，有效推动了农村经济的大幅增长，为农村贫困人口带来了巨大的脱贫能力，成为中国农村贫困治理的主要推动力量。

（二）"贫困治理酝酿转型"阶段（1992—2011年）

经历了1978年以来的改革探索和酝酿，以1992年10月召开的中共十大确立的中国特色社会主义市场经济体制目标为标志，中国迎来全面改革开放的新局面，社会主义建设也明确了优先发展经济的目标。因此，此阶段中国农村贫困治理政策也逐步与经济发展相融合，中国贫困治理逐步向经济支持与社会治理双重属性过渡。

上一阶段贫困治理的一个典型特点就是以"救济式"为主，基本靠大量资金投入的方式解决贫困地区的温饱问题。但是进入20世纪90年代后，我国的农村贫困治理事业既面临经济快速发展带来的坚实物质基础，同时也面临区域发展不平衡带来的严重压力。农村贫困问题开始出现向中西部地区，尤其是一些深山老区、荒漠地带、高寒地区、黄土高原等一些地质条件恶劣的区域倾斜，而且这些地区多位于老少边穷地区，自然环境恶劣、基础设施缺乏、经济社会发展滞后，这些地域的原始特征也加大了我国农村贫困治理工作的难度。1994年3月国务院公布实施了《国家八七扶贫攻坚计划》，把其当作未来7年中国贫困治理工作的一项重要纲领。计划提出，以1994年为起点，国家将集中大量的人力、物力和财力，广泛调动社会各界的力量，力争通过7年左右的努力，到20世纪末基本解决我国农村8000万贫困人口的温饱问题，并使全国范围内绝大多数的贫困户人均收入突破500元人民币。1994年全国范围内推行《国家八七扶贫攻坚计划》，我国农村贫困治理政策逐步由"救济式"向"开发式"转变，进一步明确了我国农村贫困治理的基本途径和主要形式，主要通过发展贫困地区产业、金融信贷扶贫和以工代赈等多项措施来提升贫困地区的整体发展能力。

《国家八七扶贫攻坚计划》的具体政策和目标的提出，主要是基于上一阶段我国农村贫困治理过程在瞄准问题上出现的一些偏差，以及当时我国农村贫困群众分布状况的实际变化提出来的。基于我国农村贫困问题的实际，1994年国务院重新提出了贫困线的标准划分问题，最终划定了592个贫困县和8000万的贫困人口，其中贫困县的数量是有增无减的，这个数字覆盖了当年全国72.6%的农村贫困人口。建立贫困瞄准后，国家开始投入贫困治理资金、贫困扶植项目入户。在资金投入方面，从国家层面来看，《国家八七扶贫攻坚计划》公布的当年，国家以工代赈资金增加了10亿元，扶贫贴息贷款增加了10亿元。随着国家贫困治理财力的加大，为了确保《国家八七扶贫攻坚计划》的实施和完成，从地方层面也根据相应的贫困治理任务，不断增加贫困治理资金的投入。在贫困扶植项目方面，计划中也明确了扶植项目到村、到户的要求，提出了扶贫的主要对象和工作重点就是贫困农户。与此同时，为了增强贫困瞄准的准确度，加大贫困治理覆盖面，计划中还明确规定，一些不在规定贫困范围但有实际困难的村、户，地方政府也同样要在资金和项目上有所支持。此外，针对贫困地区的实际特点，要求充分发挥地方资源优势，发展贫困地区的种植、养殖和加工等行业，便于直接有效地解决贫困群众的温饱问题。

为确保《国家八七扶贫攻坚计划》的落实，党中央出台了一些相关政策，如要求各地党政机关和有条件的企事业党委，要充分发挥自己的资源优势，与贫困县、户定点挂钩；要求民主党派也要利用其人才众多、技术力量密集的优势，开展智力扶贫；要求东部比较发达的地区，尤其是"先富起来"的沿海地区的一些省、市要与中西部贫困地区建立对口帮扶关系；倡导民间贫困治理的参与，建立为小学教育提供支持的希望工程、为弱势群体提供小额贷款的幸福工程等，体现了我国八七扶贫攻坚阶段社会贫困治理的广泛参与。国家层面统一领导各有关部门，以及省、自治区、直辖市的贫困治理任务的实施，以保障农村贫困治理政策的有效运行和实施效果。国家成立扶贫开发领导小组负责统一部署、全面督查，合理分配资金和物资，制订具体的政策措施，协调各方关系，并要求各地区把农村贫困治理，解决贫困人口温饱问题作为党委和政府的首要职责，打造一支具备精兵强将、密切联系群众的贫困治理工作队伍。

在此阶段，我国农村贫困治理政策根据阶段性贫困特征也随之调整，提出了新的瞄准机制和新的治理目标。1986年我国第一次提出以县作为瞄准单位，并将331个贫困县列入国家重点治理范围；1990年，在《关于九十年代进一步加强扶贫开发工作的请示》中明确了我国农村贫困治理的目标，要在大多数农村贫困人口温饱问题基本解决的基础上，逐步转入以脱贫致富为主要目标的开发式贫困治理阶段；1994年《国家八七扶贫攻坚计划》中将扶贫县数量进一步调整，扩大了帮扶贫困县的范围，并将到2000年年底基本解决全国农村贫困人口的温饱问题作为新阶段的贫困治理目标；1996年针对当时我国农村呈现出新的贫困状况，《中共中央、国务院关于尽快解决农村贫困人口温饱问题的决定》中，又进一步提出了提升瞄准机制准确度的新要求，强调扶贫到户的政策，并明确了对妇女儿童、残疾人等各类特殊群体的重视程度，同时加强了对贫困治理政策落实的监测制度。

农村贫困治理政策实施的制度化也得到了较高的重视。农村贫困治理的发展路径中,除利用地域优势就地开发外,依靠科技发展和服务带动,建立以种、养业为基础的商品经济;在《国家八七扶贫攻坚计划》中增设了信贷贫困为代表的一系列新的贫困治理资金项目以规范资金利用;此后国家又出台了《国家贫困资金管理办法》,进一步明确了贫困治理资金的使用去向、分配政策、监督管理等制度。"开发式"贫困治理阶段的工作区别于"救济式"的民间扶贫,形成了较为系统的规章制度和法律约束,使农村贫困治理政策的落实更加趋于制度化、严格化。

该阶段,独立于经济发展逻辑之外的社会救助制度开始日趋完善。到2000年年底,我国贫困人口数量减少至3200万人,贫困发生率降至3.4%,除生活在自然条件极其恶劣的深度贫困地区的特困人口和丧失劳动能力的残障人士外,全国农村贫困人口的温饱问题已经基本解决。2004年,我国召开了十六届四中全会,在这次会议上首次提出了社会建设的问题,并将其作为社会主义建设事业的核心内容。2007年,我国实现了农村低保的全覆盖,建立相应的农村社会保障制度,使我国农村广大的贫困人口开始拥有了温饱的"安全网"。

这一阶段的农村贫困治理成效显著,同时也呈现出了三方面局限性:第一,过度注重经济发展目标,很少注重人的实际需求;第二,此阶段的农村贫困治理政策仍体现出粗放式的实践特点,虽实现了贫困治理的整体推进,但在一定程度上忽视了深度贫困地区贫困治理的复杂性;第三,此时的社会救助仍主要依附于经济政策的支持。

(三)"显性的贫困治理"阶段(2012年至今)

2012年召开党的十八大,以习近平总书记为核心的党中央领导集体将中国农村贫困治理置于新的逻辑框架中,开启了"显性贫困治理"的新进程,将中国农村贫困治理问题置于社会主义主要矛盾的解决过程,将其作为中国特色社会主义建设事业的核心议题和重中之重。此阶段的农村贫困治理紧紧围绕2020年全面建成小康社会这一百年目标,全面推动农村贫困地区的经济、政治、文化、社会和生态等全方位的建设。此阶段的农村贫困治理政策突出体现在两个方面:

1. 精准扶贫政策的落实推广

精准扶贫政策是以习近平总书记为核心的党中央领导集体针对党的十八大之

后中国农村贫困的实际情况提出的新的贫困治理措施。精准扶贫政策以实事求是、因地制宜为前提，将贫困治理作为一个系统工程，着重强调精准识别帮扶对象、精准设置扶植项目、精准使用扶贫资金、精准制定治理措施、精准安排人员选派、精准评估脱贫成效，以彻底改观上一阶段存在的"漫灌式"贫困治理政策。

在帮扶对象的识别上，精准扶贫政策区别于以往的撒网式贫困治理。为了确保帮扶对象的精准，精准扶贫政策中明确了建档立卡的方式，即专职人员到贫困地区进行实地考察，了解掌握贫困人口的实际情况，找准贫困户的真正致贫原因，对症下药，以提高帮扶对象的精准度。

在扶植项目的设置上，针对党的十八大以来中国农村贫困地区的实际情况，中央及地方在产业扶贫、金融扶贫等方面设置了众多扶植项目，要求项目设置必须符合贫困地区和贫困人口的实际，项目审批必须要求各级部门层层严格把关，项目运行必须加大力度监管，而且要保证向深度贫困地区倾斜，有助于提高和巩固脱贫成效。

在扶贫资金的使用上，扶贫资金的提供是农村贫困地区发展的活力源泉，也是启动农村贫困地区贫困治理的第一把钥匙。过去的扶贫资金在使用过程中存在利用效率低下、未能满足扶贫对象的实际需求等问题。精准扶贫政策着重强调扶贫资金一定要用在刀刃上，不为私利服务。这就要求，首先对扶贫资金的分配机制进行改革创新，改变过去不合理的制度模式，以提升扶贫资金分配和使用的透明度，做到公平公正；其次要对扶贫资金进行有效管理，绝不能出现"一人管理"的现象，引导贫困地区的广大群众积极参与资金管理工作，防止贪腐现象的出现。

在治理措施的制定上，精准要求更严谨、更细致，要求贫困治理措施必须要与每个帮扶对象的实际需求相呼应，根据每一个贫困户的贫困状况和特点，逐一精准制订贫困治理计划和方案，以便进行一对一的精准定向帮扶，以改善贫困人口的生产和生活条件为要点，一村、一户都不能落下。

在人员选派的安排上，精准扶贫政策对参与贫困治理工作的人员提出了明确的要求，如首先要思想端正、工作作风硬朗、具有较强的责任心；其次要求选派的工作人员最好了解贫困地区的情况，以便其合理地利用地方资源；最后要注重选派的工作人员和贫困地区的实际情况的匹配度，能够结合贫困地区情况和自身优势在贫困治理过程发挥最大作用。

在脱贫成效的评估上，农村贫困地区脱贫是一个长期复杂的过程，政府是贫困治理的主体，但由于贫困治理工作的艰巨性，还需社会各阶层、广大人民群众的积极投入和参与，唯有如此才能保证农村贫困治理政策的顺利运行和发挥实效。还须注意的一点是，对于脱贫的群众，首先，要确立合理的退出标准和退出程序，使脱贫群众杜绝"等、靠、要"的思想，一直依赖政策的帮扶；其次，对于自愿脱贫的贫困群众可以给予一定的奖励，以鼓励其他贫困人口脱贫的积极性和主动性；最后，中央和地方对于脱贫的地区和人口也应该继续予以一定的政策支持，以巩固贫困地区的脱贫成效，建立有效的长期治理机制，防止贫困地区返贫现象的出现。

2. 将农村贫困治理置于追求美好生活的历史视阈中

2017年党的十九大会议上将中国社会主要矛盾进行了新的表述，即中国社会主要矛盾由人民日益增长的物质文化需要同落后的社会生产之间的矛盾转化为人民日益增长的美好生活需要和不平衡不充分的发展之间的矛盾，以此标志中国特色社会主义进入新时代。

新时代与以往不同，为全体人民树立了新的目标诉求，即美好生活的追求。这种提法与中国特色社会主义的实践本质更为贴切，也提高了贫困地区和贫困群众的幸福标准，不仅不再贫困，而且要享受幸福生活。换言之，新时代解决中国社会的主要矛盾的题中应有之义，就是将中国农村的贫困治理置于消除人民日益增长的美好生活需要与不平衡不充分发展之间矛盾的历史进程中，不仅是要使全体人民摆脱贫困，而且要实现其对美好生活的向往和追求。2022年，党的二十大报告再次强调，必须坚持在发展中保障和改善民生，鼓励共同奋斗创造美好生活，不断实现人民对美好生活的向往。

四、秦巴山区脱贫历程

摆脱贫困是人类孜孜以求的目标，"消除贫困，改善民生，实现共同富裕，是社会主义的本质要求"。中国全面建成小康社会，最艰巨的任务在农村，特别是贫困地区。党的十八大以来，中国把集中连片特困区作为脱贫攻坚战的主战场。作为14个集中连片特困区之一的秦巴山区，不仅具有悠久的历史、独特的地理位置和重要的生态屏障，也是中国治理贫困进程中一块难啃的"硬骨头"。因此，秦巴山区脱贫实践蕴含着治理贫困的科学路径与有效经验，有必要对秦巴山区脱贫的历程进行系统梳理，为实现持续发展提供经验参考。

（一）秦巴山区确定为国家集中连片特困区

1986年，国家统计局作了一项关于中国农村贫困标准的研究，确定农村人口最低生活标准是年人均200元；1990年，贫困线标准相当于300元；1995年，把通货膨胀、物价上涨的因素考虑在内，标准被调整为530元；2000年，"八七"攻坚计划完成时，贫困标准已经调整为625元；2005年标准为683元。这一标准是农村绝对贫困户的标准，而不是相对贫困标准。2014年，贫困标准为2800元/年；2015年，贫困标准为2968元/年；2016年，贫困标准为3146元/年；2017年，贫困标准为3335元/年；2018年，贫困标准为3535元/年；2019年，贫困标准3747元/年；2020年贫困标准为4000元/年。

根据《中国农村扶贫开发纲要（2011—2020年）》精神，按照"集中连片、突出重点、全国统筹、区划完整"的原则，以2007—2009年3年的人均县域国内生产总值、人均县域财政一般预算收入、县域农民人均纯收入等与贫困程度高度相关的指标为基本依据，考虑对革命老区、民族地区、边疆地区加大扶持力度的要求，国家在全国共划分了11个集中连片特殊困难地区。秦巴山区因秦岭、大巴山而得名，地跨甘肃、四川、陕西、重庆、河南、湖北六省市的80个县（区、市），其主体位于陕西省南部地区。2010年，秦巴山区1274元扶贫标准以下农村人口有302.5万人，贫困发生率为9.9%，比全国平均水平高7.1个百分点，农民人均纯收入仅相当于全国平均水平的67.2%。

（二）脱贫标准的确定

中国的脱贫标准是一个综合性的标准，包含"一收入、两不愁、三保障"。"一"就是一个收入。国家的收入标准是2010年的不变价农民人均年收入2300元，按照物价等指数，到2019年年底现价是3218元，2020年为4000元左右。"两"就是不愁吃、不愁穿。"三"就是三项保障：一是义务教育有保障。二是基本医疗有保障。目前所有建制村都已有卫生室和村医，能够保障贫困人口有地方看病、看得上病。此外，还有基本医疗保险、大病保险和医疗救助三项制度，保障贫困人口的基本医疗。三是住房安全有保障，近几年我国已解决了800多万贫困户的住房安全问题。

（三）党的十八大以来秦巴山区脱贫工作的基本历程

2015年11月29日，党中央、国务院颁布了《关于打赢脱贫攻坚战的决定》，向绝对贫困发起"总攻"，以确保贫困地区和贫困人口于2020年如期脱贫。2020

年是全面建成小康社会的目标实现之年，也是全面打赢脱贫攻坚战的收官之年。2020年2月22日，重庆的贫困县"清零"；接着，陕西、河南分别在2月27日和28日宣布贫困县"清零"；9月14日，湖北的贫困县"清零"；接下来，四川、甘肃分别在11月17日、11月21日相继宣布所有贫困县退出贫困序列。至此，秦巴山区所辖贫困县全部实现脱贫摘帽。2020年11月23日，贵州宣布最后9个深度贫困县退出贫困县序列，这标志着国务院扶贫办确定的全国832个贫困县全部脱贫摘帽，全国脱贫攻坚目标任务完成。

"脱贫攻坚伟大斗争，锻造形成了'上下同心、尽锐出战、精准务实、开拓创新、攻坚克难、不负人民'的脱贫攻坚精神。"在全国脱贫攻坚总结表彰大会上，习近平总书记完整揭示了脱贫攻坚精神的深刻内涵。秦巴山区通过产业为本、造血脱贫，生态为要、全域开发，保障为基、预防返贫的脱贫实践，以追赶超越的决心与行动，使秦巴山区脱贫攻坚取得全面胜利。

1. 产业为本，造血脱贫

发展产业是激发贫困人口内生动力，实现贫困地区可持续发展的根本之策。秦巴山区各县区积极培育发展特色主导产业。四川省广元市打造特色优势产业，培育产业大户带动，推进电商销售扶贫产品。广元市建成现代农业园区100个、村特色产业示范园1857个（其中739个贫困村实现全覆盖）、户办特色产业园18.6万个（其中贫困户承办5.6万个）。为动员贫困群众参与生产的积极性，秦巴山区大力开展乡风文明建设行动。陕西省安康市从2017年12月以全面推行"积分改变陋习、勤劳改善生活、环境提振精神、全民共建乡村"的民风积分"爱心超市"建设，建立健全村级道德评议会、红白理事会、村民议事会、禁毒禁赌会等为主体的相逢建设群众组织，并且每季度开展一次评议活动。通过"说、论、亮"评议活动，发挥正面典型积极影响，乡风文明得到改善。

2. 生态为要，全域开发

秦巴山区是南水北调工程的重要水源涵养区，实现生态保护、绿色发展，处理好生态建设与脱贫共建的关系非常重要。陕西省商洛市推进生态护林员脱贫、生态效益补偿、退耕还林兑现、林业产业发展、工程劳务带动、技能技术培训等生态脱贫工作。完善"旅游+"顶层设计，使旅游产业成为生态保护、脱贫攻坚的重要驱动力。此外，秦巴山区推进易地扶贫搬迁工程，通过落实搬迁安置点配套基础设施建设与基本公共服务，推进社区工厂、扶贫车间、农业园区建设，解决搬迁群众就业问题。安康市平利县以"搬得出、稳得住、能致富"为目标，通过"社区工厂"为代表的搬迁扶贫模式，实现当地脱贫致富。

3. 保障为基，预防返贫

避免脱贫是实现质量脱贫的关键。秦巴山区为弥补贫困人口基本公共服务方面的短板，扎实推进教育扶贫、健康扶贫、社保兜底，解决因学致贫、因病致贫问题，解决特色困难群众生活困难，阻断贫困代际传递，抵御返贫致贫风险。陕西省汉中市推行"基本医疗＋大病保险＋民政救助＋政府专项救助＋其他方式"为主的"4+X"多重保障体系，成立全省首家市级健康联合体。此外，汉中市探索以"2+2+1"为主体的家庭医生签约服务模式，推进贫困人口基本公共卫生服务有效落地。商洛市完善低保制度与扶贫开发政策有效衔接，将建档立卡贫困人口全部纳入农村最低生活保障范围，筑实贫困人口的生活安全网。

五、秦巴山区脱贫工作进程及成果回顾

（一）陕西省脱贫工作进程

陕西省涉及的特困连片区中，农民年人均纯收入 1600 元以下的人口 376.4 万，占到全省贫困人口的 67.3%；贫困村达到 1503 个，占到全省贫困村总数的 72.6%。连片特困地区是陕西省扶贫开发工作的重点地区和主战场。

产业为本，多措并举。陕南柞水县小岭镇金米村围绕"小木耳，大产业"的发展理念，不仅让许多贫困家庭摆脱贫困，脱贫群众中还走出了木耳种植能手、木耳种植基地管理员。村民殷书锋在 2020 年靠发展大棚木耳和务工收入，全家人均纯收入达到了 1.3 万元。关中扶风县"村镇工厂"由 2020 年年初的 56 家增至 83 家，吸纳群众就近就地就业由 1900 余人增加到 2962 人。陕北绥德县张家砭镇郝家桥村通过发展山地苹果、温室大棚、光伏发电和乡村旅游等，全村 224 户脱贫户足不出村就有了多个增收渠道。

为了守住不发生规模性返贫致贫底线，陕西省推动完善"清单化"的责任落实机制，明确省级领导的领导责任和包抓责任；建立了"2531"动态监测帮扶机制，实现镇、村、组全覆盖的三级"网格化"管理体系，层层压实责任；制定出台 50 个省级部门责任"清单"，逐一压实了行业部门责任；强化定期汇报、工作调度、部门联席会议等工作推进机制，形成了上下联动、运转高效的工作局面；强化督查督办核查暗访机制，持续传导压力；建立全面推进乡村振兴实绩考核评估机制，倒逼各级各部门履职尽责。2021 年，全省共设置 29.1 万名基层"网格员"，

对 700 余万户农户实行常态化排查全覆盖,共纳入监测对象 5.77 万户 17.56 万人,均落实了精准帮扶措施,致贫返贫风险得到有效化解。

1. 陕西省出台扶贫相关政策

自"脱贫攻坚战"打响以来,陕西省出台多项扶贫政策,为精准帮扶措施落实落地做好制度保障(见表 3-1)。

表3-1　党的十八大以来陕西省出台相关脱贫政策

序号	文件名称	发布时间	序号	文件名称	发布时间
1	陕西省财政专项扶贫资金管理办法	2021.3	13	陕==西省科技扶贫脱贫攻坚专项行动实施方案	2016.5
2	加强扶贫资产管理工作的指导意见	2020.8	14	陕西省国土资源厅支持脱贫攻坚政策意见	2016.5
3	建立防止返贫致贫监测预警和帮扶机制的实施意见	2020.7	15	陕西省健康扶贫实施方案	2016.5
4	进一步完善防止返贫致贫动态监测问题排查机制	2020.7	16	陕西省电商扶贫政策措施	2016.5
5	脱贫攻坚政务公开工作落实分工方案	2019.8	17	陕西省水利扶贫行动政策措施	2016.5
6	进一步规范和完善扶贫小额信贷管理	2019.8	18	陕西省教育扶贫实施方案	2016.5
7	陕西省脱贫攻坚问题整改工作导则	2019.6	19	陕西省环境保护脱贫实施方案	2016.5
8	关于打赢脱贫攻坚战三年行动的实施意见	2018.12	20	关于推进"万企帮万村"精准扶贫行动的实施意见	2016.5
9	关于支持贫困村发展壮大集体经济的指导意见	2018.5	21	关于开展光伏扶贫工作的实施意见	2016.5
10	陕西省贫困残疾人脱贫攻坚实施方案	2016.10	22	陕西省"广电扶贫•宽带乡村"政策措施	2016.5
11	关于推进残疾人脱贫攻坚示范县工作的指导意见	2016.10	23	陕西省农业产业扶贫政策措施	2016.5
12	关于推进"社会力量参与精准扶贫"行动的实施意见	2016.5	—		

自 2020 年 2 月 27 日陕西省宣布贫困县"清零"以来,为了进一步巩固拓展脱贫攻坚成果,陕西全面对标国家政策体系,先后制定了《关于实现巩固拓展脱贫攻坚成果同乡村振兴有效衔接的实施意见》和 37 个省级配套落实文件,形成了针对性、操作性强的政策保障体系。

2. 全面推进扶贫工作的陕西做法

陕西省为实现全面脱贫任务，多举措并进，取得了一定的成果。

（1）持续强化驻村帮扶责任

2022年共选派驻村工作队7960支，驻村第一书记和工作队员2.56万名，实现应派尽派、全面覆盖。全省驻村工作队协调派出单位共投入帮扶资金29.8亿元，引进资金38.38亿元，实施项目10402个，购买帮销消费帮扶农产品17.03亿元。面对2020年洪涝灾害和疫情造成的不利影响，及时出台《防止因灾因疫返贫致贫十六条政策措施》，先后争取中央和省级财政衔接推进乡村振兴补助资金4.1亿元，支持受灾区县防返贫工作，有效保障了受灾群众基本生产生活。

（2）强产业稳就业，持续保障农民增收

陕西省先后出台《关于推动脱贫地区特色产业可持续发展实施意见》等政策，大力发展苹果、畜牧业、设施农业三大千亿级主导产业和茶叶、中药材、红枣等区域型主导产业，持续增加脱贫群众收入。2021年，全省苹果产量达1230万吨，奶山羊存栏265万只，蔬菜产量1850万吨以上，茶叶面积298万亩。陕西省白河县茅坪镇彭家社区，政府帮助脱贫群众发展茶产业，发放产业奖补资金，帮助办理小额贴息贷款。通过各级干部帮扶，不断延伸产业链。脱贫群众叶裕新通过春季制茶，冬季酿酒，2020年全年销售茶叶20多万元，酿酒挣了10多万元。通过扩建茶叶加工厂，带动更多群众增收致富。

聚焦"稳输出、拓渠道、提能力、优服务"4个关键，扎实做好稳岗就业。2022年陕西省制定促进脱贫人口稳岗就业十二条政策措施，搭建就业现状、技能培训、就业需求3个数据库，促进脱贫劳动力外出务工就业。全省2022年脱贫劳动力和监测对象务工规模达到219.4万人。同时，扎实推进苏陕协作，协调引导江苏140家企业落地投资兴业，共建产业园区68个，帮助18139名农村劳动力、10367名脱贫劳动力实现新转移就业。

健全联农带农机制。陕西省还不断强化新型经营主体培育，推行"龙头企业+园区+农户"等方式，把脱贫户、小农户嵌入产业链条。2021年，新增国家级龙头企业11家，脱贫地区市级以上龙头企业销售收入达525.68亿元，带动15.81万户脱贫群众增收。2023年，新增国家级林业产业示范园1个、国家级重点龙头企业3个、省级龙头企业15个、省级林下经济示范基地27个、省级森林康养基地14个。龙头企业、农民合作社带动全省19.89万脱贫户，实现人均增收1000元以上，脱贫地区新增国家级龙头企业5家。在强化产业帮扶的同时，陕西突出抓好扩大就业促增收。2022年陕西累计投放小额信贷45.24亿元，支持9.86万户脱贫户和监测对象发展产业，全省脱贫人口人均纯收入14277元。

壮大村集体经济。全省1.86万个村集体完成产权制度改革，82个县（区）农村集体经济"空壳村"实现整县"清零"。2021年，陕西脱贫县农村居民人均可支配收入达13909元，同比增长11.4%。

（3）强"后扶"促融入，不断提升群众幸福感

为了扎实推进易地搬迁后续扶持，不断强化政策保障支持，在做好搬迁群众产业就业帮扶工作的同时，加大易地搬迁安置点社区治理，向规模较大的易地搬迁安置点派驻第一书记和驻村工作队，大力推广"居住簿"制度，强化"一站式"服务，促进搬迁群众社会融入。全省2116个易地搬迁安置点实现了社区服务场所全覆盖，易地搬迁安置点规划配建的153所学校全部建成。

加强脱贫地区乡村建设。2021年以来，为助推美丽乡村建设，陕西制订乡村建设行动方案，实施了以农村垃圾、厕所等为重点的人居环境整治提升行动，全省农村卫生厕所普及率达75.8%，农村生活垃圾得到有效治理的自然村比例达90%以上。

健全乡村治理体系。落实村级重大事项决策"四议两公开"和"小微权力清单"制度，全省共建成10784个村（社区）乡风文明实践站，92%以上的农村、社区成立了红白理事会、道德评议会、村民议事会，村民自我教育、自我管理水平不断提升。此外，积极组织开展乡村治理试点示范村镇创建活动，共认定乡村治理示范镇36个、乡村治理示范村135个。2021年以来，为进一步巩固拓展脱贫攻坚成果，成立防返贫动态监测帮扶专班，制定了《全省健全防止返贫动态监测和帮扶机制工作指南》，建立了镇、村、组全覆盖的三级"网格"监测体系，设置29.1万名基层"网格员"，推进省防返贫监测预警平台建设，共纳入监测对象6.63万户20.24万人。

持续加大资金投入。2020年，全省共投入中央和省级财政衔接推进乡村振兴补助资金112.72亿元，较上年增长7.5%。56个脱贫县完成整合财政涉农资金159.49亿元。为持续加大重点地区帮扶力度，陕西组织开展省内20个经济强区（开发区）对口帮扶11个国家乡村振兴重点帮扶县，2022年向重点帮扶县投入资金48.7亿元，占下达到县资金总量的48.16%。

3. 陕西省脱贫楷模

（1）周至县委书记杨向喜——在家门口打一场漂亮的攻坚战

差距也是动力。摆脱贫困是周至的首要政治任务，必须用脱贫攻坚统领全局工作！在这里，贫困户之所以贫困，主要是因为缺乏产业。周至县委书记杨向喜通过走访调研，结合周至的地理气候特点和产业优势，提出"因县定略，因村施策，因户举措"，确定猕猴桃、苗木花卉、蔬菜、杂果、养殖等特色产业发展促进贫困户增收。

这里的贫困群众对发展产业有畏难情绪，主要是因为缺资金、缺技术、缺销路，担心市场风险。为此，该县通过猕猴桃和苗木花卉等大产业带动、政府财政资金扶持、组建助农技术服务小分队、新型经营主体带动、电商带动、为贫困户购买涵盖人身意外险在内的"助农保"，调动群众发展产业的积极性，解决其后顾之忧。通过一系列帮扶举措的实施，让周至村村有产业、户户有项目、人人有收入。2018年，周至县贫困发生率降至0.29%，贫困户农民人均收入达到1.09万元。

杨向喜包抓楼观台镇送军村，在调研过程中，他发现村子的猕猴桃产业急需更新换代，"瑞玉"正是提质增效的好品种。杨向喜专门叫来种植大户、贫困群众，召开"板凳会"。在他的动员下，2017年，送军村推广"瑞玉"猕猴桃新品种55亩，2018年增加到110亩，预计3年至5年内将全部实现更新换代。曾经，猕猴桃品种老化问题让大家发愁。通过更新换代，地头收购价达每公斤30元，"瑞玉"猕猴桃进入盛果期，亩产能达到3000多公斤，一亩地收入近10万元。

除了致力于壮大优化贫困村产业，杨向喜还用心用情帮扶贫困户。他经常走访调研贫困户，召集县委班子成员安排部署"抓整改、防返贫、补短板、促提升"现场推进会。"要精准脱贫，更要精准防返贫。帮扶政策必须精准到产业、就业、农副产品销售和个性化帮扶等方面。"为巩固脱贫成果，他在带头蹲点调研、多次座谈征求意见的基础上，牵头制定了《周至县关于进一步巩固脱贫成果提升脱贫质量的实施方案》《关于在脱贫攻坚中严肃纪律 尽锐出战 全面执行军令状的通知》，不断巩固提升脱贫攻坚成效。

杨书记还指导马召镇探索出一些行之有效的举措，通过一月一走访、一月一研判，把动态监测对象分成稳定脱贫户、返贫风险户、未脱贫户三类，通过亲情帮扶、社会力量帮扶等有针对性的措施，有效防止返贫。

（2）太白县委书记田来锁——带领群众用实干打开"贫困锁"

在太白县咀头镇拐里村王龙飞的养牛场，田来锁详细了解养牛补贴的落实情况和项目实施效益。送政策、送帮助，这是田来锁在脱贫攻坚工作中的日常。积土成山，非斯须之作，太白县正式脱贫摘帽，背后离不开这样的日常。

太白县位于宝鸡市东南部，是陕西省海拔最高的县，最高海拔3767米，最低740米。太白县委书记田来锁坚持因地制宜，以特色产业带动贫困户致富。2016年以来，全县累计投入资金2.39亿元，实施产业扶贫项目221个，有效解决了贫困户发展产业资金短缺问题；累计开展贫困劳动力农家乐技能提升、特色种植养殖、电子商务等各类技能培训2058人次，转移就业5340人次。

返乡创业的王龙飞借着脱贫政策的"东风"，走出了一片增收致富的新天地。2016年，在外打工的王龙飞回到家乡开始了他的养牛事业。田来锁帮他提供信息、帮助他外出学习"取经"、协调土地、资金，又帮养牛场解决水、电、路等急需问题，还到处帮王龙飞打听销路。经过几年努力，王龙飞共养殖50多头牛，成了远近闻名的养牛大户，也带动了周边贫困群众共同致富。仅2018年，他就给入股的25户贫困户每户2000多元分红，给来养牛场打工的村民发出7万多元的工资。

田来锁作为"一线总指挥"，带领一班人重点突出"经营主体+贫困户"的联结机制，整合投入产业扶贫资金5645万元，通过技术培训、订单种养、入园务工、利益分红等多种形式，带动群众多渠道增收。2018年，太白县贫困发生率降至0.91%，整县脱贫退出指标全部达标。2019年5月7日，陕西省政府发布公告，批准太白县退出贫困县序列。

拐里村以蔬菜种植为主导产业，蔬菜种植面积稳定在5500亩以上，以"支部+致富能手+合作社+基地+贫困户"的模式，引导带动贫困群众持续增收。

（3）汉阴县委书记周永鑫——做大产业，把贫困户"镶嵌"在产业链上

家住汉阴县双乳镇江河村的李明金，家有4头牛、40多只鸡、3亩玉米、2亩红薯、一辆拉货用的小三轮……尽管已经73岁了，但李明金一点也闲不住。原本可以安心做"五保户"、享受晚年生活的他，却充满干劲，不仅通过自己的努力实现脱贫，而且带领其他村民走上致富路。李明金所在的江河村曾经是个典型的贫困村。全村583户1706人。其中，建档立卡贫困户253户668人。

近年来，以汉阴为代表的陕南山区农村空心化、人口老龄化问题日益凸显，加之村庄合并，镇村干部人力有限，陆续出现联系服务群众存在盲点、农村发展

内生动力不足等突出问题。经过长期调研，周永鑫倡导汉阴推行以基层党组织为核心，以"党员联系群众、人大代表联系选民、中心户长联系居民"为纽带，以管理网格化、服务精细化为路径，以村级治理平台为支撑的"三线两化一平台"基层治理工作法。

汉阴县是国家扶贫开发工作重点县、革命老区县、秦巴山区集中连片特困地区覆盖县，建档立卡贫困人口 26811 户 74615 人，贫困发生率 26.78%。没有产业，汉阴的整县脱贫便无从谈起。为了做强做大汉阴的产业，把贫困户"镶嵌"在产业链上，周永鑫和班子成员谋划和创建了振兴汉阴产业发展的镇园产业联盟机制，月河工业集中区成为汉阴县龙头企业集聚区。陕西硒汉食品有限公司是工业集中区一家生产富硒豆类食品的企业，通过开展镇园产业联盟活动，公司分别同本县漩涡镇、汉阳镇、双河口镇的 10 个合作社签订了种植合同，发动当地农户种植公司所需农作物，采用订单种植的方式组织贫困户发展产业种植基地。2019 年基地带动 17 户贫困户增收，聘用 50 名贫困群众就业务工。通过镇园产业联盟，更多合作社和农户被纳入进来，不仅激活了"园区 + 合作社 + 农户""互联网 + 农业"等模式，也使园区企业与农户、贫困户形成利益共同体。

此外，周永鑫还带领班子成员在全县探索推行"加入一个组织、发展一项产业、奖补一笔资金"的"三个一"产业扶贫模式，从根本上解决技术、资金、土地、市场等产业要素问题；推动农民专业合作社、供销社、农村信用合作社、村集体股份经济合作社"四社"融合联动、互为一体、互助互利，提升农业组织化水平。

为了让群众无顾虑地融入新生活，易地搬迁也是汉阴县脱贫的重要方式之一。紫云南郡社区是汉阴县易地扶贫搬迁的集中安置区，安置了来自全县 9 个镇的贫困户 689 户 2689 人。搬迁的同时，通过建强党支部，建好社区管委会，健全各类配套服务中心等一系列措施，做好搬迁户的就业和培训工作，进驻社区工厂，解决贫困户在家门口就业增收。

（4）"奋斗路"连着村民的"幸福路"

盛夏时节，走进汉中市南郑区法镇沙坝村，日产 2500 公斤黑毛茶的初制厂机器轰鸣，良种茶叶扦插示范园满目青翠，山水环绕的猕猴桃产业扶贫示范园生机勃勃……沙坝村的村民们说，自从第一书记张可来到这里，村里发生了许多可喜的变化。

2015 年 3 月，茶学专业研究生张可作为高层次紧缺人才，被引进家乡南郑区，在区农业农村局从事茶叶技术推广工作。一年后,他被选派到法镇沙坝村担任第一书记。

张可组织村两委班子反复商议,研究制定《沙坝村脱贫攻坚作战图》,提出了"引进龙头企业,发展特色产业"的思路。紧接着,他又马不停蹄地寻找龙头企业,跟企业负责人讲沙坝村的自然优势、区上的扶持政策、驻村队伍的技术人才优势。

拉家常、掏心窝、说前景、订计划、争取产业扶贫资金,在张可锲而不舍的努力下,汉中农茗园茶业公司总经理王忠伟终于答应到村上投资。然而,村民们思想保守,担心土地和投入"有去无回"。

为了打消村民的顾虑,张可找到村里的老党员、有威望的长者,讲政策、算细账、做工作。在村上召开土地集中流转会议时,张可耐心地解答村民提出的问题,因势利导,做通群众工作后,在短短1个月内,把涉及30多户农户的100多亩土地全部流转到位。

张可一心为民的赤诚、雷厉风行的作风,也打动了许多企业家,赢得了他们的理解和支持。陕西大汉山旅游开发有限公司总经理被"小张书记的执着感动"而投资。目前,已经有3家企业成为沙坝村的合作伙伴,共计投资687万元,建成了陕南最大的黑毛茶产业扶贫示范园、茶叶扦插产业扶贫示范园、猕猴桃产业扶贫示范园,实现户均2亩茶,人均10棵果树。黑毛茶扶贫园区日需1000公斤鲜叶,产干茶2500公斤,解决了全村乃至全区800户茶农夏秋茶鲜叶的销售难题,让农户6月至10月在茶园收获的老叶子也能顺利出售,亩均增收1000元。沙坝村成为省市区产业扶贫观摩示范点,2018年实现了整村脱贫退出。

"我带领群众走的这条'脱贫路',既是群众的'幸福路',也是我人生的'奋斗路'。"张可把自己的奋斗和群众的幸福紧紧联系在一起,与群众的心越贴越近,也让群众的致富路越走越宽。

(二)河南省脱贫工作进程
1. 河南省出台若干扶贫相关政策(表3-2)

表3-2 党的十八大以来河南省出台相关脱贫政策

序号	文件名称	发布时间
1	关于建立防止返贫监测和帮扶机制的实施意见	2020.4
2	河南省2020年消费扶贫工作要点	2020.3

续表

序号	文件名称	发布时间
3	关于应对新冠肺炎疫情做好产业扶贫有关工作的通知	2020.3
4	关于做好新型冠状病毒感染肺炎疫情防控和脱贫攻坚有关工作的通知	2020.3
5	关于开展"互联网+战疫情 促销售 助脱贫"活动的通知	2020.3
6	关于积极应对新冠肺炎疫情促进贫困地区农产品销售的通知	2020.3
7	关于积极应对新冠肺炎疫情做好财政扶贫项目和资金管理有关工作的通知	2020.3
8	残疾人脱贫政策	2018.11
9	电网脱贫政策	2018.11
10	水利脱贫政策	2018.10
11	关于开展金融精准扶贫"双百双千"活动的实施意见	2018.9
12	关于进一步提高农村贫困人口医疗保障水平的实施意见(试行)	2018.6
13	关于在全省开展结对帮扶贫困县工作的实施意见	2018.5
14	关于进一步深化"千企帮千村"精准扶贫行动的实施意见	2018.5

2. 脱贫工作主要成绩

河南省全力推进脱贫攻坚中，着力解决"两不愁三保障"突出问题，聚焦深度贫困地区和特殊贫困群体，统筹推进产业扶贫、金融扶贫、交通扶贫、健康扶贫、教育扶贫、生态扶贫等政策落实。2019年脱贫攻坚取得显著成效，贫困地区农民人均可支配收入增幅高于全省农民平均增幅。改造农村危房10.6万户，933个贫困村饮水安全得到巩固提升。"十三五"易地扶贫搬迁26万人入住任务全面完成，黄河滩区居民迁建20万人安置区基本建成。2019年全年实现68.7万农村贫困人口脱贫、1169个贫困村退出。

2020年，决战决胜脱贫攻坚年，通过一系列举措，"三农"基础更加稳固。为全力克服疫情影响，以剩余贫困人口5000人以上的20个县和52个未脱贫村为重点，实施集中攻坚，出台支持大别山革命老区振兴发展27条政策，实施重大项目156个。出台精准支持政策，促进贫困劳动力就业、带贫企业复产、扶贫项目开工，开展消费扶贫，全省贫困劳动力外出务工比2019年增加16.8万人，实施产业扶贫项目9929个，金融扶贫贷款余额达1900多亿元，贫困地区农村居民人均可支配收入增速高于全省平均水平1个百分点左右。聚焦"两不愁三保障"全面查漏补缺，强化老弱病残等特殊贫困群体兜底保障，深入推进易地扶贫搬迁后续帮扶，加强脱贫不稳定户、边缘易致贫户监测和帮扶，提高脱贫质量。2020

年，全省剩余 35.7 万建档立卡贫困人口全部脱贫，贫困村全部出列。

2020 年是"十三五"规划收官之年，河南省 718.6 万建档立卡贫困人口全部脱贫，53 个贫困县全部摘帽，9536 个贫困村全部出列。

2021 年，为进一步巩固脱贫攻坚成果，落实"四个不摘"，加大动态监测和精准帮扶力度，守住不发生规模性返贫底线。扎实推进 8 个国家级、80 个省级现代农业产业园建设，创建 4 个国家优势特色产业集群，新增家庭农场 1 万家、农民专业合作社 9023 家。

与此同时，大力发展新兴产业促进农民脱贫致富。由河南省林业局、省扶贫办联合印发《关于支持全省油茶产业高质量发展的指导意见》，围绕"新造、低改、提升"三大任务，覆盖"三产"，补齐短板，把油茶产业作为促进当地农民脱贫致富的一个新兴支柱产业，推进全省油茶产业高质量发展。目前，全省现有油茶林面积 93 万亩，油茶籽年产量约 7 万吨、年加工生产茶油 8700 余吨，实现年产值约 12 亿元。

河南省油茶主要分布于大别山区、桐柏山区的信阳市新县、商城县、光山县、罗山县、浉河区、平桥区、固始县和南阳市桐柏县等县区。由于河南油茶产业一直存在缺乏龙头企业、精深加工和副产品开发能力不足、流通环节薄弱等问题，《关于支持全省油茶产业高质量发展的指导意见》特别提出，要通过外引内培，规划建设茶油扶贫产业集群，引进茶油龙头企业，培育本地茶油及其副产品精深加工企业，打造油茶知名品牌。将整合商标、统一品牌，支持大别山革命老区加快建设"信阳茶油"区域公用品牌，并着力培养成知名品牌和森林生态标志产品。河南油茶产业的发展为进一步巩固脱贫攻坚成果起到非常重要的作用。

（二）湖北省脱贫工作进程

1."数"说湖北脱贫攻坚

2013 年，建档立卡贫困人口 191.5 万户 581 万人，贫困发生率 14.4%。

2014 年，确定建档立卡贫困村 4821 个，国定、省定贫困县 37 个。

2019 年年底，贫困村与贫困县陆续出列摘帽，剩余未脱贫人口 2.7 万户 5.8 万人，全省贫困发生率降至 0.14%。

2016 年至 2020 年，28 个国定贫困县，整合涉农资金 1257.19 亿元，其中 2020 年整合 215.17 亿元，全省剩余 5.8 万贫困人口全部脱贫。

2020 年，脱贫攻坚取得决定性胜利。湖北省减贫 92.5 万人，产业扶贫惠及

316万人，资助困难家庭学生175万人次，新增扶贫小额贷款23亿元。

秦巴山片区涉及湖北省十堰的张湾、茅箭、郧阳、丹江口、郧西、房县、竹山、竹溪，襄阳的保康县。自精准扶贫政策实施以来，当地大力推进易地扶贫搬迁、就业扶贫、教育扶贫、健康扶贫、兜底保障等精准扶贫工程，全方位、多维度解决贫困问题。截至2020年6月，十堰累计脱贫83.02万人，456个贫困村出列。保康县累计脱贫8.3万余人，65个贫困村出列。

2. 湖北省脱贫成效

湖北是一个贫困面较大、贫困程度较深的中部省份，有大别山、武陵山、秦巴山、幕阜山4个集中连片特殊困难地区，面积约10万平方公里，是国家新一轮扶贫开发战略的首个试点区，有37个贫困县、4821个贫困村，其中9个深度贫困县、507个深度贫困村，2013年底建档立卡贫困人口191.5万户、581万人。其贫困人口多、贫困面积大、贫困程度深，区域之间、城乡之间、群体之间发展不平衡的问题相当突出。党的十八大以来，湖北省紧盯特色产业、绿色农业，围绕"立特色、兴产业、强主体、固联结、扶科技、保增收"，不断巩固提升产业扶贫成效，为全省打赢脱贫攻坚战提供了有力的支撑。2019年年底，93.96%的建档立卡贫困人口参与到产业扶贫中，68%以上的贫困户依靠发展产业脱贫，贫困人口减少到2.7万户、5.8万人，贫困发生率由14.4%下降到0.14%，贫困县全部摘帽，贫困村全部出列。2020年11月底，5.8万剩余贫困人口全部实现脱贫，消除了绝对贫困和区域性整体贫困。

（1）贫困地区特色产业迅猛发展

根据贫困地区的资源禀赋特点，湖北省坚持分区推进、分类发展，以"茶果菜药"为主导的特色产业面积逐年增加，形成了"四座茶山"（武陵山、秦巴山、大别山、幕阜山）、"四条水果带"（长江三峡优质柑橘、汉江流域优质砂梨、316和107国道沿线优质桃枣、三峡库区优质甜橙）、"三大药谷"（武陵山、秦巴山、大别山）的"443"产业布局。37个贫困县发展54个扶贫主导产业，76.6%以上的贫困户依靠发展产业脱贫。截至2019年年底，37个贫困县优质粮油和特色经济作物生产基地达4466.79万亩，其中茶叶491.63万亩、林果329.6万亩、蔬菜656.57万亩、中药材423.48万亩，分别占全省种植面积的92.3%、58.8%、76.3%、94.3%，基本形成"县有支柱产业、乡镇有主导产业、村有特色基地、户有增收项目"的产业发展格局。

（2）贫困地区生产生活条件不断改善

2020年，全省农村公路总里程达到27.95万公里，所有乡镇、行政村、20户以上自然村通硬化路。37个贫困县落实470万亩高标准农田建设任务，完成"两区"划定耕地面积1225万亩。贫困地区通动力电达100%，农网供电可靠率达99.8%。贫困村通宽带比例达100%，20户以上自然村光纤通达率达92.7%。全省改建农村户厕330.5万户、农村公厕2.8万座，897个建制乡镇污水处理厂全面建成并投入运行，建成乡镇生活垃圾中转站1872座，96.2%的行政村达到农村生活垃圾治理"五有"标准。现行标准下农村饮水安全已实现全覆盖。7.5万户4类重点对象农村危房"全清零"。

（3）贫困地区带贫益贫效果显著

37个贫困县培育各类新型农业经营主体8.4万家，其中规模以上龙头企业1669家、农民专业合作社4.3万家、家庭农场1万多家、种养大户2.9万家，建档立卡贫困村实现农民专业合作社全覆盖，507个深度贫困村每村有2个以上带动力较强的农民专业合作社。推进订单、股份、劳务、服务、租赁等多种形式，提高贫困人口参与产业发展的组织化程度，探索出了"藤上结瓜、入股分红、资产收益"等利益联结机制，将贫困户由"单打独斗"嵌入"产业链条"，构建"租金＋薪金＋股金"的利益联结机制，带动贫困人口74万户207万人就业增收。

（4）贫困地区发展后劲明显增强

培育3.57万个创业致富带头人，为60.76万户贫困户累计发放扶贫小额信贷258.12亿元，建成5646座光伏扶贫电站，认定317家扶贫龙头企业、1354家扶贫车间，通过发展产业实现脱贫的贫困户达86万户255万人。蓬勃兴起的乡村休闲农业，2019年综合收入达434亿元，休闲农业和乡村旅游精品工程带动17.78万贫困人口受益。2020年，全省村集体经营性年收入达到80.8亿元，村集体股金分红累计达到14.6亿元。

（5）贫困地区群众收入水平大幅提高

2013至2019年，37个贫困县农民人均可支配收入由7266元增加到12911元，年均递增10.06%，高于同期全省农民人均可支配收入增幅，高于同期城镇居民收入增幅。建档立卡贫困户人均纯收入由2015年的3296元增加到2019年的8149元，年均增幅25.4%。

3. 湖北省脱贫工作举措

（1）坚持谋篇布局高起点，加强基础配套和政策支持

加强组织领导。省委省政府成立脱贫攻坚指挥部，设立产业扶贫专班，建立省领导联系片区和贫困县制度，多次召开指挥部会议、督办会和专题会，每年召开产业扶贫现场会、推进会，重点交流产业经验，研究部署产业扶贫工作。省农业农村厅联合省扶贫办建立健全产业扶贫工作联席会议制度，推进11家相关部门协调联动，强化省级指导和政策的创设。压实市县工作责任，畅通调度沟通渠道，形成上下联动、整体推进的工作合力。

注重顶层设计。构建产业扶贫政策矩阵，制定出台产业扶贫指导意见、产业精准扶贫规划和产业脱贫攻坚三年行动方案等，细化发展目标，优化产业布局，强化工作举措，实化政策支持，推动各地做强特色产业、做活特色文章，让特色产业发展成果惠及更多贫困人口。

健全工作机制。建立和落实包片包县对口帮扶工作机制，2016—2019年3年间，36个经济强市县结对帮扶37个贫困县，累计投入帮扶资金21.49亿元、财政援助资金20.63亿元。提升浙鄂东西部扶贫协作机制运行效益，大力开展扶贫协作、产业合作、人才交流等，杭州市向恩施州投入财政援助资金12亿元，实施帮扶项目近950个，建成利川、咸丰现代农业产业园区17个，带动16万贫困人口增收脱贫。各市县组建2万余个"尖刀班""服务队""专家组"下沉村、组生产一线，开展不间断的跟踪帮扶。2016年，湖北省对精准识别进行审计全覆盖，借力大数据，动态监测贫困人口、政策落实等情况，当年剔除识别不准的贫困人口33.5万人，新补录贫困人口36.6万人。经过"三审两公示一公开"程序，精准识别出590万贫困人口。这一办法在全国首创，从识别到帮扶、管理、考核，"精准"二字贯穿始终。2017年又出台22条措施，实现新增资金、项目、举措向深度贫困地区倾斜。

加大投入力度。制定出台贫困县资金整合机制实施意见，突出主导产业，加大资金投入。2015年以来，全省累计投入产业扶贫项目48798个、资金326.9亿元，其中中央、省级支农专项资金250亿元向贫困地区倾斜（其中恩施州45亿元，咸丰县5.6亿元，来凤县4亿元）。仅2019年对深度贫困地区转移支付补助占其财政总收入来源的80%，远远高于全省转移支付54%的平均水平。

在加强规划引领方面，引导资金、技术、人才、信息向脱贫地区聚集，并强

化省级统筹，打造集中连片的特色产业集群。在提升农产品加工业方面，围绕脱贫地区优势主导产业，培育行业领军龙头企业、成长型龙头企业，推动脱贫地区由卖原字号向卖制成品转变，把增值收益更多留在县域。拓展农业功能价值方面，在脱贫地区建设一批功能齐全、布局合理、机制完善、带动力强的休闲农业精品园区。

（2）坚持提档升级高定位，探索壮大特色产业新路子

目前，湖北省对脱贫地区而言，壮大特色产业是稳定脱贫之基。为脱贫地区特色产业可持续发展，省农业农村厅、省发改委等十部门联合印发《关于推动脱贫地区特色产业可持续发展的实施意见》，明确提出，到2025年，全省脱贫地区特色产业发展基础更加稳固，产业布局更加优化，产业体系更加完善，产销衔接更加顺畅，农民增收渠道持续拓宽，发展活力持续增强，实现产业发展"从有到优"转变；壮大一批有地域特色的主导产业，建成一批绿色标准化生产基地，培育一批带动力强的新型农业经营主体，打造一批影响力大的特色品牌。

湖北省坚持"生态+扶贫"双轮驱动，以"四大山区"为重点，脱贫地区特色经济作物生产基地达2055.34万亩，形成"三大药谷""四座茶山""五条水果带"的"345"产业布局。同时，推动富硒茶叶、道地药材、高山蔬菜、名优水果等特色产业全产业链发展，形成了恩施绿茶、利川红茶等54个主导产业，创建宜昌蜜橘、蕲春蕲艾、通城油茶等28个省级以上特色农产品优势区。优先在贫困地区实施绿色高产高效创建行动、果菜茶有机肥替代行动，推动贫困地区放大绿色优势，擦亮绿色品牌。全省贫困地区"三品一标"品牌数达1195个，农产品质量监测合格率稳定在99%以上。一县一策全力推动，各地立足自身优势，宜农则农、宜林则林、宜牧则牧、宜游则游，走好差异化发展路子。如鄂西的恩施州坚持"一村一品"发展思路，发展富硒土豆、富硒茶叶、富硒药材等，大力消除产业空白村、消除产业空白户，全州特色产业基地达到698万亩，覆盖2000多个村，带动32万户贫困人口脱贫。鄂东的黄冈市"一子落"走出"满盘活"，重点打造"罗田一只羊""蕲春一棵草""英山一杯茶""麻城一朵花""红安一株苕"特色产业布局。产业融合提升效能。全省37个贫困县创建31个现代农业产业园，建成特色产业扶贫基地近3万个、产地初加工设施2000余座，创建21个中国美丽休闲乡村、85个省级休闲农业示范点，优先支持18个乡镇实施农业产业强镇示范建设项目，组织网络平台积极推介10个中国美丽休闲乡村、200家精品农庄、

1000个乡村旅游景点和精品线路，推进一二三产业融合发展。加快城市要素向农村流动，创办各类"扶贫车间"，十堰市郧阳区创造性开展"袜业扶贫"，形成了"区有扶贫产业园、乡镇有扶贫工厂、村有扶贫车间、户有扶贫作坊"的袜业全产业链扶贫格局，带动1万余名群众就近就业创业，7500多名贫困人口实现稳定脱贫。

（3）坚持利益联结高效益，激发脱贫内生动力

脱贫工作，关键要精准发力，向基层聚焦聚力。聚焦"准""实"二字，向深度贫困地区和特殊贫困人口聚焦发力，强化对贫困老年人、残疾人、重疾患者等群体的精准帮扶。加大政策倾斜和扶贫资金整合力度，推进产业扶贫、教育扶贫、健康扶贫、易地扶贫搬迁。坚持扶贫同扶志、扶智相结合，激发脱贫内生动力。

强化市场主体带动。积极推广黄冈"政府+市场主体+银行+保险+贫困户"的"五位一体"和恩施"一村培育1个主导产业，建立2个合作组织，对接1个龙头企业，带动若干个贫困户以土地租金、劳务薪金、销售现金、分红股金等多渠道增收"的"121+X"产业扶贫模式，引导贫困村（户）嵌入产业链，与市场主体抱团发展。开展"千企帮千村""知名民企湖北行"等活动，组织6933家民营企业签约帮扶6239个行政村，截至2020年年底，已累计投入帮扶资金72.21亿元，惠及78.09万贫困人口。

激发乡村发展活力。大力推进农业社会化服务体系建设，为经营主体和贫困户提供农资配送、农机服务、技术咨询、技术指导等全方位农业服务。全面推进农村集体产权制度改革，建立贫困村集体经济管理台账，截至2020年年底成立经济合作社、股份经济合作社14473个，量化集体资产资源667.25亿元，累计分红10.84亿元。大力实施"三乡工程"，引导市民下乡、能人回乡、企业兴乡，签约"能人回乡"创业项目2000余个，完成投资超500亿元，农村双创园区达到234个，培育双创主体8.1万个、双创人员39.7万人。加大技术服务支撑。组建农技专家团队179个，涵盖各类专家639人，特聘农技员179人，设置村级产业指导员1.6万名。按照"贫困村+村级技术员+示范主体"的模式，推动每个贫困村培育至少1个以上农业科技示范主体，每个示范主体至少示范推广1项以上主推技术，解决农技推广"最后一公里"难题。推广老果园改造、茶园绿色防控、中药材标准化生产、稻田综合种养等省级农业主推技术148项，农业关键技术到位率达95%，农业机械化应用率年均增速2%以上。推广郧西县"一户一技

能"技能培训经验，培育新型职业农民14.8万人、农业科技示范户6.5万户，培训经营主体8.2万人次，培训贫困人口117.3万人次。

积极探索"易地扶贫搬迁+"模式。湖北是全国易地扶贫搬迁的主战场之一，搬迁户数和总人数占全国十分之一。全省各地成立集中统一的指挥部，探索出"藤上结瓜、入股分红、资产收益、转移就业"四大产业配套模式，并提前一年完成"交钥匙"工程。湖北省易地搬迁脱贫被当成全国脱贫攻坚典型经验受到表彰。为确保搬迁对象"搬得出、稳得住、能致富"，将易地扶贫搬迁与特色农业产业、乡村旅游、光伏扶贫、新型城镇化、园区、景区等建设联系起来，开辟多种搬迁安置脱贫路径，让贫困户既搬出"穷窝窝"，又同步实现"二次创业"。截至2023年3月底，湖北省易地扶贫搬迁群众中有39.53万人实现就业，基本实现有劳动力的搬迁家庭至少1人就业的目标；累计建成各类配套产业项目4965个，"一县多产、一区多业"格局基本形成；安置区设立及共享基层自治性组织5346个、基层党组织4625个、综合服务中心4371个，实现了全覆盖。截至2022年年底，被纳入返贫监测的搬迁群众有1.94万人，其中70%的监测对象已消除返贫风险。

（4）坚持产销对接高价值，提高产业带动持续增收

打造金字招牌。实施农产品品牌培育"222"行动，利用央视等重要媒体，接续推进"中国荆楚味之湖北农产品"宣传公益行动，着力打造武当道茶、恩施玉露、房县花菇、蕲春蕲艾、秭归脐橙、罗田黑山羊等名优特"金字"招牌，以品牌树形象、以品牌增效益，为脱贫减贫注入持久活力。

搭建推介平台。组织贫困地区农业龙头企业、示范合作社等参加茶博会、农交会、农洽会和贫困地区农产品产销对接活动，举办专场推介会百余场次，签订意向协议近30亿元。组织开展"湖北名茶沿海行""湖北名茶边疆行"活动，在俄罗斯、摩洛哥设立中国茶展销中心，推动茶叶、香菇、柑橘等优势农产品"走出去"。28个国家贫困县实现电子商务进农村综合示范全覆盖，累计建立5786个村级服务网点，服务贫困人口126万人次，带动就业13万人次，帮助贫困人口增收1.7亿元。组织开展"百天千万扶贫行动"，利用京东等平台资源，以"主题宣传+新闻故事+扶贫代言+互动直播+大型活动+电商销售"的新模式，农产品累计销售金额超2000万元。

奋力战"疫"战"洪"战"贫"。截至2022年8月底，全省外出务工脱贫人口216.19万人。2023年，湖北省为了稳定贫困劳动力就地就近就业，全面推动

扶贫龙头企业、扶贫车间、带贫合作社复工复产,实现贫困劳动力返岗就业。出台"促进经济社会发展30条""稳就业25条""春耕生产20条""决战决胜脱贫攻坚15条""促进农业龙头企业疫后重振15条"等举措,启动疫后重振"十大工程"。制定产业扶贫、就业扶贫、消费扶贫等系列政策,全力降低疫情和汛情对产业扶贫的叠加影响。全省各地积极开展技能培训,培训期间按照培训地城镇最低生活保障日标准给予生活费补助。此外,实施公益岗位"倍增计划",在贫困地区设置6.69万个生态护林员岗位,利用光伏扶贫收益设置超过5万个扶贫公益岗位。积极推动东部六省和湖北的"6+1"劳务协作。开展千名干部帮千企、万名干部下基层等活动,举办上下游企业产业链对接200余场次。推出"政府+担保+金融""新型经营主体+建档立卡贫困户"产业信贷,投放贷款561亿元,带动帮扶贫困户39万户。新型冠状病毒疫情发生以来,积极对接人民日报、央视、京东、微信等平台,加大政府和工会职工福利采购力度,促进茶叶、香菇、小龙虾等农产品销售70.4万吨、389.2亿元,有力有效带动贫困农户增收。

(四)重庆市脱贫工作进程

重庆是西部大开发的重要战略支点,处在"一带一路"和长江经济带的联结点上。从总体战略角度出发,要求重庆建设内陆开放高地,成为山清水秀美丽之地。自2017年起,重庆市及时调整脱贫摘帽时序,全力攻坚18个深度贫困乡镇,5个国家级贫困区县整体脱贫,16万人摆脱贫困,贫困发生率降至1.1%。

2018年,重庆市扎实推进精准脱贫,推进交通扶贫和金融扶贫,因地制宜开展特色种养、生态旅游、电子商务、就业创业等扶贫行动,增强贫困地区、少数民族地区造血功能。实施健康扶贫和教育扶贫工程,落实社保兜底政策。深化易地扶贫搬迁。深度改善贫困地区生产生活生态条件,深度调整产业结构,深度推进农村集体产权制度改革,深度落实各项扶贫惠民政策,引导各类资金和项目向18个深度贫困乡镇倾斜。编制实施18个深度贫困乡镇脱贫攻坚三年规划,深化鲁渝扶贫协作,石柱、奉节达到摘帽标准,12万贫困人口脱贫。

2019年,坚持目标标准,落实精准方略,抓好中央脱贫攻坚专项巡视反馈问题整改,通过加快实施路、水、电、通信等到村到户项目,培育特色产业,提高发展能力。做好特殊贫困人口精准帮扶,落实健康扶贫、社保兜底等政策,探索资产性收益扶贫等方式,着力解决影响"两不愁三保障"的突出问题。2019年脱贫攻坚成效明显,"两不愁三保障"突出问题动态清零。城口、巫溪、酉阳、彭水4个县摘帽，11.44万贫困人口脱贫，全市贫困发生率降至0.12%。

2020年，脱贫攻坚目标任务如期完成，18个贫困区县全部摘帽，1919个贫困村全部出列，动态识别的190.6万农村贫困人口全部脱贫。贫困人口人均纯收入由2014年的4697元增加到2020年的12303元。对特殊贫困人口采取综合性保障措施，统筹抓好非贫困区县、非贫困村帮扶发展。

为巩固拓展脱贫攻坚成果，把防止返贫摆在更加重要的位置，坚持"四个不摘"，深化"志智双扶"，将返贫人口和新发生贫困人口及时纳入帮扶，建立解决相对贫困的长效机制，推动脱贫攻坚与乡村振兴统筹衔接。重庆扎实推进巩固拓展脱贫攻坚成果同乡村振兴有效衔接，精准落实"五个振兴"要求，全面推进乡村振兴迈出坚实步伐。在产业振兴方面，重庆全面落实粮食安全责任，近三年全市粮食产量连创新高；大力发展现代山地特色高效农业，柑橘、榨菜等特色产业面积稳定在3800多万亩，全产业链综合产值达到4800亿元。在人才振兴方面，大力实施在乡、返乡、入乡"三乡"工程，累计引导农民工返乡就业创业31.2万人次，培育高素质农民22.2万名，回引本土人才1.6万多名。在文化振兴方面，深入开展"百乡千村"示范建设，常态化举办"梦想课堂"，累计完成1030个乡镇（街道）、1.1万个村（社区）综合文化服务中心建设和提升。在生态振兴方面，全面落实长江"十年禁渔"，持续推进农村人居环境整治，行政村生活垃圾有效治理率达到99.9%，创建美丽庭院1万多个。在组织振兴方面，优化提升农村带头人队伍，通过换届，村"两委"年龄、学历实现"一降一升"，选派6648名优秀干部担任驻村第一书记。

（五）四川省脱贫工作进程

2017年，四川省15个贫困县摘帽通过省级达标验收，3769个贫困村退出，108.5万贫困人口脱贫。实施22个扶贫专项，投入财政资金749亿元。完成易地扶贫搬迁33万人的任务，改造农村危房12.8万户。贫困劳动力转移就业85.2万人，其中开发公益性岗位安置特困劳动力8.3万人。提前实现农村低保标准与国家扶贫标准"两线合一"。解决77万贫困学生就学问题。贫困患者县域内住院和慢性病门诊维持治疗医疗费用个人支付控制在10%以内。金融精准扶贫成效明显。强化对45个深度贫困县政策支持，增派高校、医院、国企等帮扶力量，深化专业扶贫、行业扶贫、社会扶贫。落实东西部扶贫协作和省内对口帮扶资金17亿元。脱贫长效机制有效构建，落实驻村帮扶机制，注重管好用好扶贫"四项基金"，加强督导考核问责。发挥"农民夜校"作用，开展感恩奋进教育。

2018年，通过大力实施22个扶贫专项，四川省易地扶贫搬迁建成住房15.5万套。强化45个深度贫困县帮扶工作，深化与广东、浙江东西部扶贫协作和对口支援。采取超常举措综合帮扶凉山，出台12个方面34条支持措施。扎实开展扶贫领域作风问题专项治理，实现104万贫困人口脱贫、3513个贫困村退出，30个计划摘帽贫困县达到验收标准。

2019年，精准脱贫取得关键进展。四川省投入1500多亿元，实施19个扶贫专项。开展落实"两不愁三保障"回头看大排查，扎实抓好问题整改。东西部扶贫协作、定点扶贫和省内对口帮扶持续深化。50万人实现脱贫，31个县摘帽验收，藏区贫困县全部摘帽。

2020年，聚焦"两不愁三保障"，一体推动回头看大排查等发现问题整改清零。扎实推进产业扶贫、消费扶贫，持续深化东西部扶贫协作、定点扶贫和省内对口帮扶。开展建立解决相对贫困长效机制试点，强化因疫因灾致贫返贫人员帮扶。做好脱贫攻坚普查调查，抓好成效考核评估。瞄准深度贫困地区最后堡垒，采取超常举措，发起最后总攻，组建专班挂牌督战，破解易地扶贫搬迁住房建设、安全饮水、通村公路等瓶颈问题，实现了剩余7个贫困县脱贫摘帽，300个贫困村退出，20万贫困人口脱贫。历时8年，四川88个贫困县全部摘帽，11501个贫困村全部出列，区域性整体贫困得到解决。但是，脱贫县特别是原深度贫困县，自然条件差，历史欠账多，自我发展能力弱，仍然是区域发展中的突出短板。为持续巩固脱贫成果从"摘穷帽"到"促振兴"，四川省在25个国家乡村振兴重点帮扶县基础上，又确定省乡村振兴重点帮扶县25个，囊括了原有的45个深度贫困县，还确立乡村振兴重点帮扶村3060个，在人力、物力、财力上予以支持。

打赢脱贫攻坚战后，四川省及时出台《关于实现巩固拓展脱贫攻坚成果同乡村振兴有效衔接的实施意见》，累计出台20个配套政策文件，涉及衔接资金、特色产业、易地搬迁后续扶持等多个方面。严格落实"四个不摘"要求，构建起"1+37"衔接政策体系，深化浙川东西部协作，拓展省内对口帮扶，落实中央单位、省内定点帮扶等，优化驻村帮扶，调整轮换驻村干部3.4万余名。下达中央和省级衔接资金209.71亿元，用于产业的比重提高到50%以上；加强易地搬迁后续扶持，3101户掉边掉角户搬迁创新开展；启动实施新一轮农村人居环境整治提升五年行动，全省农村卫生厕所普及率达87%。2021年，四川实现了脱贫户家庭年人均纯收入同比增幅16.8%，达到11073元，比全省农村居民人均可支配收入增幅高6.5个百分点。

2022年以来，全省对所有农村居民开展集中排查，新认定监测对象0.95万户3.18万人，并及时给予精准帮扶。目前，全省脱贫不稳定户、边缘易致贫户、突发严重困难户"三类"监测对象共8.7万户28.9万人，已落实帮扶措施，返贫致贫风险正在全面消除。在25个国家乡村振兴重点帮扶县的基础上，确定了25个省级重点帮扶县，指导各市（州）确定了一批乡村振兴重点帮扶村，将在资金、项目、政策、人才等方面给予倾斜支持。在帮扶力量方面，全面落实343个省直部门（单位）定点帮扶68个脱贫县，省内较发达的12市和35县对口帮扶50个乡村振兴重点帮扶县。全省新一轮3.2万余名第一书记和工作队员全面到岗到位。产业帮扶上，全省培育认定新型经营主体36503个、扶贫龙头企业903家，带动60余万户脱贫户增收。实施消费帮扶行动，2022年上半年销售额达51.9亿元。就业帮扶上，2022年上半年全省脱贫人口务工222.5万人，较2021年年底提高0.9个百分点。易地扶贫搬迁后续扶持上，在脱贫县安置区累计建成县级以上现代农业园区904个，认定省星级园区72个，培育农民合作社省级示范社3000个。在新一轮东西部协作中，浙江和四川深化东西部协作和交流合作项目签约仪式上，29个项目集中签约，投资金额488.35亿元。

（六）甘肃省脱贫工作进程

2018年，甘肃省强力推进脱贫攻坚，取得了稳定减贫的阶段成效。减少贫困人口77.6万人，贫困发生率由9.6%降到5.6%。18个县区退出贫困序列，贫困县从75个减少到57个，这是国家设定贫困县以来甘肃省首次实现贫困县数量净减少。"两州一县"减少贫困人口12.75万人，贫困发生率由12.57%降到7.4%。全省建档立卡贫困人口人均可支配收入由2017年的4800元增加到5390元，增长12.3%。

紧盯"两不愁三保障"目标和深度贫困地区，严格落实脱贫攻坚责任，靠实了横向到边、纵向到底、条块结合、省级领导统筹的责任体系。全面推行"一户一策"，40多万干部进村入户，帮助65万户261万贫困人口制订精准脱贫计划。出台一系列政策性文件，构建了较为系统完备的政策体系。全省安排财政专项扶贫资金173.3亿元，其中省级46.2亿元，增长145%；投入深度贫困地区财政专项扶贫资金106.9亿元，占全省的61.7%。贫困地区学前三年毛入学率达到87%，九年义务教育巩固率达到93%，建立五级联动控辍保学机制，劝返建档立卡义务教育阶段学生9352人，劝返率达到99.93%。99.8%的贫困村建起了村卫生室，贫困人口合规住院医疗费用报销比例达到85%以上。实施建档立卡贫困人口易地扶贫搬迁15.9万人，完成农村危房改造7.9万户。建成农村饮水安全巩固提升集中供水工程839处、分散工程9026处，受益人口382万人，农村自来水普及率达到88%。贫困地区自然村通动力电实现全覆盖，98%以上的行政村开通光纤宽带。东部协作4市支持帮扶财政资金19.78亿元，是上一年的近4倍。33家中央单位投入帮扶资金3.91亿元，实施帮扶项目293个，帮助引进项目118个、投资39.76亿元。

坚持把产业扶贫作为脱贫攻坚的根本之策，着力健全生产组织、投入保障、产销对接、风险防范"四大体系"。制定出台"牛、羊、菜、果、薯、药"六大特色产业精准扶贫三年行动方案。采取轻资产引进、混合型自建的办法，引进北京德青源、陕西海升、广药集团、福建圣农等一批大型龙头企业，贫困地区新增龙头企业291家，累计达到1781家；新建农民专业合作社2862个，实现每个贫困村2个以上合作社全覆盖，"庄浪模式"获全国脱贫攻坚组织创新奖。设立实施1000亿元特色产业发展工程贷款、500亿元产业发展投资基金和500亿元农产品收购贷款，特色产业发展工程贷款累计发放395亿元，119亿元的到户资金全部到位，消除3594个贫困村集体经济"空壳村"。建成贫困村果蔬保鲜库701座，成立省内外200多家企业参与的农业扶贫产业产销协会，与农业农村部举办西北贫困地区农产品产销对接活动暨甘肃特色农产品贸易洽谈会，让更多特色农产品走向全国大市场。构建保险保本垫底、入股分红保底、公益岗位托底、低保政策兜底的保险保障体系，新增6个省级补贴险种，实现农业保险对有需求的建档立卡贫困户、所有种养产业及自然灾害和市场波动"两个风险"的全覆盖，被评为全国产业扶贫十大机制创新典型案例。开展精准扶贫劳动力培训41.5万人，开发乡村公益性岗位3.7万个。光伏扶贫村级电站建成并网30.54万千瓦。兴办扶贫车间754个，吸纳就业4.92万人，其中贫困人口1.62万人。

统筹推进脱贫攻坚与乡村振兴，制定出台《甘肃省乡村振兴战略实施规划》。农业农村经济稳步发展，粮食总产量达到1141.8万吨，特色农畜产品大幅度增长。新改建农村公路10835公里，实现了具备条件的建制村通硬化路目标。实施全域无垃圾专项治理行动，建成"美丽乡村"示范村697个、乡村旅游示范村100个，新改建农村卫生户厕39万户。农村"三变"改革探索出50多种改革模式,定西、张掖、嘉峪关三市被列为国家农村集体产权制度改革整市推行试点单位。

2019年,脱贫攻坚取得决定性进展,31个贫困县摘帽退出,藏区实现整体脱贫,全省减少贫困人口93.5万人,贫困发生率下降到0.9%。全年投入财政专项扶贫资金207.67亿元,增长19.8%,其中"两州一县"52.78亿元、省定18个深度贫困县74.44亿元,占中央和省级财政专项扶贫资金总额的75.7%。落实城乡建设用地增减挂钩节余指标跨省域调剂资金93.46亿元,全部用于深度贫困县。集中开展"3+1"冲刺清零专项行动,基本实现义务教育、基本医疗、安全住房、安全饮水清零目标。县、乡、村医疗机构和人员"空白点"全面消除,贫困人口医疗救助参保资助政策全部落实。完成剩余2.65万户四类重点对象和新排查1.27万户危房改造任务,"十三五"易地扶贫搬迁的49.9万建档立卡贫困人口住上了安置房。实施集中供水、分散供水和冬季冻管改造等工程,巩固提升89万户农村人口饮水安全水平。

产业扶贫全面拉开架势。安排产业到户扶持资金155.6亿元,落实"五个挂钩"要求,带动"牛、羊、菜、果、薯、药"六大特色产业种养规模迅速扩大,出栏量和产量分别增长3.7%、5.4%、7.4%、18.5%、2.2%和11.1%,扶持8.28万户贫困群众发展"五小"产业。发放特色产业发展工程贷款562.33亿元、农产品收购贷款221.48亿元,贫困地区新增龙头企业303家,合作社带贫能力明显提升。累计建成果蔬保鲜库1019座。农村金融综合服务室覆盖所有行政村,农业保险覆盖203万农户。新建扶贫车间1225个,累计达到1952个,吸纳建档立卡贫困劳动力3.34万人。开展精准扶贫劳动力培训37.7万人,输转建档立卡贫困劳动人口19.4万人,创劳务收入43.7亿元。建成乡村旅游示范村120个,12个被列为全国乡村旅游重点村。建成"十三五"村级光伏扶贫电站70.14万千瓦,受益群众12.35万户。依靠产业脱贫的人口达65万人,占到脱贫总人口的69.5%,贫困地区农村居民人均可支配收入增长10%以上。东部对口帮扶4市投入财政援助资金28.25亿元,引进企业201家,带动贫困人口13.7万人,"津企陇上行"活动签约金额104.5亿元,"消费扶贫"帮助销售贫困地区农产品17.96亿元。36家中央定点扶贫单位投入帮扶资金4.91亿元,实施帮扶项目344个。举办"光彩事业临夏行""巾帼脱贫行动""千企帮千村"等系列帮扶活动。

在抓好脱贫攻坚硬任务的同时,统筹推进乡村振兴战略。出台发展现代丝路寒旱农业指导意见，新建戈壁生态农业6.2万亩，累计达到20万亩。粮食产量达到1185万吨。10个"甘味"农产品入选2019中国农业品牌。完成粮改饲面积320万亩，亩均增收300元以上，全国粮改饲工作推进现场会在甘肃省临夏州召开。积极防控非洲猪瘟，多措恢复生猪生产，市场供应基本稳定。扎实开展农村人居环境整治，纵深推进全域无垃圾专项治理，一些地方拆旧治乱力度大效果好，城乡面貌显著改观。发起共建"一带一路"美丽乡村倡议，与法国美丽乡村联盟签订合作协议，6个村庄入选第二届中国美丽乡村百佳范例。

2020年，举全省之力向绝对贫困发起总攻，脱贫攻坚取得决定性成就。75个贫困县全部摘帽，7262个贫困村全部退出，现行标准下农村贫困人口全部脱贫，特别是纳入全国"三区三州"的甘南、临夏及天祝等深度贫困地区面貌发生历史性变化。

"两不愁三保障"全面完成。累计投入财政专项扶贫资金837.2亿元，年均增长24.5%。贫困家庭失学辍学学生应返尽返，乡村两级基本医疗"空白点"全面消除，建档立卡贫困人口参保全覆盖，动态新增危房改造全部完成，饮水安全问题历史性解决。49.9万建档立卡贫困人口易地扶贫搬迁任务全面完成，教育精准扶贫国家级示范区建设成效明显。

产业扶贫体系逐步构建。"牛、羊、菜、果、薯、药"六大特色产业增加值达到753亿元，占农业增加值的60.9%，比"十二五"末提高9.2个百分点。农业产业化龙头企业达到3096家，农民专业合作社实现贫困村全覆盖。农业保险在产业扶贫中发挥了重要保障作用。2546个扶贫车间、30.5万个公益岗位让群众就业不出村、挣钱不离家。就业扶贫、消费扶贫、旅游扶贫、光伏扶贫、生态扶贫有力拓宽增收渠道，建档立卡贫困人口人均纯收入达到8539元，年均增长22.2%。

农业农村发展稳定向好。粮食生产连年丰收，总产首次突破240亿斤。建成高标准农田331万亩、戈壁生态农业28万亩。成功创建4个国家级现代农业产业园和中以（酒泉）绿色生态产业园。"甘味"农产品走向全国。农村人居环境整治三年行动顺利完成，国家部委命名的各类美丽乡村（生态文明）示范村达到212个。

在脱贫攻坚战中，东部协作4市和36家中央定点扶贫单位累计投入资金112亿元，实施协作项目4931个、帮助引进项目1170个；社会各界广泛参与、倾情助力，开展"光彩事业临夏行""民企甘南行""津企陇上行""巾帼脱贫行动""千企帮千村"等帮扶活动；各级帮扶干部驻村入户、奋战一线，涌现出张小娟等胸怀大爱、忘我奉献的模范典型。

脱贫攻坚完成以后，甘肃坚持把巩固脱贫攻坚成果放在突出位置，牢牢守住不发生规模性返贫的底线。对照中央33项有效衔接政策，甘肃优化完善和延续推进31项，创新出台39项，搭建起有效衔接政策措施的"四梁八柱"。将脱贫攻坚的12个专责工作组转为乡村振兴专责工作组，成立产业、人才、文化、生态、组织振兴5个工作专班。同时，保持资金投入力度不减，中央和省市县财政安排有效衔接资金238.42亿元，较2020年增加10.24亿元，全年资金支出率99.31%，排在全国前列。2021年，全省脱贫人口小额信贷新增发放13.1万户61.83亿元，累计159.13万户717.44亿元，贷款总量和贷款余额均居全国首位。全省外出务工脱贫劳动力199.1万人，比2020年增加9.2万人。

甘肃聚焦重点群体、聚焦重点区域和重点工作，加大产业就业帮扶力度。发现一户、帮扶一户、动态清零一户，超过72%的监测对象消除返贫致贫风险。省级领导全覆盖联系帮扶39个乡村振兴重点帮扶县，倾斜安排中央和省级近70%的财政衔接补助资金，分年度谋划实施10大类1.5万个补短板促发展项目，实现23个国家重点帮扶县每县1个科技特派团和教育、医疗人才"组团式"帮扶全覆盖。同时，甘肃各地立足实际，因地制宜发展电子商务、光伏项目、帮扶车间、乡村旅游等新产业新业态，有效拓宽脱贫人口增收门路。加大力度支持脱贫地区特色产业发展，接续落实到户产业帮扶措施，强化经营主体联农带农机制，在脱贫地区建起2231家龙头企业，带动脱贫户35万户，7.1万个农民合作社带动脱贫户80.4万户。2022年以来，东部协作地区和中央定点帮扶单位直接采购和帮助销售脱贫地区农畜牧产品、特色手工艺产品金额72.82亿元，协作双方携手推进"一县一园"和"百村振兴计划"，共建产业园区78个、乡村振兴示范村181个。持续打造"津甘技工""鲁甘人力"等劳务协作品牌，帮助输转农村劳动力15.91万人，有效推动脱贫劳动力稳岗就业。2022年年初，全省光伏扶贫收益资金累计达20.76亿元，2893个确权村每村收益平均超过25万元，共有4.6万人通过光伏公益岗位实现就业增收。天津市、山东省和36家中央定点帮扶单位投入帮扶资金38.19亿元。中央定点帮扶单位向43个定点帮扶县投入帮扶资金6.17亿元，引进资金5.91亿元，消费帮扶4.33亿元。选派2.26万人到脱贫村、易地搬迁村（社区）、乡村振兴重点村、党组织软弱涣散村开展帮扶，7.19万名县乡干部全覆盖结对帮扶"三类户"。

习近平总书记在决战决胜脱贫攻坚座谈会上曾强调指出"脱贫摘帽不是终点，而是新生活、新奋斗的起点"。面对当前严峻复杂的外部挑战和未来减贫防贫的崭新征程，产业扶贫到产业振兴与高质量发展，仍然需要不断努力，方能行稳致远。大体来看，实现脱贫后还应进一步做到：

①推动产业提档升级。重点发展特色产业，持续升级产品加工，加快发展产业融合新业态，以全产业链思维，推动一产往后延、二产两头连、三产走高端，不断提升特色产业发展水平。

②推动产销对接工作。主动投入"双循环"新发展格局，发挥地方自然禀赋、交通区位和科教资源等优势，在平台建设、品牌打造、物流体系等方面下工夫，巩固生产链、畅通流通链、提升价值链，不断提升减贫益贫质效。

③建立长效帮扶机制。壮大龙头企业、专业合作社、家庭农场等新型主体，发展集体经济，推广订单生产、土地流转、就地务工、股份合作、资产租赁等带贫模式，完善联贫带贫长效机制，让更多贫困群众更好融入现代市场经济。

④补齐三农领域短板。细化、实化农业农村优先发展的具体办法，推动加快构建与建设发展目标相适应的农业农村投入稳定增长机制，加快提升农村特别是贫困地区农村基础设施和公共服务水平，不断增强脱贫减贫的条件支撑。

⑤有机衔接乡村振兴。总结37个脱贫摘帽县的成功经验，以脱贫摘帽县作为巩固脱贫成果的重点，传承扶贫攻坚期内系列有效做法，推进扶贫长效机制建立，助推特色产业发展壮大。围绕规划、政策、产业、组织和人才等方面，加强脱贫攻坚与乡村振兴有效衔接，确保脱贫人口在乡村全面振兴中不掉队。

第二节 产业扶贫

一、产业扶贫的重要意义

产业扶贫作为源头治贫、长效脱贫、稳定脱贫、可持续脱贫的根本之策，是我国扶贫"五个一批"工程的最重要内容，是解决有劳动能力的贫困群众发展能力的关键举措，也是现阶段我国扶贫开发事业的重点和难点。调整农业经济增长方式，实现更加有利于贫困户的经济增长，应改变产业扶贫项目的实施方式，应以提高农民的发展意识和发展能力为目标，使贫困户在产业链中有更多的参与机会，在产业扶贫中调动贫困户的积极性、主动性和创造性，带动农民增收和贫困群众脱贫致富。

具体产业的选择是决定各个贫困地区产业扶贫模式成败的关键。中国的农业发展正在经历一场"隐性的革命"，即越来越多的农民开始从传统的"旧农业"转向附加值较高的"新农业"。农业结构的重构也会影响扶贫产业的发展，如果继续将大田作物为主的"旧农业"作为扶贫产业，虽然风险性较低，但是在农产品供给过剩的背景下其市场效益和益贫性十分有限。所以越来越多的地方政府将注意力逐渐转向了资本与劳动双密集的"新农业"。与此同时，很多"新农业"在利润较高的同时也面临较大的市场风险，因此产业扶贫首先要考虑如何在"改造农民"和"驾驭市场"之间实现平衡。精准扶贫以来，国家在各大正式文件中多次强调要发展"特色产业"脱贫。所谓"特色产业"，指的是在特定地理环境下，凭借独特资源条件所形成的具有独特产品品质以及特定消费市场的特殊农业类型。"扶贫必扶智，授人以鱼，不如授人以渔，深入实施精准扶贫、精准脱贫，产业创新和技能培训要同步，扶贫要扶到点上、根上，让贫困群众真正得到实惠。"推进贫困地区产业扶贫，从本质上来说有两层含义：一是支持贫困地区发展壮大特色优势产业；二是建立利益联结机制，让贫困农户通过参与产业发展分享到产业化经营利益。

以平利县女娲凤凰茶业现代示范园区为例，该园区建有茶园1200亩，年产15吨，产值400多万元，带动贫困人口300多人，每年人均增收1100多元，可见茶产业的强大带动力。一花一天堂，茶里有乾坤。从种茶育茶来看，是就业、收入和脱贫的实现载体；从茶销售来看，是电商新模式和供销大链条运转的生动样本；从茶消费来看，是文化旅游、消费升级和内需释放的集中展现；从茶内涵来看，是健康生活方式和生态保护理念的诠释。

二、产业扶贫的内涵

《中国农村扶贫开发纲要（2001—2010）》（以下简称《纲要》）首次明确了产业扶贫的概念，即要"充分发挥贫困地区生态环境和自然资源优势，培植壮大特色支柱产业。通过扶贫龙头企业、农民专业合作社和互助资金组织，带动和帮助贫困农户发展生产"。《纲要》还对扶贫及农业产业化经营问题展开探讨，提出对具有资源优势和市场需求的农产品生产，要按照产业化发展方向，连片规划建设，形成有特色的区域性主导产业。积极发展"公司加农户"和订单农业。引导和鼓励具有市场开拓能力的大中型农产品加工企业到贫困地区建立原料生产基地,为贫困农户提供产前、产中、产后系列化服务,形成贸工农一体化、产供销一条龙的产业化经营。加强贫困地区农产品批发市场建设,进一步搞活流通,逐步形成规模化、专业化的生产格局。要求地方各级政府要创造良好的政策环境和投资条件,吸引多种所有制经济组织参与贫困地区的经济开发。对于适应市场需要,能够提高产业层次、带动千家万户增加收入的农产品加工企业,能够发挥贫困地区资源优势并改善生态环境的资源开发型企业,能够安排贫困地区剩余劳动力就业的劳动密集型企业,能够帮助贫困群众解决买难、卖难问题的市场流通企业,国家给予必要的政策扶持。

从产业扶贫的内涵看,是以市场为导向,利用贫困地区特色资源优势产业的发展为杠杆,增加贫困地区农户收益,促进贫困地区经济快速稳定发展。产业扶贫是政府、企业和贫困户衔接协调形成的重要扶贫道路。产业扶贫的重点工作如下：一是通过实地调研甄选贫困地区的特色扶贫产业；二是通过对外招商引资等措施,发挥好企业、合作社、家庭农场、大户的作用,把特色扶贫产业规模做强做大；三是政府要加强对企业资金和人才等方面的政策扶持,使产品方向朝着创新化与品牌化发展；四是贫困群体要广泛参与。

三、产业扶贫相关理论

（一）反贫困理论

反贫困理论有四个方面：贫困理论可以分为促进资本形成的反贫困理论、促进经济结构转换的反贫困理论、促进人力资本形成的反贫困理论和缪尔达尔的综合反贫困理论,每一种反贫困理论都有着各自的特点和内容,具体内容如下：

促进资本形成的反贫困理论。此种理论认为资本是所有生产要素中最稀缺的。比较经典的理论是罗森斯坦—罗丹的平衡增长理论,它指出发展中国家摆脱贫困的出路只有大规模增加工业投入向工业要产值,以工业化促进经济发展。但在实际情况中发展中国家生产不完善,投资数额巨大,必须要国家进行干预,实施带动经济增长的宏观计划,从资本的供给和需求两个方面阻断贫困的恶性循环。但是资本有一个特点,那就是循序渐进有一个积累的过程,如果外部条件不具备却一味推行,就会造成不可遏制的后果。

促进经济结构转换的反贫困理论。此理论经典代表是刘易斯二元经济理论和钱纳里的发展理论。刘易斯的二元经济理论认为当发展中国家的农业生产部门边际生产率值为零，现代工业部门吸收传统农业部门转移的剩余劳动力。当农业生产部门的边际生产率不再为零，农村部门的边际生产率与工业保持一致时，二元结构就会消失，同时经济机构也会发生变化。但是理论中存在多方面的漏洞：该理论忽视了农业的重要性；某些假定不符合发展中国家现实情况，如发展中国家城市人口未充分就业，农村有大量剩余劳动力，与理论不相符。因此要根据实际情况选用，不能生搬硬套。钱纳里的观点和刘易斯不同，钱纳里认为经济的发展并不仅仅是依靠资本的积累，还要通过积累物质和人力资本来调整经济结构。促进经济结构转换的反贫困理论代表是舒尔茨的人力资源理论，即人的质量对经济发展起着至关重要作用，人力资本和厂房、原材料等一样也包括在资本的概念中。舒尔茨认为人力资本的培训和技能提高有助于生产效率的提高，当忽视了人力资本就会导致贫困，所以说要注重人力资本，把提高人力资本作为摆脱贫困的措施。人力资本可以促进经济发展，所以发展中国家在制定政策时要充分考虑人力资本方面的投资，优化人力资本投资结构。

缪尔达尔的综合反贫困理论。缪尔达尔论证了"循环积累因果关系"，在政治、经济和文化等多方面总结出一套综合反贫困战略，他认为发展中国家首先要进行土地所有制改革，进而推行教育和职业教育为主的教育改革，将权力转移到人民手中，以此来达到反贫困的目的。缪尔达尔认为应该在多方面分析研究贫困，为以后反贫困理论的研究提供新视角。

（二）奥斯本企业家政府理论

20世纪90年代兴起的新公共管理理论强调公私管理的共通性，奥斯本在《改革政府》一书中主张在公共服务领域引入市场机制，政策需要充分考虑公众的需要。因此，政府的作用是掌舵而不是划桨，改革政府的目的不是把政府变成私营企业或者私人政府，也不是简单地引入私营企业的管理运作模式，而是公共部门与私营企业建立平等的伙伴关系，合理分工及运作。第一，政府的主要职责是宏观调控。在提供公共服务时政府应做好决策计划，根据计划与私营企业形成合作关系，把具体的项目外包给私营企业，政府负责项目的验收以及监督。第二，多方力量协调管理。政府通过服务外包、政府购买等形式与社会组织、私营企业合作共同承担社会主体应尽的责任和义务。第三，政府与市场有机结合。政府管理存在漏洞，市场机制存在缺陷，政府与市场合作能有效弥补相互之间的不足之处，节约社会成本，积极创造条件使双方共同获益。

（三）资源禀赋理论

资源禀赋理论又被称作为赫克歇尔—俄林理论(H—O理论)、要素比例理论，该理论是指一个国家拥有的生产要素的数量，如劳动力、技术、资本、土地、管理等。在两个国家资源禀赋方面做对比时，如果说一个国家的生产要素数量大于另一个国家，并且该生产要素的价格低于对比国家，那么可以说明该国的生产要素相对丰富；相反，如果说一个国家的生产要素比另一个国家少，且该国生产要素价格高于另一个国家，那就说明该国的生产要素相对稀缺。资源禀赋说的是一个相对的概念，俄林认为，在一个区域或一个国家内，在一定时期里，所有商品的价格和生产要素的价格都是由各自的供求关系决定的。在需求方面，决定于消费者的爱好和要素所有权的分配情况，后者影响着个人收入；在供给方面，决定于要素的供给(即资源赋予的情况)和生产的物质条件(即生产技术)，后者决定商品生产中生产要素的配合比例。由于生产过程存在供给数量和供给比例的差异，就会出现成本的绝对差异，进而影响到商品价格的差异。在基础设施落后地区可以充分利用光照资源丰富优势发展光伏产业，既可以带动当地就业，也可以增加贫困人口收入，一举多得，造福一方。

（四）比较优势理论

比较优势理论可以作为确定特色产业，合理调整布局，进行分工与协作的理论基础，并且该理论为各个国际贸易参与国发展优势产业提供了重要的理论。最早由亚当·斯密在《国富论》中提出比较优势理论，此理论又被称为绝对成本理论。在亚当·斯密看来，每个国家都存在有绝对优势条件适应本国优势的农产品发展，如果把这些优势条件加以充分利用，可以以此作为条件与其他国家就进行交换，这样对交换双方都有益处。

之后，英国的经济学家大卫·李嘉图提出比较成本学说，又称为比较优势贸易理论，此理论认为即使存在绝对优势，处于劣势的一方可以充分发挥自身比较优势条件而专注生产，也可以在贸易中取胜。比较优势理论假设收入分配固定，生产要素不流动和运输成本不存在，是静态分析方法。在此基础上大卫·李嘉图进一步充实和发展，从"绝对比较优势"和"相对比较优势"等理论发展到了"资源配置"理论等现代经济学范畴。他在其代表作《政治经济学及赋税原理》中提到，绝对差别并不是国际贸易的基础，生产技术的相对差别才是。各个国家集中生产并出口具有"比较优势"的产品，进口具有"比较劣势"的产品应根据的原则是"两利相权取其重，两弊相权取其轻"，这样便可节省劳动力，获得专业化分工，从而提高劳动生产率。比较优势理论和绝对优势理论都认定对外贸易能够迅速扩张本国的产品销售市场，因而十分强调对外贸易对促进一国增加生产和扩大出口供给的重要作用。

就涵盖的研究对象而言，大卫·李嘉图的比较优势理论涵盖了亚当·斯密的绝对优势理论所分析的经济现象。根据比较优势理论进行推导，两国之间比较优势差距越大，则所表现出的贸易空间越大，这一理论对于指导各国对外贸易的发展有着十分重要的意义。比较优势是指地区或企业间各自所拥有的资源、土地、劳动力以及资本等要素禀赋结构和经济特征。根据比较优势理论来分析我国农业特色产业精准扶贫问题同样适用。某个地区利用自身要素禀赋生产某种产品将比其他地区拥有更低的机会成本，并且进行扶贫之时选择具有比较优势的产业进行开发利用，必将会实现产业健康发展，反之，则有可能造成投入资金的浪费产生经济损失。根据比较优势理论，在精准扶贫过程中，我们应该充分利用好各地区所具有的禀赋资源发展特色产业，将资源优势转化为地区产业优势，从而实现扶贫效益的最大化。

比较优势理论一方面从劳动成产率方面阐述了进行贸易的必要性，为制定贸易政策提供借鉴，推动社会经济发展；另一方面有利于优化资源配置，提高资源利用率，进而推动农业发展。各地方可以根据自身资源优势，发展优势产业，使得资源利用最大化，降低扶贫成本，提高脱贫减贫效益，有效地促使贫困地方快速脱贫。

（五）规模经济理论

规模经济是指在特定的条件下，经营规模与成本呈反比，扩大经营规模会导致平均成本的减少，使得收益的增加，一味追求扩大生产规模以后，人力、物力、机器设备等生产要素难以得到统筹协调，反而会导致成本的增加、生产效率的降低，不利于实现利益最大化。效益随着规模的变化而变动，规模扩大到合理界限内效益上升，继续扩大规模超出合理界限，规模效益则会呈现出下降的趋势。所以，并不是经济组织的规模越大带来的经济效益也越大。实现规模效益的最佳途径是在适度扩大生产规模的基础上提高产品附加值，力图节约其他成本，使产业长期处于低成本地位，拥有规模优势。

（六）产业集群理论

早在20世纪70年代，全世界范围内掀起了对于产业集群研究的热潮，随着研究的深入，产业集群现已逐渐成为分析产业成长和区域发展的理论，该理论对于经济发展有着重要的意义，并且得到了国际上学界、商界和政界的空前重视。对于产业集群的形成机理，马歇尔认为是外部经济，克鲁格曼则提出了不同的见解，认为是报酬递增，这种现象背后存在着一系列重要的经济理论与管理理论作为基础，包括竞争与协作、比较成本优势、外部经济等。20世纪80年代，美国哈佛大学商学院极具权威的迈克尔·波特教授在他的《国家竞争优势》一书中，最先用"产业集群"一词对集群现象进行了分析。他认为产业集群是指有着相互关联关系的公司、供应商、相关联产业、专门化制度以及协会都集中聚集在一个特定区域的特别领域。经过这种区域性集聚的方式形成有效的市场竞争，使公共设施以及市场环境等得到共享，从而降低成本，形成规模效应和一定的区域竞争力。从理论与实践研究两个方面看产业集群，存在两个基本特征：一是地理临近性，二是产业关联性。波特认为产业集群是一种合作与竞争的组合的代表，在此基础之上进行交易，目标是促进交易达成，降低交易成本，提高交易质量。地理的临近为各主体之间相互了解、信任与合作提供了便利，同时也便于对竞争对手的了解，营造竞争的氛围。由此可见，地理临近性创造了产业互动的条件，产业关联性是集群内部互动的基础。产业集群作为一个动态的、开放的系统，不仅包括集群内部企业间的互动，还包括集群内部企业与集群外企业之间的合作与竞争。农业产业化集群是在地理相近地域出现的、农业与相关产业相互支持的组织结合体，农业产业化集群具有一般产业集群的基本特征。在发展农业产业化的过程中，针对农业产业化发展特点，选择与本地区相适应的产业集群模式，能充分地促进农业产业化发展，实现规模经济，从而形成区域企业和产业竞争优势。产业集群可以作为各企业互动的"黏合剂"，充分发挥群体优势，同时又可以形成"追赶效应"，加剧区域内相关企业之间的竞争，从而激发区域创新能力。农业产业化集群是加快农业产业化进程、提高农业相关产品国际竞争优势的有效路径，也是有效带动区域经济发展，推动农村经济发展，加快精准扶贫、脱贫致富步伐的有效途径。

（七）利益相关者理论

"利益相关者"源自公司治理领域的理论研究，由斯坦福大学研究所于1963年提出并界定概念，认为企业不仅要关注股东的利益，还要重视其他利益相关主体的利益。利益相关者是"失去其支持,企业将无法生存的个人与团体"。弗里曼在《战略管理:利益相关者方法》中扩大利益相关者的内涵,将其定义为:在企业发展过程当中,对企业总体目标实现有着直接或间接影响的团体。在界定利益相关者后,学者开始关注利益相关者的权利与利益分配和协调的相关问题。

  利益相关者理论强调公司的目标是通过协调各利益相关者的利益要求达到利益相关者总体利益的最大化,这就要求公司重视利益相关者的利益诉求、利益冲突、利益均衡或协调措施以及利益相关者权力的来源、利用等问题。由于利益相关者理论影响深远,被广泛应用于政治学、经济学、管理学、法学、社会学、社会政策学等领域的研究中。由于产业扶贫是一项复杂而庞大的工程,在习近平总书记强调建立"形成跨地区、跨部门、跨单位、全社会共同参与的多元主体的社会扶贫体系"的语境下以及地方扶贫部门的引导与推动下,参与产业扶贫工程的社会主体越来越多,利益相关者包括贫困户、普通农户、政府(中央及地方政府)、扶贫部门等政府部门及其工作人员、村委会、企业、能人、社会公众以及合作社、协会、商会等各类社会组织。在产业扶贫政策实施过程中,不同利益相关者对政策有着不同程度的影响力,不同利益相关者有着不同的利益需求甚至存在利益冲突,而利益冲突出现后如未建立有效的利益均衡机制或协调机制,将降低产业扶贫的成效。因此,产业扶贫应将各利益相关者视为产业扶贫政策实施的平等主体,以利益相关者的共同利益为出发点,重视不同利益主体的利益诉求、利益冲突及其协调机制的建立。

(八)产业精准扶贫

  精准扶贫是粗放扶贫的对称,这是我国在扶贫开发新阶段提出来的新概念。根据现有精准扶贫相关文件和对精准扶贫概念的学术研究来看,对精准扶贫尚没有一致的定义,一般而言,精准扶贫是一套科学治贫方式,内含一套规范化的治贫体系,主要是结合我国贫困地区农民各自不同的贫困状况,运用科学有效的手段因地制宜地开展扶贫工作。精准扶贫之"精准"有六个含义:一是对象识别精准,二是项目安排精准,三是资金使用精准,四是措施到位精准,五是因村派人精准,六是科学成效精准。

  产业扶贫的提出比精准扶贫工作机制的提出要早,其最早出现在《中国农村扶贫开发纲要(2001—2010年)》,是以发展贫困地区特色产业为手段的扶贫方式,具体来说,即充分挖掘地方特色优势资源,通过发展地方产业,扶持地方龙头企业，提升贫困群体自身发展能力，达到促进贫困地区人口脱贫致富的目的，是具有中国特色的扶贫模式之一。在精准扶贫中，没有具体产业支撑的扶贫是缺乏可持续性的，因此在精准扶贫工作机制提出后，产业扶贫也成为精准扶贫的十大行业之一，被称为精准扶贫的"铁抓手""发动机"。围绕资金、市场、技术三大瓶颈，精准选择和布局产业，系统地推进贫困地区产业发展，带动农户增收、农业发展、企业增效，是产业精准扶贫的关键。

四、国外产业扶贫的启示

发展是当今时代的主题，世界各国意识到只有依靠科技进步推动经济发展，提升本国的综合实力，才能够更有力地战胜贫困。为此，发达国家和发展中国家都根据本国的实际情况，采取一系列有效措施开展反贫困探索。

（一）发达国家反贫困实践

发达国家贫困问题主要是源于社会经济结构不合理和社会财富分配不均，注重在贫困地区推进新兴产业发展。如美国政府颁布"地区再开发法""公共工程和经济开发法""阿巴拉契亚区域开发法"等系列法规，引导资本向贫困地区投资，在以农业为主的中央山谷地区和美国的阿巴拉契亚山脉地区推出风险投资计划，促进这些地区经济发展和贫困人口脱贫。

日本政府制定了《欠发达地区工作开发促进法》，通过促进其不发达地区的工业发展，达到促进就业、缩小地区间差异，推动经济均衡发展。英国政府于20世纪70年代通过工业法案，授权地方政府和工业公司缔结计划协议，以吸引和促进企业到落后地区投资，在主要援助区建立开发机构，以购买公司股份的方式支持企业投资。20世纪80年代调整区域开发政策，对落后地区开发进行发展补助和资金补贴，解除了落后地区经济发展的限制，形成了新的有活力的经济。

（二）发展中国家反贫困实践

发展中国家贫困问题是由于生产力水平较低、社会分配政策不公平、区域发展不平衡等原因造成的。发展中国家在大量的反贫困实践探索中采取了不同方式促进产业发展。

一是政府主导解决贫困问题。印度政府实施了乡村综合开发计划、国家乡村就业计划和农村无地人口就业保障计划，有力地促进了农村经济发展，农村贫困人口的生活条件得到改善。泰国政府实施了小农发展规划(SFDP)，集中进行最适宜区、适宜区农作物生产，开发具有地方特色的优势产品，逐步形成了有特色的农产品生产区，取得了较好的规模经济效益。另外，巴西政府实施了扩大农业边疆系列化政策、印度尼西亚政府施行了农业综合开发计划，反贫困工作均取得了明显成效。

二是非政府组织进行扶贫开发，如孟加拉政府格莱米乡村银行、马来西亚艾克迪尔私人信托机构、印度阿默达巴德市个体妇女联合会合作银行、泰国南龙地区以社区为基础的乡村综合发展项目，巴基斯坦的雪村和罗村的农村支持计划等，这些都是发展中国家非政府组织的成功典范。

五、国内特色产业扶贫模式

基于扶贫主体类型可将产业扶贫模式划分为四大类，即基层组织带动模式、合作社带动模式、龙头企业带动模式和能人带动模式。

从我国产业扶贫政策实践看，当前我国产业扶贫的主要模式可以区分为"龙头企业+农户""合作社+农户""政府+农户"三种利益组织与利益联结模式，并通过贫困户与企业、与政府以及农户间的利益捆绑与利益分享来实现对贫困人口的传帮带与自我发展渠道构建。

由于我国各地资源禀赋差异，产业扶贫模式往往需要因地制宜，因此也形成了各类不同的扶贫模式，无法一一列举，下面具体从产业扶贫主体角度介绍几种典型的模式。

（一）基层组织带动模式

习近平总书记对基层党组织除外的基层组织在精准扶贫开发工作中发挥作用提出了要求："要在发挥好党组织的核心领导作用的同时，充分发挥好村委会、村合作经济组织等基层组织各自的作用。"结合基层产业扶贫工作的实际，基层组织所涵盖的范畴主要包括：村党组织、村委会、村团支部、村妇代会、村民兵组织等基层组织。在中央高层的要求与鼓励下，基层政府积极创造条件，引导和要求村党支部等基层组织在扶贫开发工作上发挥先锋模范与引领作用，使基层组织带动模式成为产业扶贫工作中重要的一支力量。

基层组织带动模式主要采取整村推进的模式来带动区域内贫困户脱贫致富。基层组织带动模式中比较有代表性的就是常说的"政府+农户"模式。"政府+农户"模式是指对一些极度贫困地区或者是村镇规模小、分布零散、产业基础薄弱，缺乏龙头企业或农户生产同质性水平差难以形成合作社组织的村镇与贫困户，由政府作为产业扶贫的主体，承担适度的经营指导、技术与市场服务职能的一种实现对贫困户进行帮扶的模式。

对一些特定地区与特定贫困户而言，由于分布零散、交通不便，使金融机构受限于成本往往难以提供有效的金融服务，又或者由于农户机会主义行为的不可验证性使融机构不愿或者无法提供信贷服务，此时政府如村集体或者村委会作为参与者介入其中，能够借助于现有的行政管理框架降低贫困人口与金融机构的对接成本，也有助于金融机构提升这些人群的信贷甄别能力与可贷性评估，从而使得这些地区的贫困人口能够享受金融扶贫资源的帮扶。另外，以村委会等基层政府组织强信用主体为金融中介，能够增强金融机构的信贷配给意愿，从而保证极端贫困人口的金融资源稳定供给。

此外，对这部分贫困人口而言，由于生产异质性导致合作社等自发组织难以出现，缺乏龙头企业带头，此时基层政府组织作为产业主体进行贫困户的集体性生产组织者，能够借助于较强的基层政府管理能力强化贫困户经营的协同性与一体性，同时政府也便于通过农机办、良种办、土地所、扶贫办等基础组织机构对贫困户经营进行技术指导与服务、农资统购以及市场销售组织，这种技术与市场服务的提供，也能够降低贫困户参与社会再生产的难度，从而通过再生产实现贫困摆脱与增收。

（二）合作社带动模式

合作社带动模式主要通过吸收贫困户入社并提供农资采购、生产管理、产品加工、产品销售等多元化服务和分红来帮助贫困户脱贫致富。农民专业合作社按不同的发起主体可分为农村能人领办型、龙头企业带动型、政府或职能部门依托型等，其中农村大户领办合作社是最典型、最主要的组织形态，主要由种养殖大户、技术能人、农民经纪人、基层政府部门工作人员等牵头（杨灿君，2016；孟飞，2016），联合周边村民组建的合作社、完全由兼业小农自发成立的合作社非常少（仝志辉和楼栋，2010）。而中央及地方政府也倾向于扶持和引导农村能人领办合作社。

国家农村农业部、国家林业局、中华全国供销合作总社等部门联合发布的《关于引导和促进农民合作社规范发展的意见》强调："建立人才引进机制，制定优惠政策，鼓励农技人员、农村能人等领头创办农民合作社。"在各地政府制定财政补贴等优惠政策对合作社带动贫困户脱贫致富的工作进行扶持后，本已开展贫困户帮扶活动的农村能人为弥补帮扶成本或获得政府优惠政策，更倾向于联合贫困户和普通农户成立专业合作社，为承接政府的扶贫资源与政策提供稳定的载体，这进一步加快合作社与农村能人的结合，进而促使合作社带动模式与能人带动模式的趋同。农村农业部2014—2016年3年间遴选资助的30名"全国十佳农民"中，80%以上是农民专业合作社理事长或领办人，而根据2017年"全国十佳农民"遴选资助项目的30名提名人选事迹材料中发现，有19位候选人是合作社理事长，同时已获"地区扶贫开发脱贫致富带头人""全国种粮大户"或"全国农村改革致富带头人"等荣誉称号，这再次表明合作社领办人或理事长与农村致富能人身份重合的事实。

合作社带动模式主要是联系农户形成"合作社+农户"模式，该模式以农户自发组织的农村合作社或者扶贫互助资金合作社等组织作为主要载体，实现扶贫资源与贫困户对接的产业扶贫模式。在这一模式中，合作社这种松散的生产一体化组织在将贫困户再生产纳入统一的产业范畴同时，通过协同一致的、规模化的产销模式提升贫困户的市场议价与经营能力，从而实现贫困户的利益增长。

在"合作社+农户"模式中，一方面，扶贫资源与金融资源的瞄准失靶问题与精英捕获问题能够得到适度修正（朋文欢，2018）。合作社作为一种高度信息共享的村民联合体，存在一种普遍性的道德约束与组织共识。这种约束与共识，特别是贫困人群间的组织协同性，既能够保证扶贫资源为最贫困人口所接收，也能够一定程度上降低扶贫资源被农村精英阶层俘获的可能。此时合作社成为正确引导资金流向特定目标的载体，实现了对扶贫金融资源错配的矫正与贫困人口扶贫资本获取权的锁定。另一方面，合作社内部存在较强的声誉机制限制，特别是考虑到我国农村社会关系网络的亲缘化与泛亲缘化特征（黄胜忠等，2008），这种声誉邀约将显著地降低合作社参与者违背道德的可能性，从而形成一种具有软约束特征的行为规范模式，而这一行为规范的存在，能够保证贫困人口在接受扶贫金融资源后不进行消费挪用与机会主义行为，从而有助于扶贫资本精准作用于贫困人口社会再生产，进而降低贫困人口因为"懒惰""消费饥渴"等原因导致的扶贫资源滥用与持续贫困。

此外，合作社虽然本质上属于一种自发的、松散联合的产业化组织，但规模合力一直是合作社存在的逻辑基础（Winsten和Chester，2014），这种规模合力既可以通过产销一体提升参与农户在技术服务、市场信息购买、物质资本采购等方面的议价能力以实现成本控制，也能够通过生产过程的标准化、规范化实现集约化生产，从而提升资本增值能力与市场竞争能力，这都有助于参与其中的贫困户更为便利地跨越再生产门槛，提升扶贫资源对贫困户农业经营的撬动作用。

（三）龙头企业带动模式

在我国农业产业化经营过程中，产生了龙头企业这样一个特殊的群体，并自产生之初龙头企业就一直是我国农业产业化经营最主要的经济组织载体。狭义的龙头企业是由国家依据一定的标准认定的，这些国家认定的龙头企业一般是在农业产业化经营中依托农户产品生产基地建立的，规模较大，辐射带动作用强，具有引导生产、深化加工、服务基地和开拓市场等综合功能。广义上的龙头企业具有与狭义上的龙头企业一样的综合功能，但组织形式有农副产品加工流通企业、中介组织或批发市场等。广义的龙头企业同一些论著中出现的"农业产业化组织"等名称具有相同的内涵。

"龙头企业带动"产业扶贫模式早在农业产业化发展反贫困的过程中就已出现。"龙头企业带动"产业精准扶贫模式是指在产业精准扶贫背景下，精准发力培育一批规模较大、辐射带动作用强的主导产业，以龙头带动区域经济发展，吸纳当地贫困人口就业，提升人力资本，带动贫困户进入市场、积极参与产业价值链的各个环节，以此达到扶贫的目的。

龙头企业带动模式中较常见的是"龙头企业+农户"模式，该模式是通过政府管制与政府监督形成具有规制约束力的龙头企业与农户合作经营共同体。贫困户通过对价折股、雇用或者产销一体化的方式形成与龙头企业的利益联结体，从而实现对贫困户的产业覆盖与产业吸纳，最终实现贫困户社会再生产的启动。

在"龙头企业+农户"模式中，一方面，龙头企业成为扶贫资源特别是金融扶贫资源的承接主体，实现了政府、金融机构等扶贫主体与贫困户的有效对接。龙头企业的介入，有助于缓解金融机构由于贫困户"无可抵押物"导致的"惜贷"。通过将信贷风险从贫困户向企业主体的转移，龙头企业较强的经营实力与社会信誉能够增强金融机构扩大信贷供给的意愿，龙头企业的市场优势地位与经验，也能够降低扶贫信贷的违约可能，从而通过对金融机构与贫困户之间信息不对称的适度修正降低信贷错配的发生，同时保证扶贫金融资源的可循环性与可持续性。

另一方面，"龙头企业+农户"模式中实现了农户社会再生产与龙头企业的高度协同，并由龙头企业承担贫困户社会再生产的加工、价值转化与销售，这有助于借助龙头企业的"先行者"与"优势者"地位，降低贫困户接入社会再生产的技术与市场门槛,提升贫困户的市场议价与市场研判能力,使其能够依托产业化的规模收益进一步实现贫困户生产的高增值,并通过利益分享机制实现贫困户的稳定增收。

(四)能人带动模式

能人带动模式与合作社带动模式扶贫逻辑存在较大的相似度。这里不再赘述。

六、国内特色产业扶贫的典型案例

(一)基层组织带动模式

1. 自我发展带动贫困户脱贫致富模式

贵州省塘约村按照"村社一体、合股联营"的发展思路,建立村党总支引领、村集体所有的"金土地"合作社,同时设立劳务输出公司、建筑公司、运输公司等多个公司,采取"党总支+合作社+公司+农户"的发展模式,实现全村资金统一管理、资源统一规划、产业统一发展、产品统一销售、改革红利统一分享。

"塘约模式"实行"村社一体"的合作社,将承包下去的零散地块重新集中起来,贫困户等普通村民以土地经营权入股到合作社,按每亩一年的预订价领取资产性底线收入,同时在年底享受分红;合作社组建农业生产团队、建筑队、运输队等队伍,召集有条件、有劳动能力、有发展愿望的贫困人口,引领和帮助贫困人口脱贫致富。"塘约模式"为基层组织整合本地区资源发展产业的扶贫道路推广提供案例与指引,是基层组织牵头发展产业并带动贫困户的产业扶贫模式的典型代表。该模式充分践行习近平总书记提出的"要把扶贫开发同基层组织建设有机结合起来,帮助建个好支部"的要求。

近年来,村民通过经营农家乐、土地流转分红、合作社内部就业等方式,村集体经济从3.9万元提高到2021年的682万元,人均收入从不足4000元提高到2.4万余元,让曾经的国家二类贫困村成为小康村,为农村脱贫打造出了"塘约样板"。

2. 借助外力带动贫困户脱贫致富模式

龙头企业的数量与发展质量对产业扶贫开发工作的有效开展至关重要。然而,贫困地区多为偏远山村地区,企业数量有限,仅仅依托本土企业无法有效完成脱贫攻坚任务。因此,各地区基层组织通过充分整合与利用本地区的资源优势,基层工作人员依托自身的社会资本且发挥爱岗敬业、爱党奉公的拼搏精神,利用各种机会开展招商引资工作,吸引区域外资本到本地区投资兴业,在给予投资企业的财政补贴、税收优惠等扶持措施时,鼓励或要求投资企业适当助力扶贫开发工作，这也是很多贫困地区通过借助外力带动产业脱贫的常见模式。通过对投资企业提出具体要求，如根据贫困人口的劳动能力状况提供适当的岗位；帮助提升贫困户的种养技术和产品销售能力等。例如，四川省凉山州引入新希望集团，在喜德县、甘洛县、越西县、冕宁县、昭觉县等地，依托新希望集团的资源和技术、政府补贴、养殖大户带头、贫困户入股成立专业合作社，已带动上千户贫困户脱贫。截至 2020 年 12 月底，全州基本消除了集体经济"空壳村"，集体经济净收益达 1.38 亿元，村均达 3.7 万元。2021 年上半年，全州集体总收入达到 4124.66 万元。2022 年凉山州居民人均可支配收入达 24380 元。

此外，基层组织还通过设立公益性岗位帮助贫困人口获得稳定收益，助力稳定脱贫。例如，设立公益性岗位助力贫困户脱贫的做法，在福建省光泽县各基层组织得到广泛推行。为深入实施农村贫困家庭就业援助计划，让农村贫困户早日脱贫，福建省光泽县通过对全县贫困劳动力的培训需求和就业意愿进行全面调查摸底，建立实名台账，实行动态管理，开发一批村级公益性岗位，安置农村贫困户劳动就业。大力实施"农民工职业技能提升计划"，通过培训把过去"体力型"劳动力变为"技术型"劳动力，增强贫困户在脱贫攻坚战中的"战斗力"。开发了村级公共卫生保洁员、道路两旁树枝修理员、监督员等公益岗位，目前在全县90 个村（场）开发 100 个公益岗位进行精准扶贫，已安排 95 人就业。

3. 借助政府资金的贫困户脱贫致富模式

在党中央对扶贫开发工作的高度重视下，中央及地方各级政府的财政扶贫资金逐年快速提升，产业扶贫资金成为财政扶贫资金的重要组成部分。基层党组织、村委会等基层组织及其工作人员充分发挥主观能动性和党员模范作用，积极向县财政局、县扶贫办等相关部门争取产业扶贫资金，结合"一村一品""一乡一业""一县一业"等财政扶持资金，为贫困地区和贫困群众发展特色产业和优势产业而实现"造血式"脱贫提供资金支持。从国内实践看，目前基层组织争取的产业扶贫资金主要通过三种方式对贫困户进行实际的帮扶。第一，直发贫困户模式，即将争取的产业扶贫资金按户发放至贫困户手中。例如，福建省宁德市武曲镇等乡镇为种植茶叶等种、养业的贫困户提供 4000 元／年的产业扶贫资金补贴，同时为贫困户免费提供猪、羊等畜禽幼崽和茶叶等农作物和经济作物种苗，以及饲料、化肥、农药等生产资料。第二，间发贫困户模式，即将产业扶持资金用来补助龙头企业、合作社、家庭农场、专业大户等产业化经营主体，再要求新型经营主体通过提供虚拟就业、分红、产业带动等方式对贫困户进行帮扶。例如，将本应直接发放给贫困户的产业扶贫资金，在贫困户自愿的前提下，整合纳入可靠的合作社，量化为股本分配到每位贫困人口，实行公司化管理，发展适度规模经营，通过分红等方式确保贫困人口的长期稳定收益。陕西省人民银行富平县支行与县农业局联手，积极引导金融机构适时推出"金融+龙头企业+农民专业合作社+农户"的"订单农业"富平融资模式、"政府增信+金融"的"富农模式"等多种支农融资新模式，不断探索推进农村承包土地经营权抵押贷款试点，加大对新型农业经营主体的支持力度，成效显著。2020年以来，陕西省人民银行富平县支行先后4次向陕西陕富面业有限责任公司发放专项再贷款共计1.11亿元，最大限度保住群众"面袋子"。第三，普惠式的生产设施和配套设施建设扶持，如蔬菜大棚等生产设施建设、水利和道路等基础特色产业发展的基础设施建设的财政补贴，这在全国各地已经应用得非常普遍。

（二）合作社带动模式

农民专业合作社作为政府扶持的重要新型农业经营主体之一，合作社数量和覆盖地域将会继续增长，且在扶持政策由数量目标转为质量目标的背景下，合作社服务内容也将会进一步扩展，因此农民专业合作社在精准扶贫开发工作中发挥重要作用，合作社发展成为社会扶贫主体也是习近平总书记多次强调的。

农民专业合作社在扶贫开发工作中具有天然的优势，如基于熟人社会的组织，对解决精准扶贫开发"最后一公里"的困境有天然优势，准确掌握本村的贫困户，解决"扶持谁"的问题，有效解决贫困人口识别和瞄准的准确率问题；扎根农村的专业合作社通过承接政府部门的扶贫资源，吸纳贫困户的自有资本、土地、劳动力等资源，为贫困户提供稳定的脱贫致富途径，化解"谁来扶"的难题；合作社也深知贫困户的致贫原因及家庭综合状况，可因人而异提供个性化的扶贫措施，提高扶贫措施精准率，解决"怎么扶"的问题，有助于实现精准扶贫开发的目标。

此外，本地区的合作社对当地有感情，相比外来企业或投资者更愿意投身扶贫这项公益事业，应发展成为实施精准扶贫的重要力量。例如，贵州省大方县已发展优质肉牛养殖专业合作社56个，规模化养殖场156个，建成牛交易市场9个，截至2020年9月带动30147户贫困户84143人通过养牛种草增收。湖南省花垣县按照"支部+合作社+脱贫户"模式，在龙头企业带动下，截至2021年底，全县累计组建专业合作社200多家，发展茶叶12万多亩、果蔬10万多亩、油茶4万多亩、烟叶3万多亩、黄牛养殖2万多头，乳鸽养殖120万羽等特色种养"当家产业"，惠及12个乡镇200余村，6万余群众长期受益。

目前，国内学者关于合作社带动的产业扶贫模式的研究已较为丰富，如"合作社＋贫困户"模式、"企业＋合作社＋贫困户"模式、"企业＋合作社＋基地＋贫困户"模式、"企业＋金融机构＋合作社＋基地＋贫困户"模式等。但以上任一模式在"最后一公里"的精准扶贫环节涉及的主体依然主要为合作社和贫困户。

合作社带动模式的主要运行方式为贫困户以土地、劳动力、自有资金、扶贫资金等入股合作社，可以是以上多种入股方式中的一种或几种，而合作社为贫困户和普通农户提供统一组织生产、统一管理、统一销售等其他服务，年底分红，采取技术指导、委托种养、入股分红、务工报酬、保价收购等多样化的方式，帮助贫困户家庭稳定增收，实现致富、脱贫，这一运行方式目前仍是合作社与贫困户的主流联结方式。

考虑各地区贫困户的情况错综复杂，以及产业扶贫政策的多元化发展，合作社和基层组织为充分利用产业扶贫开发的相关政策，基于贫困户的实际情况更好地帮扶贫困户，不断探索和创新合作社与贫困户的联结方式，常见主要有四种子模式：①合作社＋贫困户（自种、自养）模式，主要针对有能力、有意愿自己种植（养殖）的贫困户，采取提供技术培训或指导、管理经验、包销售的方式；②合作社＋贫困户（托管）模式，贫困户投入资金、土地、种苗等资源后，如利用扶贫小额贴息贷款获得的资金，委托合作社代为管理，双方签订托管协议，合作社对贫困户承诺保底产量和保底收益；③合作社＋贫困户（租赁）模式，贫困户将土地、蔬菜大棚等生产资料租赁给合作社，双方签订租赁协议，合作社赋予贫困户相应的租金；④投资引导方式，即合作社利用产业扶贫资金或自有资金建设种植园（或养殖场）并管护到投产，然后吸收有条件的贫困户租赁部分种植园（或养殖场）进行经营与收入分成。

（三）龙头企业带动模式

龙头企业是产业扶贫中不可或缺的力量，社会资本建立的企业、基层组织或行政机关与事业单位组建的企业以及两种力量合资组建的企业，在党和政府的领导与支持下，部分企业甚至建立党支部，在脱贫攻坚战略规划中发挥越来越大的作用。在产业扶贫政策不断丰富的良好政策环境下，龙头企业带动模式的具体实现途径也不断创新而呈现多元化的发展态势，龙头企业已不局限于农业产业化龙头企业，如光伏产业等众多产业已加入产业扶贫队伍中来。

1. 贫困户土地入股模式

针对有意向建立或扩建生产基地的龙头企业，支持其通过土地流转建设生产基地，尤其是以高于市场价的价格向贫困户租赁土地经营权，或允许贫困户以土地入股的方式参与分红，同时吸纳有劳动能力和意愿的贫困户到企业或生产基地打工以获取劳务报酬，为贫困户建立较为稳定的收入来源，基层组织与上级政府则通过整合产业扶贫政策、产业发展政策等相关政策，对承担扶贫公益事业的龙头企业进行资金帮扶、贴息等扶持。例如，河源市嶂下村引入名为"绿地美"公司由公司出资、146户农户（含26户贫困户）以土地入股、村集体以基地范围的集体资产（水库40亩）和基础设施建设项目打包入股，共同建设生态农业观光项目，贫困户以土地入股获得稳定的年度分红收入，且该股权结构使村集体、村民和公司成为利益共同体，保障了项目建设与运营的稳定性。

2. 龙头企业订单模式

基层政府整合利用与扶贫工作相关的财政补贴资金等优惠政策对龙头企业进行扶持，鼓励和引导企业利用其资金、技术、管理、市场等优势，为贫困户提供优质种苗、种（养）技术培训、生产资料、产销信息、兜底回购或代购代销等方面的服务，带动贫困农户利用土地、劳动力等资源，按照合作企业要求提供优质产品以获得稳定的收益，降低贫困户面临的自然风险和市场风险，稳定实现脱贫致富。例如，陕西省富县大力推动"订单式农业"发展，下订单的企业（合作社）负责技术、农资和市场营销，贫困户只需按照企业（合作社）要求进行生产。认证良好农业规范(GAP)生产基地26.5万亩，其中苹果25.2万亩，沃尔玛、麦德龙等高端零售市场订单不断增加。2020年农业生产总值39.17亿元，较2015年净增17.39亿元。

3. 龙头企业就业模式

针对有劳动能力或部分劳动能力且有就业意愿的贫困户，该模式是比较容易实现的脱贫途径，也是帮扶责任人和基层政府可轻松实现的最有效帮扶的途径。龙头企业可根据业务要求，对帮扶责任人等个人或单位推荐的贫困人口进行适当的技能培训，合格者签订用工合同、安排岗位就业，贫困户获得稳定的劳务收入以实现稳定脱贫。

此外，对于仅有部分劳动能力的贫困户，龙头企业安排其做临时工，也可获得较为稳定的务工收入。例如，湖南省花垣县依托龙头企业的带动作用，至2017年底共有59个贫困村"摘帽"，1.5万人脱贫致富，带动就业是龙头企业的重要帮扶方式之一。如湖南香味园食品公司，通过发展果蔬种植与精深加工，直接帮扶贫困人口2610人，其中安排就业1481户。石栏镇在以龙头企业带动转移就业的同时，还通过引进微小企业，为村民提供就业岗位信息、免费技能培训，提高村民的就业能力，主动和企业对接，把招聘会开进村里，把岗位送到村民的家门口，实现"企业落户＋就近就业"的双赢局面，促使群众稳定就业。截至2022年底，石栏镇已实现转移就业5718人，其中脱贫人口2608人。

4. 融资合作带动模式

为充分利用"建档立卡贫困户扶贫小额贴息贷款"的信贷支持政策，该产业扶贫模式在近年来得到快速发展，目的是为解决贫困户对扶贫小额贴息贷款需求不足但供给来源充足以及龙头企业发展资金需求旺盛却无有效资金供给来源的"错位"局面，具体运行方式为：在自愿互利的原则下，由政府牵头与贫困户、龙头企业、金融机构（主要为当地的农村信用社）签订四方协议，金融机构为贫困户发放扶贫小额信用贷款；贫困户将所获得的银行贷款整体入股到龙头企业；龙头企业将所获资金用于协议规定的特定方向（如特色优势产业等），按时足额支付对贫困户承诺的借款入股分红（或为贫困户设置"虚拟岗位"等方式给予报酬)，并为贫困户承担还本付息的责任；政府则按基准利率对扶贫小额贷款进行全额贴息。该模式（户贷企用企还）在保障金融机构资金安全的基础上，将贫困户本可利用但未能有效利用的"短暂免费资金"转化为对龙头企业的"虚拟股权"，在提高资金使用效率的同时为贫困户提供稳定的资产性收益。2022年重庆新增发放脱贫人口小额信贷8.74亿元，帮助近2万户脱贫人口及防止返贫监测对象发展生产。各区县积极探索"符合政策、接地气、可复制、可推广"的扶贫小额信贷新模式，如石柱县建立金融扶贫利益衔接模式，贫困户将所获的扶贫小额贷款资金投入龙头企业、合作社和专业大户，贷款总额（5万元）的10%用于贫困户就业务工、原材料收购、固定分红等。

（四）陕西省安康市新社区工厂扶贫模式

1. 什么是新社区工厂

新社区工厂首先是社区新，新社区不是传统的城镇社区，也不同于传统的农村居委会，它起源于陕南移民搬迁形成的社区，是由一个镇、几个镇或邻近县区跨区域安置移民所组成的社区。新市区工厂是按照"移民搬迁建设区、依托社区建工厂、办好工厂促就业"而建的，工厂有固定生产经营场所，以群众就业、脱贫致富、乡村振兴、产城融合、社会和谐为目的，以劳动密集型和生态友好型产业为重点，以新社区居民为主，从事劳动密集型生产加工的经济组织形式，是将厂房建在集中安置社区的工厂。

安康市作为陕西易地搬迁政策的源发地，自2011年实施易地搬迁工程以来，累计建设易地搬迁安置区1364个，搬迁群众26.84万户、94.1万人，占全市总人口的31%。安康市易地搬迁通过避灾、生态、扶贫三种搬迁类型住进了集中安置社区，其中避灾搬迁5.05万户18.75万人，生态搬迁6.63万户24.46万人，扶贫搬迁15.16万户50.9万人。

安康市第一家新社区工厂是2014年在平利县社区开办的电子元件加工企业，当时该工厂吸纳搬迁群众就业8人。截至2021年底，安康市已建成新社区工厂1023家，吸纳就业3.17万人，其中毛绒玩具企业719家、吸纳就业1.56万人，电子线束企业182家、吸纳就业5478人。2021年新社区工厂实现年产值56.68亿元。

安康市按照聚焦毛绒玩具、电子线束、服饰织袜等重点产业，计划建成中国毛绒玩具文创产业新都、中国电子线束产业新基地。按照规划，安康市计划到"十四五"末，新社区工厂稳定在1000家以上，力争吸纳就业到达10万人，产值实现100亿元。

2020年4月21日，习近平总书记来安康市平利县老县镇考察时，对安康市"山上兴产业，山下建社区，社区办工厂"的发展思路给予肯定。安康新社区工厂先后被评为2017年度中国改革十大案例、全国精准扶贫十佳典型经验、全国2019年民生示范工程。

2. 安康市新社区工厂出现的原因

（1）从需求角度看，新社区工厂符合大规模移民搬迁户就业的要求

安康市有94.1万人通过移民搬迁摆脱了对利用土地发展农业生产的生存依赖，通过创办新社区工厂，一大批农民转变为产业工人。发展新社区工厂有效解决了搬迁户的就业问题和贫困问题。

（2）从供给角度看，西部的安康市发展新社区工厂可以承接东部的产业转移

安康市借力苏陕扶贫协作和常州对口支援的机遇，发挥西部地区人力资源优

势，主动承接东部产业转移。安康市新社区工厂按照规划聚焦毛绒玩具、电子线束、服饰织袜等重点产业，发展政策变扶资金为扶项目、引企业为兴产业，促进了东部市场、技术、品牌资源与安康市人力、生态资源优势互补和优化配置，实现了共同发展、互利双赢。

（3）从发展机遇看，政府主动作为大力支持

安康市政府顺应发展趋势，紧抓需求和供给，培育扶持新社区工厂，成立了市委、市政府主要领导任组长的领导机构，将发展新社区工厂纳入经济社会发展规划和"一把手"工程来抓，建立了主要领导亲自招商、亲自接待、亲自协调、亲自督办的工作机制，促进了新社区工厂的发展。

3. 安康市发展新社区工厂的意义

（1）有效消除了安康市群众居住的灾害隐患，保护了自然环境

安康市的易地搬迁起始于2010年7月18日特大洪涝泥石流灾害，灾害之前，安康市有60%~70%的老百姓居住在海拔800米以上、环境恶劣、易受地质灾害影响的区域。为了走出"受灾—重建—再受灾—再重建"的恶性循环，陕西省委、省政府形成了实施陕南避灾移民搬迁的共识。避灾搬迁主要针对生活在工程措施难以有效消除灾害隐患的地质灾害隐患点、山洪灾害频发和采煤塌陷区的农村人口。安康市是秦巴生物多样性生态功能区、南水北调中线工程重要水源涵养地，保护一江清水永续北上是安康市的重大政治责任，生态搬迁主要针对生活在自然保护区的核心区和缓冲区、生态环境脆弱区内，对生态环境影响较大的农村人口。安康市发展新社区工厂不消耗资源、不污染环境，符合"人不负青山，青山定不负人"的科学论断，是欠发达地区保护生态环境，高质量发展的有效探索。

（2）有效解决了安康市搬迁群众的就业需求，实现了稳定增收

新社区工厂以促进就业脱贫为目标，鼓励支持劳动密集型和环境友好型企业及返乡创业人员在移民搬迁社区创办生产加工型工厂，新社区工厂可以有效吸纳和解决移民搬迁群众和建档立卡贫困劳动力就地就近就业，实现脱贫增收的目标。新社区工厂就业受益面大，可持续性和针对性强，灵活方便，与安康市的人力资源和生态环境要求高度契合。

（3）有效推动了安康市产业结构优化升级，壮大了县域经济

安康市毛绒玩具、电子线束、服饰织袜等新社区工厂产业蓬勃发展，物流快递、电子商务等服务业协同跟进，激活了全市追赶超越的内生动力，既充实了工业经

济的发展，又推动了产业结构的优化。安康市 2020 年 9 个县实现生产总值 712.96 亿元，是 2015 年的 1.34 倍，占全市经济总量的 65.5%；县均生产总值 79.22 亿元，较 2015 年净增 20.29 亿元；县域社会消费品零售总额 272.01 亿元，较 2015 年增加 112.64 亿元；县域非公增加值 427.91 亿元，是 2015 年的 1.7 倍。2021 年，安康市 9 个县实现生产总值达到了 802.2 亿元，占全市经济总量的 66.3%。

（4）有效加快了安康市以人为中心的新型城镇化发展，提升了城镇化水平

安康市通过兴办新社区工厂，引回来一大批在外务工成功人士返乡创业，培训培养了一大批搬迁农民转变为产业工人，搬迁群众不仅实现了生产业态的转变，而且实现了生活方式的转变，有效提升了劳动者素质，加速了以人为中心的新型城镇化发展。同时大多数新社区都建有儿童托管中心、老人日间照料中心、农村幸福院等公共服务设施，搬迁群众归属感和幸福感得到明显提升。安康市城镇化率由 2015 年的 44.32% 提升到 2021 年的 51.6%。

发展新社区工厂是安康市加快经济增长和巩固提升脱贫攻坚成果的重要结合点，是推动乡村振兴的重要支撑。安康市发展新社区工厂与陕西省委推动高质量发展、创造高品质生活、实现高效能治理的目标导向高度契合。安康市发展新社区工厂真正让群众实现了家门口就业，取得了搬迁农民就业、社区繁荣稳定、工厂及城市经济发展的多赢效果。

4. 安康市新社区工厂的主要做法

（1）领导谋划

安康市领导根据新社区工厂发展的需要，抢抓机遇主动作为谋划发展。一是制定相关发展规划，如在《安康市国民经济和社会发展第十四个五年规划和二〇三五年远景目标纲要》中明确提出，以新社区工厂为载体，大力发展毛绒玩具产业，推广"园区总部＋新社区工厂＋家庭工坊"发展模式，推动相关配套产业聚集发展，构建相对完善的产业链、供应链，培育国内外有影响力的自主品牌，打造安康新兴支柱产业。安康市发改委出台了《安康市毛绒玩具文创产业发展规划（2019—2025 年）》，规划明确了发展定位、发展模式和发展目标，以及多点、两带和一核的产业布局，制定了基础设施建设行动、人才引育行动、精准招商行动、文化创意提升行动、自主品牌建设行动、"五大中心"建设行动、特色小镇建设行动、内外贸开拓行动等重点任务。二是制定了相关标准，安康市制定发布了全国首个《新社区工厂地方标准》，申请制定的陕西省地方标准《社区工厂建

设与管理规范》于2021年10月正式批准发布。标准从适用范围、指导思想、建设要求、经营主体、从业对象、认定与退出、项目扶持、生产管理、政府职能等方面对新社区工厂给出了明确答案。标准明确了工厂选址、资金筹措、用工来源、监督管理等内容，有效解决了新社区工厂是什么、怎么建、怎么管、如何发展等问题。三是出台了发展的指导意见，安康市委、市政府先后制定出台了《关于培育和发展新社区工厂的实施意见》、《关于加快新社区工厂高质量发展的意见》和《加快发展毛绒玩具文创产业打造安康新兴支柱产业的意见》等指导意见。成立了市委、市政府主要领导任组长的领导机构，将发展新社区工厂纳入经济社会发展规划和"一把手"工程来抓。

（2）政策激励

为加快推进新社区工厂发展，安康市政府从资金扶持、融资服务、税费减免、奖励等方面出台政策支持。资金扶持方面，安康市设立1亿元毛绒玩具文创产业发展资金，凡全国前100家在安康注册企业法人证照、落户当地稳定营业一年以上、用工人数不低于200人、年工资发放额度不低于500万元的，给予每户企业100万元一次性项目资金扶持。设立创业就业基金500万元，用于重点创业及一次性开业补贴和新社区工厂资金补贴等项目。建立支持新社区工厂发展专项补助资金200万元，用于新社区工厂实训设备购置及维护费用补助。对新招从业人员开展3个月和6个月技能培训，每人每月补贴600元，由企业组织实施培训，补贴直接兑现给企业。每吸纳一名建档立卡贫困劳动力稳定就业半年以上的，给予企业1000元的一次性岗位补贴。同时，对新社区工厂吸纳返乡农民工就业给予一次性岗位补贴。融资服务方面，为解决企业融资难题，对新建社区工厂个人创办者提供不超过10万元、合伙创办者提供不超过50万元的三年期贴息贷款。与安康市建设银行合作创新推出"新社区工厂贷"，为新社区工厂提供纯信用、免抵押、免担保贷款，企业最高可获得一年期200万元的贷款额度。税费减免方面，对新社区工厂企业在享受小微企业税收优惠政策基础上，免收登记类、证照类、管理类行政事业性收费。对新社区工厂生产经营场地租赁费、水电费按实际支出的50%给予两年期限补贴，毛绒玩具文创企业生产经营场地租赁费、水电费按实际支出全额补贴，补贴期限为3年。奖励方面，安康市财政每年拿出1000万元对30家重点毛绒玩具文创企业进行奖励。

（3）精准招商

安康市的新社区工厂起源于外出务工人员返乡创业，生产电子元器件往深圳发货。目前已发展到以毛绒玩具为主导，电子产品、纺织加工、农产品加工、特色手工艺品加工等多业态竞相发展的格局。尤其是聚焦打造产业集群，实施全产业链招商，变招引企业为招引产业。安康市领导先后在江苏扬州、广东东莞、浙江义乌等地举办新社区工厂专场招商活动，积极组团参加广交会、上海国际玩具展等展会活动，成功引进了香港嘉鸿手套、扬州安贝斯玩具、东莞伟高玩具、宁波康达电子等一批龙头企业落户安康。以恒口示范区为核心，建成了毛绒玩具创意设计、原辅料批发、产品展销、物流配送、电商运营等"五大中心"，PP棉、面料生产基地等项目顺利投产，毛绒玩具全产业基本形成。先后与苏州大学、武汉理工大学合作共建"纳米多功能协同创新中心"和"安康智慧玩具创新中心"，充分运用科技的力量推动传统产业革命性迭代。

（4）提升服务

深入实施优化提升营商环境十大行动，持续深化"放管服"改革，由"牵线做媒当红娘"到"全程服务当保姆"的角色转变。与上海港务集团合作共建安康"无水港"，开通了"安西欧"中欧班列、"安武港"多式联运，形成了"通江达海、货运八方"的物流格局。举办毛绒玩具创意设计国际大赛暨产业发展高峰会，有效提升安康毛绒玩具文创产业的影响力和知名度。组织开展新社区工厂"最美女工"评选活动和"新社区工厂技能大赛"，持续开展新社区工厂"巡回大讲堂"，增强新社区工厂员工的职业道德、劳动纪律、安全知识等。抓设施配套，强化服务保障，根据新社区工厂所辐射各个集中安置区的类型、规模等差异性特征，一次性规划、分步骤实施，整合各类政策、项目和资金统筹推进设施配套，如为搬迁社区修建道路、垃圾污水处理设施，配建学校和医疗设施。顺应群众需求，建立便民服务中心、平价购物中心、儿童托管中心、老人日间照料中心等，量体裁衣推进小库房、小餐厅、小市场、小菜园、小公墓等"小辅助工程"建设，最大限度为搬迁群众生产生活提供便利。

（5）社区治理

建立新社区治理体系，充分发挥社区自治作用，畅通搬迁群众社区建设管理的知情权、参与权、选择权和监督权。做到有人管事、有钱办事、有场所议事。建设党群服务中心、综治维稳中心，整合政法、司法等网格化管理工作，保证公共事务有人管、群众事务有人办。如汉阴县提出的支部统领，搬迁社区管委会、新社区工厂等载体支撑，物业中心、便民服务中心、平价购物中心、儿童托管中心、老人日间照料中心、矛盾调解中心、文体活动中心、红白喜事服务中心等八个中心的易地搬迁后续发展服务管理体系。

（6）党建引领

构建基层社会治理新格局，就是把党的全面领导贯彻到新社区各项工作中去。新社区要建立社区党组织架构，组建以党组织为核心、居委会为主体、群团自治组织为辅助、物业为保障的组织、管理、服务架构，真正让每个新社区党组织成为坚强战斗堡垒，把党的力量深入新社区最前沿。搬迁群众进入新社区，党的工作就开展到新社区，服务跟踪到新社区。按照新设、融合、挂靠三种类型规范农村社区设置，1000户以上的大型搬迁社区，新组建一个社区居民委员会，将搬迁群众中的党员纳入统一管理；300～1000户的中型搬迁安置区，围绕当地行政村撤并改为融合型社区；300户以下的小型安置区，按照网格化管理要求，依托新社区工厂、产业链建立党小组，就近并入村级组织。

扎实开展"诚孝俭勤"和"新民风"建设。搬迁社区群众大多来自一个镇、几个镇或邻近县区跨区域安置移民，这些群众生活习惯、文化素养、文娱活动、民风民俗等差异较大。要深入开展新民风建设，及时制定社区民规民约，做到"好人好事有人赞，歪风邪气有人管"。比如新民风建设中的"勤"，引导群众勤俭持家、勤劳富家，树立一批创业先进、自强标兵，引导他们靠自己双手创造幸福生活。评选脱贫攻坚先进，树立勤劳致富典型，加快引导和促进移民搬迁群众向社区产业工人转变。要不断提升社区居民讲文明、遵守社会公德的思想意识，举行丰富多彩、喜闻乐见的文化活动，促进搬迁群众转变思想观念、文明习惯、精神状态，尽快融入新环境、新生活。

5. 对安康市今后新社区工厂发展的建议

（1）保持正确认识

新社区工厂的初衷就是解决搬迁群众特别是贫困群众的就业问题，把工厂分散在各个社区，让贫困群众和搬迁群众就地就近就业，做到务工、管家两不误，在"家门口"稳定就业增收，子女可以照顾老人、父母可以照顾孩子，就是目前解决这一问题的最好办法。从产业扶贫的角度来讲，发展新社区工厂不是济一时之困，而是解一世之贫，贫困群众和搬迁群众有了稳定可靠就业，就能实现可持续脱贫。对搬迁群众就业负责，这是政府的职责，也契合坚持以人民为中心的发展思想。

（2）加快提质升级

安康市新社区工厂的提质升级要与壮大村集体经济、巩固拓展脱贫攻坚成果同乡村振兴有效衔接等工作统筹起来，按照"园区总部+新社区工厂+家庭工坊"的发展模式，加快新社区工厂总部化、集团化发展，推动订单分包化。要推动全产业链发展，加快破解原料、技术、市场"三头在外"的产业瓶颈，增强企业配套能力、降低运营成本、提升产业核心竞争力。毛绒玩具要注重强链，紧盯设计端和销售端，聚力培育专业设计人才和品牌产品，不断拓展国内外销售市场，为打造"毛绒玩具文创产业新都"奠定坚实基础。电子线束、服饰织袜要注重建链，坚持招大引强与延链补链相结合，招引更多代表行业发展前沿水平的产业巨头和上下游配套企业，形成聚合效应。鼓励大企业多到搬迁社区开办分厂和车间，带动更多群众就地就近就业增收。着力推动新社区工厂产业、产品转型升级，不断提升产业竞争力、产品附加值、市场占有率。对小企业支持做大做强，提升规模化、标准化、组织化水平，核心是要更好地抵御市场风险。

科学规范管理方面，积极推进新社区工厂标准化厂房建设，将生产区和住宅区有效隔离，加强社区工厂消防安全建设，降低安全生产风险和噪声扰民的烦恼。

提升劳动力质量。新社区工厂的劳动力是从农民转化而来的产业工人，不少业主反映工人劳动习惯差、接受能力弱、产出效率低等问题。很多新社区工厂工人工资水平在每月2000元左右，难以满足强劳动力对于高收入的需求。要切实提升培训质量，不仅注重培训技术，还要把职业道德、职业纪律融入其中，经常性、示范性地对新社区工厂员工开展教育培训，努力把日出而作日落而息的松散式农民锻造成纪律严明、紧张有序、操作规范的产业工人。通过培训，有的新社区工厂熟练员工工资能拿到每月4000元左右，很多员工的生产积极性被调动起来了。同时要保持向下延伸发展家庭工坊，为未能进厂上班的群众提供灵活就业岗位及技术指导，让更多群众尤其是残疾人群众实现居家就业、就地就业增收。

（3）强化政策导向

一是落实好现有政策。安康市出台的一系列关于新社区工厂的扶持和优惠政策，只针对新社区工厂，在执行过程中，不得随意扩大范围，要坚持新社区工厂的本质属性，准确区分新社区工厂与工业园区企业的政策差别，有效发挥政府和市场"两只手"作用，政策落实上要把带动搬迁群众就业增收作为重要考量，严格政策标准，完善退出机制，防止损伤市场经济的竞争性和公共服务的公益性。要真正体现鼓励支持企业通过发展新社区工厂促进群众就地就近就业增收的鲜明导向。要切实增强新社区工厂优惠政策的执行力和直达性，要严肃查处不作为、慢作为、乱作为，坚决整肃"象征性执行"和"选择性落实"等懒政怠政行为，确保各项扶持和优惠政策不折不扣兑现落实。

二是及时出台新政策。根据安康市新社区工厂目前发展的阶段和状态，要加强对目前政策的分析研判、跟踪问效，适时调整出台新的政策，如资金扶持方面应重点扶持岗位补贴和培训。在融资方面要考虑企业经营风险，对一些抗风险能力低的小企业，需要退出的要果断退出，对开工率高、发展前景好、带动就业多、企业主能力和责任强的要多提供融资支持。税费减免方面，对已到期的场地租赁费、水电费要根据宏观经济发展状况和新社区工厂发展的实际情况，及时出台相应政策，保证新社区工厂的健康可持续发展。在奖励方面，除了物质奖励，要更加重视精神奖励，鼓励企业履行社会责任，表彰企业家的社会担当。

（4）提升服务效能

持续优化营商环境，为企业降低行政成本和交易成本。营商环境主要包括政务环境、市场环境、法治环境、创新发展环境、基础设施环境及公共服务环境等六个方面。在优化环境的过程中，政府应当承担责任主体的职责，更好地发挥政策引领和实施主导作用。要加大对公职人员思想培训力度，从根本上扭转其"官本位"思想，打造法治诚信政府，树牢服务意识。要严格跟踪问效，加强事前事中事后的监督力度。要以转变政府职能为核心，提升政府治理能力，向服务型政府转变，这是优化营商环境的关键。要持续深化"放管服"改革，依法减少审批事项，简化审批程序，提升政府的审批效率、监管能力和服务水平。要减少企业与政府打交道过程中需要花费的人力、财力、物力和时间等，实现政府对市场和社会积极、适度和有效的干预。在互联网和信息技术发展的背景下，政府应通过服务的数字化转型，精简政务流程，降低行政成本，提升信息共享、业务协同和数据开放水平。

齐心协力破解新社区工厂发展面临的融资难、人才短缺、工人职业素养差等问题，持续提升政府服务水平，从专业人才培养、产业工人培训、强化金融保障等方面，为企业提供全方位支持服务，聚力推动安康市新社区工厂健康可持续发展。

破解物流难题。继续整合物流资源，为企业谋划高效率的物流路线，建立公铁海联运的"无水港"，与铁路部门和上海上港集团合作，打通铁海联运渠道，开辟"安西欧"中欧货运班列系，促进物流降本增效。

七、秦巴山区特色产业扶贫成效与经验

推进精准扶贫，必须在号准"贫脉"上多下功夫。举凡各地贫困的原因，虽说千差万别，但归根到底还是产业发展不足造成的。恢复贫困地区的"造血功能"，才能断掉穷根、开掘富源。产业是精准扶贫的"发动机"，产业是增收致富的"摇钱树"，产业是精准扶贫的"铁抓手"。一个地方的快速发展，一定伴随着产业的崛起；没有产业的区域，就会变成一潭死水。可以说，产业扶贫是实现稳定脱贫的根本之策，是拔掉穷根最直接、最有效的办法，也是增强贫困地区造血功能、帮助群众就地就业的长远之计，还是从根本上确保实现高质量稳定脱贫的有效手段。做好产业扶贫这篇文章，不仅要突出产业扶贫重点、合理布局产业结构、优化产业扶贫内容，还要体现地方特色、体现"少而精"；产业布局要突出重点，覆盖所有扶贫对象；建设内容要突出产业链条的连接，提高产业发展水平。

精准扶贫要实施精准项目，必须坚持以市场为导向、以经济效益为中心选好产业项目。发展产业，要从贫困村、贫困户的实际出发，从发展产业、完善基础设施等方面考虑，从群众反映最多、最急需解决的问题入手，整合资金有计划地推进产业项目。除了帮扶贫困户，也要帮扶辐射面广、带动能力强、社会效益好的龙头企业、农民合作社、家庭农场和专业大户等。形成龙头带动、能人引路、项目辐射、产业发展的局面。同时，有针对性地扶持贫困群众能直接参与、直接受益、稳定增收的特色优势产业项目。着力推进土地流转，促进规模经营，培育新型农业经营主体，不断增强辐射带动能力；引导贫困户以土地林地承包经营权、劳动力等要素入股，提高贫困户产业发展参与度和受益度，增加租金、股息、红利等财产性收入。不论发展何种产业，都需要大量人才参与其中。因此，引导培训服务平台向乡村延伸，开展定点培训，进一步提高农村劳动者素质，为城乡统筹发展提供人才培训服务，让贫困农民拥有一技之长，才能够实现脱贫致富。在精准扶贫过程中，尤其要根据群众意愿，增强培训的针对性，建立面向农民朋友的职业教育"培训包"，组织"科技小分队"，深入田间地头"现场教学"，实现"脱贫攻坚教育先行"。

（一）陕西省产业扶贫成效与经验

陕西省将发展优势特色产业，推动产业扶贫精准脱贫作为提高脱贫质量、巩固脱贫成果最有力的抓手，坚持"产业是基础，精准是核心，关键在带动，根本在机制"的总体思路，突出特色布产业、打造品牌促营销、狠抓主体强带动、推广模式建机制、深化改革激活力，扶贫产业蓬勃发展，农业农村面貌明显改善。

先后出台了产业扶贫"三年行动"计划、产业带贫益贫长效机制指导意见，把主体精准带贫作为产业扶贫关键举措，推动贫困群众精准嵌入产业链，并创新技术服务，推广普及性培训，实现了传统技术培训向现场精准技术帮扶的根本性转变。同时强化资金引导和金融支持，明确规定投入产业扶贫的资金不得低于涉农整合的60%，每年投入产业扶贫的资金超过100亿元；对深度贫困地区小额信贷风险补偿金由10倍放大到最高15倍，自2016年以来，推出金融扶贫信贷产品上百种，仅2020年1—8月累计发放扶贫小额信贷39369户15.6亿元。2020年为积极应对疫情，出台"八条措施"，优化财政扶贫资金使用，引导2794家县级以上扶贫龙头企业复工率99.89%、1653家扶贫车间开工率99.33%。2015—2020年56个贫困县新增龙头企业739家、农民专业合作社1.6万家、家庭农场3716家，从事产供销一体化经营的主体比重达60%以上，累计带动贫困群众110万人次。

1. 谋划布局强产业，拓宽农民增收空间

精准扶贫，产业为先。陕西把产业扶贫作为厚植脱贫攻坚底气的制胜法宝，出实招、亮硬招，以政策引领，强化各项要素保障，形成了横向到边、纵向到底的产业扶贫大格局。通过强化省级部门横向联动、推动市县镇村协同攻坚，聚集14个省级部门和单位，形成多部门协同推动、多渠道资金投入、多层次参与帮扶和多层面风险防范的工作运行机制，推动资金、项目、政策向贫困地区和贫困群体聚集，向产业扶贫集中。

选准产业项目，优化产业布局，加快产业创新。陕西围绕"3+X"工程，制定印发贫困地区精准发展优势特色产业助推脱贫攻坚指导意见，建立产业扶贫项目库，为56个贫困县提出产业发展菜单，指导各地依产业定项目，依项目强带动，初步形成了"大产业、大聚集""小产业、广覆盖"发展格局，30多种特色产业集中在贫困地区布局，群众产业增收空间、增收渠道不断拓宽。全省有越来越多的农户通过发展产业，把手上的"土疙瘩"变成了增收致富的"金疙瘩"。

区域特色产业的快速壮大，成功实现带贫益贫和富农增收，极大地激发了贫困群众的内生动力和发展能力。2018年以来，陕西省年均入库项目1.5万个以上，有劳动能力、有发展意愿的贫困户实现了特色产业100%全覆盖。全省贫困地区农民居民人均可支配收入由2014年的6963元提高到2019年的11412元，占全省农村居民人均可支配收入比重由87.78%提高到92.58%。千阳县草碧镇龙槐塬村通过发展矮砧苹果种植，帮助许多贫困户摘掉了贫困的帽子。截至2020年底，龙槐塬村已建成170亩的矮砧苹果示范园，苹果已成为该村群众增收的主导产业。

2. 壮大经营主体，依靠产业链扶贫带动

产业强不强，关键看"头羊"。千阳县张家塬镇宝丰村有3500亩海升有机苹果示范园，是陕西首个有机苹果矮砧密植示范区。在宝鸡海升果业这一龙头企业的带动下，千阳县现已有10902户贫困户，通过产业搭载、土地入股、园区务工、自主建园、育苗销售等方式，镶嵌到苹果产业链条的各个环节，依靠苹果人均增收5000元以上。

通过出台主体带贫增收的指导意见，各类经营主体精准带贫成为产业扶贫关键举措。在指导意见的激励下，陕西省新型经营主体迅猛发展，2015—2020年，56个贫困县新增龙头企业、农民专业合作社、家庭农场等新型经营主体两万多家，累计带动贫困群众110万人次。仅2020年全省7637家主体带动了46.5万户贫困群众。

陕西按照"一业一龙头、一村一主体"思路，通过以奖代补、先建后补等方式，支持经营主体发展农产品加工，创建优势品牌，延长产业链条，增强扶贫带贫能力。充分挖掘各类主体与贫困群众获益的方式差异和生产的内在联结，探索形成"先借后还""托管经营""订单生产"等利益联结机制，引导各类带贫主体与贫困户建立紧密的利益联结机制。此外，陕西省还不断加大对新型经营主体带贫激励的政策支持，引导将更多贫困户嵌入产业链、融入利益链。2020年各类主体通过入股分红、劳动务工、土地流转等方式带动贫困户61.8万户。同时，在农产品初加工、产业后整理、产业强镇、特色小镇、三产融合先导区等项目上向贫困地区倾斜，不断延伸产业链、提升价值链。

3. 盘活集体资产，夯实农村产业基础

在脱贫攻坚中，陕西省以农村集体产权制度改革整省试点为抓手深化农村产权制度改革，促进村级集体经济发展壮大，不断夯实群众脱贫基础，构建稳定增收长效机制。整合中央和省级专项资金8亿多元，调动市县扶持资金，持续推进"百村示范、千村试点、万村推进"工程，启动集体经济发展示范村创建活动，探索创新控股直营、委托经营、入股参股、承包租赁、联合合作5种经营方式，总结形成了产业扶贫22种典型模式和35个成熟范例，选派百人宣讲团培训4500余次、58万人次，指导开展村集体经济审计，推进村集体经济规范化运行。目前，全省村集体经济组织发展迅速，成立1.7万个集体经济组织，6462个贫困村实现全覆盖，全省70%的村集体经济有发展。

陇县东风镇下凉泉村是陕西省通过集体产权制度改革发展壮大村集体经济的典型村之一。2020年，下凉泉村村集体拿出110万元建成2230平方米厂房的社区工厂，创建粮食银行，依托面粉加工，建起了养殖场，初步形成了服务区域群众的产业链。2020年，该村村集体收益已突破60万元，村民的腰包也随之鼓了起来。在陕西，一些原本的"空壳村"通过盘活集体资产，村集体有了持续、稳定的收入来源，让贫困群众也能共享发展成果。千阳县还采取"三代一交"（即代建、代管、代销和交回产业基地使用权）的方式让扶贫产业搭乘新型经营主体的直达车。对于一些建园要求和技术含量高的产业项目，比如矮砧苹果建园，贫困村股份合作社与龙头企业签订代建托管协议，由龙头企业按标准建园，管理三年到果园挂果时，交回村合作社统一管理，贫困群众直接享受产业收益红利。截至2020年7月，全县12个现代农业园区、30个龙头企业、265户能人大户和53个村级股份经济合作社搭载带动9549户贫困户，户均年增收2000元以上。除此之外，陕西还涌现出榆阳区赵家峁村、澄城县贫困户翟书民、扶风县致富带头人王喜玲等一大批产业脱贫和产业帮扶典型，总结形成白水"果园托管"、宝鸡"嵌入式"产业扶贫模式、延安苹果带贫益贫范例等一批产业扶贫典型案例。

4. 俯身向下解困帮难，真情用心帮扶实干

为了满足贫困群众的技术需求，更加精准攻破贫困堡垒，陕西省坚持重心向下开展技术帮扶，不但创建了技术帮扶"110"平台，还连续4年开展百名干部包市联县帮扶，组建"四支队伍"结对帮扶，实现了产业脱贫指导服务全覆盖，为促进产业发展和决胜脱贫攻坚奠定了坚实基础。

技术帮扶"110"平台，只要群众一个求助电话，帮扶人员或主动上门或电话沟通，24小时全天候帮贫困户解决技术难题；百名干部包市联县帮扶，抽调100多名干部深入56个贫困县、53个贫困村抓点示范；"四支队伍"结对帮扶，全省组织4000名农业专家、1.2万名技术干部、1.4万个新型经营主体和8000多名职业农民的"四支队伍",同步选聘1.6万名产业指导员,在农资服务、技术培训、就地创业多个方面主动带领贫困户发展优势特色产业。近年来,全省累计开展技术帮扶350万户次,群众满意率达98%以上。

陕西省还把农产品产销对接作为提升产业发展效益的重要途径,通过多渠道促进农产品营销。自2018年起陕西开展农产品"三年百市"品牌营销行动,在全国一二线城市和国家中心城市进行品牌培育和宣传销售,树立和推广"陕牌",推动以销定产、以销促产、产销结合,促进农业增效、农民增收。品牌是推动产业发展和提升产品质量的不竭力量。近年来,陕西省出台《关于加快推进农业品牌建设的意见》,围绕"3+X"工程,积极打造洛川苹果、眉县猕猴桃、大荔冬枣、陕西羊乳、泾阳茯茶、陕南食用菌、陕北小杂粮等在全国影响力大、辐射带动范围广的区域公用品牌,大力扶持产业特色鲜明、发展潜力深厚的企业品牌,加快培育具有优势的著名产品品牌。

(二)河南省产业扶贫成效与经验

扶贫攻坚,最有力的武器是产业,最根本的途径是发展。有产业支撑,才能从源头上解决贫困问题、拔掉"穷根"。产业扶贫是覆盖面最广、带动人口最多、可持续性最强的扶贫举措。河南省坚定在脱贫攻坚这场硬仗中激发内生动力,依靠贫困群众辛勤劳动实现脱贫致富,在全省全力推进产业扶持脱贫,通过"造血工程"不断提升贫困人口的自我发展能力,帮助贫困村实现脱胎换骨式的跃进。根据建档立卡统计数据,全省有469万贫困人口通过产业帮扶、发展生产,实现增收脱贫。

1. 优选主导产业,做大做强特色产业

产业扶贫是增加贫困地区造血功能、帮助群众就地就业的长远之计。河南省坚持把产业扶贫作为脱贫攻坚的主攻方向,做大做强特色产业,持续推进产业扶贫,为巩固拓展脱贫攻坚成果、建立解决相对贫困的长效机制打下了坚实基础。

贫困地区选择脱贫产业,首先要考虑的问题就是要选择什么主导产业。栾川县地处山区,发展生态旅游条件得天独厚,但过去许多山区群众守着宝贵资源过"富饶的"穷日子。近年来,栾川县积极发展旅游产业,许多山区贫困人口走上了致富道路。像栾川一样,河南省许多贫困地区坚持因地制宜的原则,立足资源禀赋,成功打造出地域特色突出的脱贫产业。

近年来，河南省积极推动各地坚持短、中、长结合统筹谋划扶贫产业，确保短期能脱贫、中期能致富、长期可持续，重点扶持发展五大特色产业。以农业供给侧结构性改革为主线，以"四优四化"为重点，大力发展优质小麦、花生、草畜、林果等十大优势特色农业。全省在贫困地区发展优质专用小麦653万亩、中药材350万亩、优质饲草作物69.4万亩、稻渔综合种养95万亩。创建了64个国家级、省级现代农业产业园以及51个国家级农业产业强镇，培育了600个河南知名农业品牌。传统农区不断拉长农业产业链条，特色农产品成为增收利器。

发展小型加工业，全省建设扶贫车间3820个，带动贫困群众再就业5万人。发展乡村旅游业，"十二五"以来全省每年借此实现20万人脱贫，2018年以来全省共培育旅游扶贫示范县13个、乡村旅游特色村450个、旅游扶贫示范户1034户。发展电商产业，以"拓宽农产品销售渠道"为重点，2020年以来全省通过电商促进农产品上行490亿元。目前，全省共认定电商进农村综合示范县95个，覆盖全部脱贫县。发展光伏产业，全省建设扶贫电站超两万个，光伏扶贫电站规模容量全国第一、村级光伏扶贫电站规模容量全国第一、参照执行项目规模容量全国第一，年收益约25亿元。

2. 壮大主体促发展，农民群众稳增收

多年的"三农"实践探索反复证明，乡村产业发展，没有龙头就难以形成产业链，难以实现转型升级。在产业扶贫中，河南省坚持以规模经营为引领，支持龙头企业、专业合作社、种养大户等快速发展，通过龙头带动，产业抵御市场风险能力增强，脱贫发展后劲更足。

"产业化扶贫不是简单的产业化，扶贫才是它的本质属性。"河南省强调发挥产业对贫困户脱贫增收的带动作用，建立贫困户与产业发展主体间的牢固利益联结机制，避免产业扶持脱贫过程中龙头企业和大户受益，而真正需要帮助的贫困人口被边缘化。对有劳动力、有能力、有土地，但缺资金、缺技术的贫困户，采取直接帮扶模式，给予一定额度资金帮扶或实施贷款贴息。此外，对自身无劳动能力或脱贫能力差的贫困户，采用托管帮扶、合作帮扶等模式，在合作社、种养大户等带动下致富增收。河南省金融局会同省扶贫办探索建立了精准扶贫企业贷款新模式，联合制定"精准扶贫企业贷款"实施方案，通过"公司+贫困户""公司+基地+贫困户"等方式，将建档立卡贫困户纳入现代产业体系。积极推动政府和银行、担保机构共同分担贷款风险。对需要提供担保的带贫企业给予担保费用优惠。建立了支持企业带动建档立卡贫困户发展的政策措施。截至2020年8月末，累计投放精准扶贫企业贷款88.49亿元，带动12.99万建档立卡贫困户脱贫增收。

在漯河市源汇区大刘镇蔡庄村，对限于自身条件不能务工的40户贫困群众，用到户增收项目资金入股当地果蔬专业合作社，贫困户安心拿分红。长垣县在全县首批选择100户自身很难脱贫的农户，以扶贫资金入股集装箱养鱼，按股比分享收益。清丰县阳邵乡食用菌基地通过种植平菇，"一个棚大概投资3万元，出菇3茬约2.5万公斤，第一茬基本回本，剩余两茬净赚"，让阳邵乡北阳建村村民笑得合不拢嘴。清丰县不少村民在政府惠民政策的支持下，通过食用菌产业搭建的扶贫平台，靠着勤劳的双手，摘掉了贫困的帽子，走上了致富路。

稻渔综合种养是河南省大力扶持发展的特色农业。罗山县庙仙乡熊林村林道静种植农民专业合作社通过稻渔综合种养，"一水两用，种一块地能挣两份钱"，每公斤虾市场价60元以上，带动群众脱贫致富。

截至2019年年底，河南省贫困地区发展农业特色产业71个，建设优势特色基地2721个，培育省级农业品牌164个。贫困地区培育农业省级以上龙头企业300家，农业产业化集群93个，带贫农民合作社1.02万家，组建2.8万人产业发展指导员队伍，4万家益农信息社线上线下销售农产品30.3亿元，优势特色农业带动贫困人口193万人。2022年，河南省贫困地区务工就业规模达到3277.9万人，比2021年底增加132.9万人，超过年度目标任务258.7万人。脱贫地区和脱贫人口收入较快增长，脱贫地区农民2022年人均可支配收入达到15111元，增长7.5%，比全国农民人均可支配收入增速高1.2个百分点。脱贫人口人均纯收入达到14342元，同比增长14.3%，比全国农民人均可支配收入增速高8个百分点。在此基础上，探索形成了"公司+基地+合作社+贫困户"等模式，把贫困群众"嵌入"产业发展链条，降低了贫困群众单打独斗的风险。信阳羚锐集团采用"企业+基地+农户"的发展模式，带动大量贫困人口走上稳定脱贫之路；平舆县182家贫困户依托李芳庄种植合作社实现脱贫。

3. 做好农业服务，构建产业扶贫长效机制

科技是脱贫致富的"金钥匙"，产业是稳定脱贫的根本之策。脱贫产业顺利发展，金融、科技等要素不可或缺，河南省积极打造融资、服务等各类产业扶持脱贫平台。2016年起河南省开始实施的科技扶贫专项行动，在全省贫困地区实施科技项目，选派科技人才等，为产业扶持脱贫提供技术支撑。依托全省12个现代农业产业技术体系的产业技术团队，开展农业技术宣讲活动，帮助贫困户解决技术难题。同时，河南省科技厅印发《河南省科技扶贫三年行动计划实施方案（2018—2020年）》，立足贫困地区产业发展实际，实施科技精准扶贫精准脱贫。兰考县是河南贫困退出机制建立后首个脱贫摘帽的贫困县。该县政府用扶贫资金建立风险补偿金，银行发放贷款助力扶贫产业发展。2015年兰考县财政拿出1000万元作为风险补偿金抵押给银行，撬动银行一亿元的产业扶贫贷款，解决农户发展产业最头疼的资金问题。叶县创新金融扶贫模式，通过支持贫困村成立社区资金互助社，向贫困群众提供生产性贷款，解决资金短缺难题，形成"叶县模式"，用小资金撬动了大扶贫。2017年至2018年初，叶县包括120个贫困村在内的170个村建起资金互助社。在资金互助社数量增多的同时，相关部门也不断向资金互助社注入种子资金，使其规模最高扩大到100万元。至2018年底，全县资金互助社资金总规模达到6032.38万元，累计放款金额3.6亿元。2018年，贫困户共借款2967户次，资金互助社放款2383万元，为贫困户发展生产提供了有力的资金支持。睢县以农民教育培训为抓手，充分利用农民田间学校"贴近农村、贴近农民、贴近产业"的优势，积极探索农民田间学校助力产业脱贫模式，帮扶全县118个贫困村、28412户、88953名贫困人口脱贫。

促进农民持续增收，是乡村振兴战略的中心任务。多渠道促进农民增收，不仅要发展乡村富民产业、加强农民技能培训、促进农民就近就地就业创业，更要发展新型农村集体经济。发展新型集体经济对农村集体资产的重新投入、组合和使用，是生产经营方式的重大变革，也是一项复杂而繁重的创新性活动，如何有效激励农村集体成员增强集体观念，激发内在动力和内生活力，是新型农村集体经济能否得以发展的关键所在。近年来，河南省加快农村集体产权制度改革，以集体经济发展促进产业发展，带动贫困群众增收脱贫。2015年10月，河南省被财政部确定为扶持村级集体经济发展试点省份之一。截至2019年9月，河南省解决农村劳动力就业4万余人，所在村已累计获益约1亿元，初步实现了发展集体经济的目的。通过发展扶贫产业，不少村集体经济实现了"零"的突破，全省所有脱贫村均有集体经济收入。

4. 积极促进县域经济快速发展

脱贫攻坚期内，政策、资金、项目等资源要素向贫困地区集聚，一大批贫困县抓住机遇，大力发展特色扶贫产业。产业扶贫为乡村振兴引来"活水"。通过产业扶贫，广大农村地区产业结构得到了调整，各种资源优势得到了挖掘和发挥，群众自我发展能力得到了增强，实现了县域经济发展质的飞跃。

兰考县围绕产业扶贫、产业带贫，大力发展品牌家居、循环经济、绿色畜牧三个主导产业和智能制造、文旅培训两个特色产业。洛宁县结合自身资源禀赋，走出了一条以"五金扶贫"为主的产业扶贫发展之路，先后打造了6条沟域经济示范带，产业收入占贫困群众收入的比重持续提升。卢氏县大力发展食用菌、核桃、药材等产业，产业规模不断壮大、布局持续优化、链条逐步延长、效益日益彰显，拉动了县域经济的发展。内乡县以金融杠杆撬动百业，带动骨干企业和扶贫产业不断发展壮大，该县通过普惠金融试点县验收，内乡农商行成功改制，业绩跃居全省前十。县域经济特色鲜明的地区，积极以主导产业润泽贫困人口，台前县被誉为"中国羽绒之乡"，通过羽绒等产业每年约1万人脱贫。

（三）湖北省产业扶贫成效与经验

1.湖北产业扶贫总体规划与成效

湖北省以产业扶贫落实高质量发展，推进民生保障精准化精细化，把扶贫开发和"三农"工作的各个领域紧密结合，推动实现乡村振兴。全省按照省委、省政府统一部署，把产业扶贫作为脱贫攻坚的重中之重，加强组织领导，强化部门配合，全面推进基层党组织建设，推动产业扶贫各项任务全面落实。在实践中不断探索形成新的发展模式，推进产业扶贫提质增效。

产业是经济发展的重要基础和有力支撑，产业兴则经济兴，产业强则经济强，产业扶贫对于促进贫困地区经济发展和贫困群众增收，有着十分重要的作用。精准扶贫，产业推进是关键。产业扶贫是实现脱贫目标最有力最可靠的支撑。湖北农业资源十分丰富、产业基础较好，在"绿水青山就是金山银山"理念指引下，茶叶、食用菌、道地药材等一批特色产业迅猛发展，成为贫困地区农民脱贫致富的重要依靠和乡村产业振兴的重要基础。武当道茶、恩施玉露、随州香菇、蕲春蕲艾等名优特"金字"招牌响誉全国。湖北省37个贫困县已形成54个扶贫主导产业，316万人直接从产业发展中受益，实现了由"扶生存"到"扶发展"的根本转变。全省建立健全"政府扶龙头、龙头建基地、基地联农户"的帮扶带动机制，推行"合作社+基地+贫困户""合作社+贫困户"等经营模式，新型农业经营主体运用订单、股份、劳务、服务、租赁等方式与贫困户进行利益联结，变贫困户"单打独斗"为"嵌入产业链条",探索出"藤上结瓜、入股分红、资产收益"等带贫路径。特色突出的有武汉市"三乡工程"、黄冈市"五位一体"、十堰市"三金增收"和恩施州"121+X"等模式。

（1）立足资源禀赋,统筹规划发展

充分发挥规划引领作用,立足资源禀赋,把握"精准"方略,以市场为导向,合理布局脱贫产业和脱贫项目,以县为单位建立产业扶贫项目库,做到应急与谋远相结合。提高产业扶贫"三化"水平,加强区域化布局,推进产业化发展,实行规模化经营。完善产业扶贫利益联结机制,鼓励农民与龙头企业形成利益共享、风险共担的利益共同体,防止企农脱离、利益脱节等。同时,拓宽产业扶贫的投入渠道,鼓励引导更多社会资源下乡进村。落实村有主导产业、户有增收项目,37个贫困县建成2000多座产地初加工设施,电子商务进农村综合示范实现全覆盖,建立村级服务网点5786个,贫困村专业合作社实现全覆盖。中央、省级支农专项资金向贫困县倾斜,2016年以来共安排贫困地区支农投入135亿元。2020年疫情发生后,全省推动"农7条""农9条""农20条"等重大政策在贫困地区落地落实,千方百计帮助新型农业经营主体复工复产,贫困地区241家省级龙头企业直接吸纳贫困人口就业。

（2）发挥龙头辐射带动农户,推进产业扶贫

为发挥好农业扶贫龙头企业在辐射带动农户、推进产业扶贫方面的重要作用,十堰市扶贫办、农业局按照带动地方产业发展、联结一定数量贫困户、示范带动效果好的原则,确定了113家"首批重点农业扶贫龙头企业"。湖北武当生物医药科技有限公司是一家民营企业,通过科技先导,打造循环产业经济链,创建"公司＋基地＋农户＋协会＋科研"产业造血扶贫新模式,打造特色产业和新型生物医药循环经济产业链,实现企业和农户的双赢。该公司通过培养出适合秦巴山区种植的武当一、二、三号金银花,形成全省最大的金银花基地和优良种苗基地,基地辐射带动7个县市区的31个乡镇72个村27376户,种植面积达46600亩。培育的金银花亩产干花平均60公斤,市场一级价90元,亩收入5400元,亩成本1800元,比粮食亩产约1800元净增收入3600元。

（3）生态旅游产业助推转型发展

湖北武当红农业科技股份有限公司以"发展绿色产业,造富一方百姓"为己任,实施秦巴山片万亩野葡萄核心保护区及万亩生态酿酒葡萄产业基地建设,积

极推动工旅融合、农旅融合，延长特色产业链条，提升产品附加值，加速形成特色产业聚集区，带动一方致富。据国家旅游局统计，目前全国城市居民周末休闲和节假日出游，70%以上选择在周边的乡村旅游点，全国主要城市周边乡村旅游接待人数年增长高于20%，乡村旅游将由"辅色"变为"主色"。自脱贫攻坚开始以来，湖北按照立足农业、依托农村、规划引领、政策支撑、示范带动、融合发展的思路，大力发展休闲农业和乡村旅游，全省涌现出一大批具有荆楚风韵的美丽休闲乡村，成为"三农"事业发展的突出亮点。

（4）金融支持产业扶贫

为深度推进产业扶贫，2017年年初中国华融资产管理股份有限公司携手凯迪生态，成立华融凯迪绿色扶贫产业基金，这是湖北首只扶贫产业基金，首期规模50亿~100亿元。湖北通过华凯扶贫基金，在长阳县、竹溪县等全国26个国家级贫困县市区建立生物质电厂，带动当地贫困户脱贫。2016年凯迪蕲春生物质电厂通过收购农民秸秆、安排就业等，带动建档立卡贫困户近300户，户均增收逾5000元。华凯扶贫基金通过市场化运作成立子基金，吸引政府及社会资本入股，进一步扩大基金总规模。

（5）推进健康扶贫产业发展

在我国贫困人口中，因病致贫、因病返贫者占据着一定的比例。精准扶贫不仅关乎贫困人口的生存发展，更关乎社会公平正义、区域协调发展，理应全力推进。恩施慧益眼科医院是一家民营医院，该企业将社会担当根植于精准扶贫的发展大局之中，按照"真扶贫、扶真贫、长远扶、扶长远"的总体目标，在医疗扶贫征程上配套资金5000万元实施"精准扶贫送光明"工程，帮助眼疾贫困患者精准脱贫、竞进小康。2016年以来，4支医疗小分队深入恩施州8县市的村村落落，通过各种形式的活动，走进社区、走进校园、走进基层乡镇，行程达到10万多公里，培训乡村医生400多人次，免费义诊近800场，覆盖人口近300万，检查10万余人次，先后免费为5000多名白内障贫困患者成功实施了复明手术，共计为贫困患者减免医疗费近1000万元，直接报销贫困患者往返交通费16万元，手术成功率和复明率均为100%。同时，在全州培植8个乡镇卫生院的眼科基地，每个基地都做到"三配套"，即每个基地免费培训1~2名眼科专科人才、免费赠送一套眼科教材、免费配置一套基础眼科设备。

2. 湖北产业扶贫典型经验

（1）恩施州绿色崛起助推产业脱贫

恩施是全国14个集中连片特困贫困地区之一，全州8县市均为国家级贫困县，区位优势不明显，自然条件恶劣。如何让广大山区群众依靠绿色产业脱贫致富，脱贫致富奔小康，关键靠产业带动。恩施州在脱贫攻坚战中大打产业扶贫仗，推动经济社会加快发展，带动人民群众脱贫致富。为此，恩施州成立脱贫攻坚指挥部，组建州、县、乡、村四级产业扶贫领导小组和工作专班，全州有762支驻村工作队、885家驻村单位、1600名驻村队员、5万余名干部结对帮扶贫困户。2017年以来，州领导率先示范，切实发挥牵头作用，对片区内州直单位驻村扶贫工作进行指导督促和综合协调，全面夯实驻村帮扶责任，纵深推进驻村扶贫各项工作，为产业扶贫提供坚实保障。

产业是贫困群众增收的关键。恩施州确定了绿色的发展底色。在州第七次党代会提出打造"一谷两基地三示范区"，坚定不移走绿色崛起之路。以绿色为底色，以硒为核心元素，打造全省特色产业发展增长极的目标。恩施州用产业链思路谋划产业发展，明确恩施硒茶、硒土豆、旅游扶贫等十大特色产业发展方向。立足"精准滴灌"要求，2016年8月8日出台《全州精准扶贫产业发展规划》，逐步形成"一镇一业、一村一品、户户都有增收渠道"的产业扶贫发展格局，贫困户产业覆盖面达70%以上。

点绿成金，生态产业遍地开花，绿色经济生机盎然。为了实现产业扶贫与生态环境保护运行不悖，近年来，恩施州坚持把推进农业供给侧结构性改革作为重大机遇，以市场为导向，大力优化农业产业结构，推动农业提质增效，加快特色产业转型升级，将绿色生态资源转化为经济财富，探索绿色生态产业之路。着力擦亮"富硒"招牌，提升农产品附加值。2017年，全州已建成基地300多万亩，硒产值达到400亿元，硒产品销售额占农产品的60%以上，涵盖油料、蔬菜、魔芋、药材、茶叶等11个具有浓郁地方特色的行业和领域。其中，富硒茶产业已成为州域经济新的增长极，并成就80万茶农脱贫致富奔小康。5年间，恩施州硒产业总产值从2016年的382亿元增长到2020年的637亿元。富硒种植标准的制定，大大提升了恩施农产品的规模和价值。2020年，全州特色产业基地面积达到698万亩，硒农产品种植（养殖）产值超过370亿元。

乡村振兴，产业兴旺是基础。乡村旅游为农村产业转型发展提供了新的方向。

恩施州大力发展乡村旅游、休闲观光体验农业等新业态，印发《恩施州全域旅游规划》，明确了各县市在恩施州全域旅游中的分工定位，实现农业产业跨界扩容升级转型，带动10万群众摆脱贫困，被农业部认定为全国休闲农业与乡村旅游示范州。结合生态优势和山地特色，大力发展山地生态畜牧业，2016年全州有5个县市被评为全国生猪调出大县，2021年实现畜牧业产值130.16亿元。用"互联网+"推进优质农产品链接市场，依托电子商务带动传统产业提档升级。抓全国电子商务进农村试点建设，全州729个贫困村已建立电子商务乡村综合服务站511个，从事电商的市场主体达3277个，带动近2万贫困人口脱贫出列。

此外，坚持绿色发展不动摇，"头雁"领航，产业扶贫模式百花齐放，成为推进农业结构调整、提高农产品市场竞争力、增加农民收入的重要手段。"十里不同风，百里不同俗"，将产业扶贫落到实处，必须充分考虑地域、人力、资源、市场等因素，必须做细做实，切合实际。恩施州以产业发展与农民增收双赢为发展理念，将金融投入与主导产业、新型农业经营主体、贫困户的利益相联结，提出了"龙头企业+专业合作组织（家庭农场)+基地+贫困农户"的恩施产业扶贫新路径。通过培育壮大龙头企业，"头雁效应"迸发。目前，全州三分之一的贫困村建立了明确一个主导产业对接一个产业合作社、一个金融互助合作社联结一个龙头企业的"121+X"产业扶贫模式，产业扶贫取得初步成效。全州729个重点贫困村均按照"一村一业、一村一品"明确了主导产业，726个村建立了1142个产业合作社，729个村建立了729个金融互助合作社(站)，在"千企帮千村"活动中，龙头企业与贫困村实现对接。在"121+X"基础上，不断完善和丰富内涵，涌现出利川飞强茶业"12854"、恩施市巨鑫公司"1221"、鹤峰鑫农茶业有限公司"1+6"等一大批产业扶贫典型。

（2）英山县土鸡敲开致富门

利用现有扶贫资源和扶贫政策作引导，充分发挥各类市场主体作用，英山县创新发展"政府+银行+保险+市场主体+贫困农户"五位一体的扶贫模式，走出了一条适合广大贫困户脱贫致富的好路子。

郑冲村村民郑引峰共养了160只土鸡苗，如按照订单合同上的保护价卖掉，仅这一项，至少有14000元的收入，加上销售土鸡蛋的收入，收入超过15000元，当年就有望实现脱贫愿望。村民郑引峰利用养殖土鸡脱贫致富是郑冲村的一个缩影，该村依托神峰山庄这个市场主体从事土鸡养殖业而走上脱贫致富路的村民多达110多户。精准扶贫工作启动后，驻村扶贫工作队帮村民穿针引线，2015年8月与神峰山庄签订了养殖协议。神峰山庄从郑冲村流转来土地，为了让周围一带的贫困户充分享受山庄给他们带来的发展成果，山庄负责给村民进行技术培训，掌握了相关技术和达到养殖要求后的贫困户可以从山庄里免费领取鸡苗进行养殖。等鸡长大后，山庄会派人上门按订单合同保护价全部回收过去。为了降低贫困户养殖过程中的风险，山庄老板提供的免费鸡苗都过了养殖风险期才提供给贫困户，保险公司还为养殖户签订养鸡保险合同。

（3）利川市金融扶贫助推产业发展

利川市毛坝镇是全国一村一品示范乡镇，金融扶贫是该镇精准脱贫重要措施之一。为破解新型经营主体无法提供担保抵押的困境，开启当地特色产业抱团发展、品牌共享的新局面，利川红扶贫互助社合作社成立。该合作社采用"政府＋银行＋企业＋农户"四位一体的扶贫新模式，注册资本2000万元，其中，由政府单独出资1000万元作为企业贷款风险担保金，茶业企业、合作社自愿入股共建融资担保平台，并成为互助合作社会员。利川农商行将按照风险担保资金5～10倍的比例向合作社会员单位发放贷款。此模式名义上由互助合作社作为企业贷款的担保方，实质上实现了会员间的联保，实现银企精准对接、入股保底分红。

（4）咸丰县坚定不移走产业扶贫之路

产业是发展的根基，是脱贫的依托，更是长期稳定脱贫的保证。产业扶贫是贯彻落实中央脱贫攻坚决策战略的重要举措，是实现贫困地区贫困人口如期脱贫进而迈向小康社会的主要途径，是加快贫困地区农业发展、促进农民增收的重要任务。咸丰县以特色资源禀赋为基础，以市场为导向，以产业为依托，以扶持政策为调节，聚焦贫困人口走产业扶贫之路。

精准选择扶贫产业，一县一科学布局。按照"六个精准""五个一批"的要求，精确瞄准贫困村贫困户和贫困人口，一户一个产业扶贫方案，帮助贫困户实现持续稳定的收入来源。咸丰县探索出一条"高山烟叶二高山果、低山茶叶加蔬菜、林下套种中药材"为区域布局，以"三茶一药一猪一蜂"为主导产业的扶贫产业之路。茶业是咸丰县的扶贫主导产业，目前，咸丰县建有绿色有机的茶业基地10万亩，是全国第一个有机农业示范县。同时，该县大力发展茶叶加工，培植州级以上的龙头企业35家，每年的茶业产值已达到17亿元。2021年，咸丰县茶叶面积28.3万亩，超过全县耕地面积的三分之一，从事茶叶产业相关工作者有14.2万人，超过全县人口的三分之一，产业发展覆盖建档立卡贫困户2.8万户8万余人，是名副其实的增收产业、脱贫产业。咸丰县以"点串线、线成面"的规模化产业发展模式，为4.85万户茶叶种植户14.9万人带来持续、稳定的收入，茶农亩均年收入近1万元。咸丰相继被评为全国有机农业（茶叶）示范基地县、全国绿色食品（茶叶）原料标准化生产基地县、国家出口茶叶质量安全示范区。截至2022年初，全县发展800亩以上集中连片基地95个，以茶叶、林果、中药材、蔬菜等为主的特色产业稳定在110万亩，年出栏生猪60万头，培育和扶持500多家专业合作社和325个家庭农场，产业基地带动4.8万户农户稳定增收。

因地制宜精准谋划，一村一主导产业。不同的乡村，有不同的特点、不同的条件。咸丰县从当地实际出发，因地制宜，综合考虑资源禀赋、产业基础、市场需求、生态环境等因素，每个村选择适合自身发展的特色优势产业，实现一村一主导产业。全县263个村结合各自村情实际，分别发展一个规模以上特色主导扶贫产业，村级扶贫主导产业总面积39.5万亩，带动贫困户36826户121525人，实现村集体经济稳定增收。

贫困人口精准受益，一户一扶贫产业。贫困户受益，是产业扶贫的出发点和落脚点。咸丰县因户施策，一是扶贫对象聚力到户，瞄准建档立卡贫困户，加快推动特色产业发展，明确帮扶边界，防止在实施中脱轨走样；二是增收时效有序到户，根据"发展产业脱贫一批"的既定目标，倒排时间、明确责任，既把握好进度，又逐村逐户实行精准管理，按照农民收入结构采取不同措施、分类施策；三是扶贫资金挂钩到户，创新扶贫资金使用机制，完善资金折股量化、资源变资产、资金整合等支持方式，细化土地入股、资金分红等利益获取途径，确保贫困户稳定收益；四是考评验收明确到户，建立挂钩带动贫困户增收的精准台账，通过公示接受监督，通过联合督查、行业督查、专项督查、第三方评估等方式，加强对产业扶贫成效的督查考核，确保贫困户真受益。全县贫困户44347户144261人共计发展茶叶31406亩、藤茶2172亩、油茶17506亩、林果14761亩、中药材3877亩、蔬菜18002亩，养殖生猪55663头、牛羊18333头、家禽99450羽，其他经济作物11364亩。实施发展生产差异化扶贫奖补政策，对脱贫当年发展特色扶贫产业的贫困户达到项目建设标准、经乡镇验收合格和县级抽查合格的，实行最高不超过3000元的奖补。截至2019年底，为贫困户11117户36686人兑现差异化奖补资金 2155.6 万元，贫困户户平均奖补 1939 元。

经营方式精准对接，一户一利益联结。产业扶贫从根本上讲是一种经济活动，具有市场经济属性，具有产业特点，需要资源配置和投入，应有产出和收益，难以避免市场风险，离不开龙头企业、合作社、种养大户等经营主体、市场主体的参与。咸丰县通过"以奖代补"政策，将市场主体与贫困户有机联结起来，保证产业扶贫资金精准用于贫困户在产业发展中稳定受益。为带动贫困户发展扶贫产业的基地建设主体（农业企业、专业合作社）实施"以奖代补"，同时规定奖补条件必须满足四点：一是产业扶贫基地标准化建设 500 亩以上；二是带动的贫困户占产业基地带动农户数的 30% 以上；三是建设主体与贫困户建立利益联结机制；四是建设主体与产业基地所在村集体建立利益联结机制。坚持"121+3+X"利益联结模式，大力实施"市场主体 + 基地 + 农户"产业扶贫基地建设，发展扶贫基地 108598 亩，建立利益联结 13770 对，带动贫困户 13770 户 45441 人。

探索新兴扶贫产业，一区域一融合发展。咸丰县在扶贫产业选择上，强调适宜、适度、适应性准则，既包括特色种养业、特色林业，也包括特色加工业、传统手工业、休闲旅游，还包括电商、物流服务业、光伏产业等新兴业态。坚持农旅、农商（电商）、农工（扶贫车间）融合发展，推进扶贫产业纵深发展。重庆拙恒农业科技有限公司在咸丰县忠堡镇投资成立了咸丰莳稻农业开发有限公司，2019 年被认定为东西部扶贫协作就业扶贫车间。农业科技公司通过成熟的供应链优势，与贫困县达成项目合作，填补了咸丰当前油茶产业链环节的空白，提升了咸丰粮油产业一体化加工生产能力，进一步稳定了咸丰县油茶产业发展。按照"就业一人、脱贫一户"的理念，坚持技能培训、转移就业、"车间"就业、公益性岗位就业、能人创业带动就业，实现有劳动能力的贫困户至少 1 人稳定就业。全县有劳动力的贫困户 38918 户，实现稳定就业 37429 人。大力实施"全民共建 + 全民营销 + 全民参与 + 全民共享"旅游扶贫模式，推进小村乡羊蹄等 6 个美丽乡村旅游扶贫示范点建设，引导农民就地就业、农产就地增值，旅游扶贫带动就业 2000 人以上。大力推进电商公共服务中心建设、乡村网点建设和余杭电商产业园建设，带动贫困户 8000 余户 20000 余人。大力推进余杭援建扶贫茶厂建设，茶厂作为村集体资产与市场主体建立利益联结，年均增加村集体经济收入 5 万元以上。

（四）重庆市产业扶贫成效与经验

1. 奉节经验：三个"全覆盖"夯实基础，产业扶贫促增收

重庆市奉节县古称夔州，今誉诗城，地处秦巴山区集中连片贫困地区，距今有2333年建制史。全县辖区面积4098平方公里，辖33个乡镇（街道、管委会）390村（社区）。2014年，全县建档立卡贫困村135个、贫困人口34185户124425人，贫困发生率为13.5%。贫困人口多、覆盖面广、贫困程度深，脱贫攻坚任务艰巨。奉节县山地立体气候和特色资源优势明显，依托生态资源价值转换和产业融合，因地制宜发展特色生态产业，形成"高、中、低"三带产业格局。通过构建促进贫困户持续、稳定、快速增收长效机制，产业带动贫困户脱贫增收。

（1）布局特色产业，引导带动"全覆盖"

通过广泛调研、充分论证和结合本地实际，奉节县于2016年底出台了《加快发展特色效益农业的实施意见》，规划实施"高、中、低"三带产业发展特色产业，脐橙、油橄榄、中药材、山羊等四大主导产业发展迅猛，烟叶、蔬菜、粮油等三大优势产业彰显潜力，蚕桑、茶叶、水产、小水果等多个特色产业初具规模，按照"4+3+X"特色产业立体布局，突出低山脐橙提质增效、中山油橄榄增量提质、高山蔬菜、烟叶、药材高效发展，大力培育长远增收致富支柱性产业，为每户贫困户落实2000元产业到户资金，特色产业覆盖贫困户3.54万户。同时，注重规模化发展，夯实产业基础。2017年全县新发展脐橙2万亩，总面积达32万亩；新发展油橄榄4万亩，总面积达9.5万亩；新发展中药材2.97万亩，总面积达10.5万亩；新建山羊适度规模场258个，发展山羊养殖户2000户，新增山羊10.43万只，达到52.34万只。烟叶种植2.88万亩，产量6.56万担；蔬菜种植29.5万亩，产量50万吨。蚕桑种植总面积达10.1万亩，茶叶1.38万亩，特色小水果达8万亩。共带动6100户贫困户脱贫不返贫。2019年，奉节脐橙种植面积达35.5万亩，年产量33万吨，综合产值25.67亿元，7万余名专业种植户因此脱贫致富，奉节脐橙品牌价值攀升至182.8亿元。全县种植油橄榄达13.2万亩，鲜果产量1000余吨，综合产值6000万元，覆盖20个乡镇93个村，其中贫困村45个，带动3600余户9000余贫困人口脱贫增收。近年来，奉节县发展"电商企业+脐橙基地+农户"合作模式，2022年全县脐橙面积稳定在37万亩，综合产值超38亿元，带动30万户橙农致富，造就了10个产业"亿元村"。

通过发展到户产业，保证一户一业，2017年实现到户产业带动贫困户30898

户，特色产业100%覆盖贫困户，实现年户均增收4350元。到2020年9月，奉节共有4400余户发展脐橙、油橄榄、中药材、山羊四大主导产业；2600余户发展优质粮油、生态蔬菜、精品烟叶三大优势产业；2300余户发展脆李、蚕桑等小特精产业项目；2700余户发展农产品加工、乡村旅游等二三产业；户均年增收达5000元以上，形成了"村村有产业、户户有项目、人人有事干"的产业发展氛围。

重庆市奉节青莲镇桃花村因地制宜发展丹参产业，把过去荒废的大片农田变成了丹参种植基地，许多贫困户种植当年就实现了丰收。该村采取"公司+农户+政府扶持"的模式种植丹参，跟农户签订土地流转入股合同，并向他们提供中药材种植技术、药材种苗的繁育、种子代购等服务，保证药材的产量和农民的收益。按照目前丹参12元/公斤的市场价格来计算，每亩丹参的效益为2200～3000元，收益可观。同时，丹参产业的发展也为当地村民提供了就近就业的机会。目前，在基地长期务工的农户有50户，每到农忙时节还需要70名工人帮忙，其中贫困户36户，106户农户用土地入股。收获的丹参还可以加工成丹参粉、丹参酒和丹参茶，进一步提高丹参的价值，让荒田变成聚宝地。此外，村集体经济组织结合种植大户的产业共同发展丹参，依托渡口坝景区的优势资源，利用丹参花期开展观光旅游和采摘农业，制订乡村旅游发展规划，打造集观光、赏花、采摘为一体的农旅结合田园综合体示范区。通过产业发展，进一步带动村民们增收致富。

桃花村只是青莲镇发展产业助农增收的一个缩影。该镇紧紧围绕"4+3+X"的特色效益农业布局，已发展油橄榄5000亩、中药材3800多亩、蔬菜2000多亩、特色小水果3000亩，新建标准化山羊基地和自动化恒温养猪场各1个，基本形成高、中、低"三带"产业发展格局，实现生态价值转换，助推农旅融合发展。

（2）创新投入机制，资金滴灌"全覆盖"

采取"多个渠道进水，一个龙头放水"的方式，每年统筹整合涉农资金不少于20亿元，其中70%以上用于主导产业发展、龙头企业培育、产业基础设施配套、发展集体经济和建立利益联结机制等的资金保障。资金的强力整合，帮助破解贫困户单打独斗发展产业，产业点多面广、总量不大、结构不优、影响不广、支撑不足、品质不优、价格不高等难题。同时，加大财政资金投入力度，在30个村集体经济组织和210个社集体经济组织开展试点。在全县每个村保障20万元发展集体经济的基础上，2018年注入50万元发展集体经济特色产业项目，实现集体经济100%覆盖全县376个行政村。为每个贫困户落实2000元的产业到户补助，引导贫困户因地制宜发展到户产业，实现了全县贫困户到户产业资金精准滴灌100%。此外，激活金融活水，为贫困户提供1万~5万元不等的免抵押、免担保、政府贴息、服务上门的贷款。通过创新"金融扶贫+"带动模式，金融扶贫小额贷款资金用于产业发展，增强贫困户稳定增收的"造血"机能。

到2020年，奉节整合资金1.66亿元，实现376个村集体经济全覆盖，量化集体经营性资产3.14亿元，方便贫困户快速"入股"集体经济，对接扶贫龙头企业、扶贫合作社等新型经营主体，实施抱团发展、资产返租等带贫助贫模式。龙桥乡阳坝村贫困户刘学练采取抱团发展模式，带动本村另外2名贫困户发展乡村旅游，年均增收1万余元。汾河镇曹家村用资产返租模式带动27户贫困户返租2亩土地发展猕猴桃，户均年增收1.2万元。

（3）完善分红机制，利益联结"全覆盖"

整合涉农财政资金4000万元，全面推进农业项目财政资金股权分红。投入农业经营主体的财政补助股权资金，按50%、10%、40%的比例分别由农业经营主体、农村集体经济组织、贫困户以股权方式持有，专业合作社、村集体、贫困户按30%、10%、60%的比例持股，持股期限为5年。农村集体经济组织和贫困户每年按持股金额的8%实行固定分红，同时获得投入资金所产生效益的40%的效益分红。通过"经营主体+村集体+贫困户""能人分享+村集体+贫困户""固定资产+村集体+贫困户""金融贷款+村集体+贫困户"等方式，带动贫困户每年享受政府投入部分8%的保底分红，金融扶贫贷款户可另享金融扶贫资金投入部分4.75%的保底分红，同时向政府投入资金和所贷资金产生效益的40%向贫困户实行效益分红。深入推进"三变"改革，引导贫困户以农房、土地、林地经营权等入股参与农业产业化经营。通过"保底分红"等，增加租金、股金和薪金收入，每年予以股金8%实行保底分红，实现2.1万户贫困户利益联结100%全覆盖。

奉节县以扶贫小额信贷为抓手，坚持问题导向，全面推行"一人一亩高效田、一户一个标准园"，累计为14245户贫困户提供资金6.6亿元，助推奉节成功摘掉了33年贫困帽子。

一是完善金融扶贫体系，先后配套出台《奉节县精准金融扶贫产品创新方案》

《奉节县金融扶贫支持产业发展工作实施方案》《关于加强扶贫小额信贷贷后管理的通知》等一系列针对性强的专项政策文件16个，通过政府、银行、保险与贫困户的深度融合，从政府增信、风险防控、政策激励等10个方面构建了较为完整的金融扶贫体系，实现了承贷银行和贫困户"零风险"对接，银行放贷积极性、贫困户贷款意愿明显提高。此外，完善征信授信体系。由县金融服务中心、县发展改革委、县财政局、县农委、县扶贫办、承贷银行六方，按A、B、C三级联合确定小额贷用户信用等级，坚持"贫可贷、困可贷、不守诚信不可贷"的原则，以有劳动能力、有脱贫愿望、有发展项目，无不良习气、无信用污点的"三有两无"标准确定信用等级，分别给予3万~5万元授信额度。出台《奉节县扶贫小额信贷信用示范户（村）评选方案》等文件，每年评选30个信用示范村，每村可以申报一个50万~100万元的基础设施、产业发展等资金奖励项目，并将信用示范村纳入农村金融改革的试点范围。每年根据评选信用示范户结果，实施"梯度增信"，在上年贷款金额的基础之上上浮20%授信额度。同时，加强风险防控体系建设。进一步规范户贷、户用、户还工作流程，建立信贷助理员制度，最大限度保障资金使用安全。按100元/人/年的标准，设立扶贫小额信贷风险补偿基金6217万元，为所有贫困户购买精准脱贫保险，形成政银联动、保险跟进、基金补偿的风险缓释机制。坚持引导贫困户规范使用小额贷资金，正向激励打造金融好生态。通过签订承诺书，制定"村规民约"，创示范、树榜样、评先进，增强信用意识、责任意识，防范化解经营风险。

（4）坚持电商扶贫覆盖到户

与阿里巴巴、京东等国内知名电商平台合作，引进服务商、运营商、农产品溯源公司，培育电商企业105家、网店1800余家，发展村级电商服务站点378个，打通农村物流线路4800余公里。近年来，奉节县紧抓直播电商发展趋势，结合农村农旅经济，通过数字转型，搭建乡村服务的数字大平台，打造奉节县内容电商综合示范区，打造"电商+直播+短视频"等线上营销新模式。借力"抖音美好乡村计划"活动，筛选直播人才102人，开展直播带货专场活动200余场，销售各类本土特色产品超1000万元。在抖音以"#美好乡村推荐官"为话题，创作奉节相关宣传视频超过1.1万个，话题浏览量超过4.1亿。组织了直播带货活动60余场，销售奉节脐橙等农特产品逾3000万元。

2. 峰灵镇经验：创新产业发展模式助推脱贫攻坚

巫溪县峰灵镇紧扣"百里果廊，万亩药海"产业发展目标，结合各村社的实际情况，因地制宜，调动贫困户参与的积极性，成功探索出"公司（订单）+专业合作社（基地）+贫困户""公司+股权量化+贫困户""专业合作业+股权量化+贫困户""股份合作社+贫困户"等四大产业发展模式，全镇在地经果林12000亩余、太极集团订单中药材3800余亩，被称为"果药之乡"，为如期实现脱贫攻坚目标奠定了坚实的基础。

（1）"公司（订单）+专业合作社（基地）+贫困户"模式

峰灵镇作为太极集团订单中药材基地，专门组建了巫溪县祥达专业合作社，以双树村为主要种植基地，流转土地600余亩；发展种植大户3户，每户面积都在100亩以上；带动42户建卡贫困户，户均种植面积达2亩，户均增收达3000元以上。同时，祥达专业合作社辐射带动了峰灵镇堰坪村、大树村、九龙村等村和上磺镇龙门村等地的贫困户种植订单中药材，切实推动了贫困户增收脱贫。

（2）"公司+股权量化+贫困户"模式

华旺农业在龙寨村租用土地400余亩，建立了板角山羊育肥中心。龙寨村利用财政扶贫资金54万元修建了一座占地1200平方米的育肥场，作为该村贫困户资产按每年支付租金4万元出租给华旺农业。华旺农业务工优先使用贫困户，带动所有贫困户养殖山羊、种植牧草。同时，年底村集体将收益以贫困户向企业交售的畜牧产品、牧草和务工收入为基数，按照比例奖励，鼓励贫困户自力更生。该村贫困户通过资产分红、企业务工、卖青储饲料等方式，平均年增收达3000元以上。

大树村利用财政扶贫资金49.5万元建设8口总面积30亩的鱼塘，作为该村贫困户资产通过大户承包方式进行经营管理，贫困户优先参与务工并按6%的固定收益分红，将有效解决贫困户长效增收问题。

（3）"专业合作社+股权量化+贫困户"模式

枣园村将1158亩土地及地中的500亩樱桃、110亩冬枣入股到飞腾专业合作社，由飞腾专业合作社统一经营管理并承担风险，建立了较为完善的利益联结机制。一是所有入股土地按400元/（亩·年）的固定标准进行分红，飞腾专业合作社于每年4月底支付；二是飞腾专业合作社每年将利润的5%用于全体土地入股村民分红；三是樱桃、冬枣挂果后前两年的收入归专业合作社，从第三年开始村集体、村民、专业合作社按1∶4∶5的比例进行分红。

（4）"股份合作社+贫困户"模式

谭家村组建了集体经济股份合作社，全村2647名村民全部变成"股民"。集体经济股份合作社建立了完善的管理和监督机构，主要发展"特色种植、特色养殖、休闲观光、乡村旅游"产业，采取"按需用工+返租倒包"等多种经营方式，实现入股土地按300~350元的标准固定收益，全体村民（每人1股）和入股土地的村民（每亩5股）按股份分红的经营模式。通过半年的运行，村民入股土地就达到了512亩，培育的冬桃、紫菀长势良好，广大村民入社的积极性高涨，已经入股的26余户贫困户户均增收达2000元以上。

3. 巫山县经验：大力发展特色优势产业，助推脱贫攻坚

根据生态涵养功能定位和实际情况，巫山县充分发挥特色产业的优势和潜力，确定了"1+3"，即山羊+（脆李、中药材、烤烟）优势特色农业主导产业，创新模式促进产业精准扶贫。

首先，将山羊作为"1+3"优势特色农业产业中的主导产业，创新模式实施山羊产业精准扶贫，推进山羊产业发展。通过政策先导和支持，营造良好的发展环境。高标准组织编制了《巫山县100万只优质山羊产业发展规划》，规划在全县适宜山羊养殖的296个村规划发展山羊养殖。成立巫山县山羊产业发展领导小组，由县分管领导任组长，相关单位为成员，形成山羊产业发展强大合力。同时，将山羊产业发展纳入各乡镇（街道）扶贫攻坚和年度综合考核的重要内容。同时，加大政策扶持，县财政每年整合捆绑现代特色效益农业、中央现代农业、扶贫等资金1000万~2000万元以上扶持山羊产业发展。制定出台并全面落实山羊产业扶持政策，引导广大农户积极发展山羊产业。市农担公司为全县20多个规模养羊场担保贷款1200万元，助推山羊产业发展。

其次，坚持问题导向，击破发展瓶颈。巫山县因地制宜，采取有效措施积极应对发展中遇到的问题。市农委设立山羊产业技术体系试验站，与西南大学合作开展秸秆饲料加工实用技术研究，组织开展集中专业技术培训。加强饲草饲料资源开发，全面实行连片种草发展山羊养殖，在庙宇镇建成全市唯一的年产10万吨的草食牲畜饲料加工厂，推广适度规模山羊养殖场自行开展秸秆饲料加工和青贮。为了做大做强山羊产业，积极开展山羊加工销售，抓好一二三产业融合发展，完善山羊产业链。引进重庆盈昇农业开发有限公司投资3亿元的山羊精深加工项

目，支持、鼓励由近200家山羊养殖、营销业主组建了"巫山县羊业服务中心"，建成集技术交流服务与加工、营销等讯息为一体的共享平台，畅通购销信息通道。

最后，不断优化和转变产业发展方式。构建县、乡、村三级畜牧技术服务网络，建成2000只规模的种羊场6个，年供种300只以上的种羊扩繁场110个。全县山羊生产实现由分散少量饲养向集约化规模化转变、由粗放饲养向科学饲养转变、由习惯性高山放牧向高中低海拔地区舍饲转变、由自食性饲养向商品性饲养转变等"四大转变"，涌现出一大批养殖龙头企业及外连市场、内连农户的中介组织和经纪人，山羊商品率达70%以上。同时，创新带动扶贫机制，采取单元贫困户自建和大户或企业带动模式推进山羊产业精准扶贫，对单元贫困户自建模式的每户补助5千元，大户或企业带动模式的按照建设规模分别享受5万元、10万元、30万元财政补助，并分别带动2户、4户、8户贫困户。大户或企业必须为带动农户做到四个方面服务：负责给贫困户建设圈舍20平方米以上，圈舍必须是独立的，以贫困户居住地周围为限；借给贫困户5只以上基础母羊，贫困户第二年还回同等数量基础母羊；技术上支持贫困户；帮助贫困户做好销售等事项。单元贫困户和大户（企业）均按程序享受金融扶持，解决贫困户发展山羊起步难问题。通过加强政策宣传，合理规划扶持对象，加强技术指导服务，山羊产业扶贫实现精准到户。

中药材产业在巫山县脱贫中也发挥了巨大的作用，该县通过发展壮大中药材产业促进脱贫增收。2021年，仅重庆市巫山县笃坪乡鹤溪村一村的3000亩中药材产业就能为村民创收900多万元。

巫山县《国家党参种植农业综合标准化示范区建设项目》成为全国标准化精准扶贫典型范例在全国推广，并获得国家标准委《中药材第九批国家级农业标准化示范区》项目支持。重庆神女药业建成"GAP(中药材生产质量管理规范)+GMP(药品生产质量管理规范)+GSP(药品经营质量管理规范)"资质证书的全产业链体系，建成215个中药材饮片生产品厂，米炒党参、黑豆制首乌、黑豆制黄精、盐炒杜仲等103个品种中药饮片并制定了相应炮制规范，研发形成了33个专利，其中发明专利5项，外观专利5项，实用新型专利23项，年可实现税收500万元。重庆鼎立元药业建成"GAP+GMP+GSP"全产业链体系及标准化基地3000亩，1万平方米的饮片加工、800立方米冷藏库通过环境评估，获得生产许可证。

该县通过采购药材种苗股权化助推脱贫。新型农业经营主体流转建卡贫困户土地，负责建设规模化、标准化的种植基地，按当地标准支付流转费用，优先吸纳贫困户就业。政府按照补助标准向其发放种苗，待生产周期完成后，将所得种苗价值的10%以现金返给村集体经济组织，种苗价值的40%以现金形式返给贫困户。对于贫困户自行建设标准化种植基地并科学管理，新型农业经营主体为其提供技术指导、加工仓储服务。生产周期完成后，新型农业经营主体按照市场价格收购贫困户的产品，销售收入完全交还贫困户。同时，积极培育新型经营主体助推脱贫。全县培育贫困户成为新型经营主体250户、带动1100户贫困户脱贫。笃坪腰栈赵元平贫困户创建神雾中药材种植专业合作社，建立庙党、贝母、玄参基地200余亩，带动8户贫困户脱贫。双龙黑龙梁尤安创建野药坡农业开发有限公司，建成白花前胡、庙党、冬花、厚朴基地300余亩，带动9户贫困户脱贫。

此外，有效规避市场风险，助推脱贫。新建设烤房150座、中小型冷藏（气调）库180座，避免道地中药材腐烂、霉变问题，以及集中上市价格低迷、终年供给季节性缺货源问题。对重点品种、重点GAP基地实行保险。县政府建立500万元风险基金，对有GMP饮片加工资质的企业，实行订单收购，价格低迷时实行保护价收购，并对收购企业按照1%～2%收购价进行财政补贴，市场需求旺盛时随行就市。

（五）四川省产业扶贫成效与经验

产业是经济发展的重要基础和支撑，产业兴则经济兴，产业强则经济强。近年来，剑阁县始终牢记习近平总书记嘱托，坚持"重精准、补短板、促脱贫"，围绕"户脱贫、村出列"工作目标与种植、养殖产业打出了扶贫"组合拳"，通过传统的"输血"式扶贫跨越到"造血"式扶贫开发，加快剑阁群众的脱贫致富步伐。

四川省广元市剑阁县属全国农业大县，耕地面积120万亩，常年粮食产量45万吨、油料11万吨、果蔬产量45万吨，先后获得全国粮食生产先进县、全国蔬菜产业重点县，获得四川省农产品质量安全监管示范县、四川省沼气化县和四川省粮食生产"丰收杯"奖等殊荣。

元山镇位于剑阁县最南部，地理位置偏远，幅员面积102平方公里，管辖21个行政村和1个社区，总人口4.1万人。多年来，元山镇坚持以农业供给侧结构性改革为主线，转变"抓扶贫就是给资金"的观念，以"大抓产业，抓大产业"为总抓手，走"造血式""开发式"扶贫的路子，发展特色产业助推脱贫攻坚。

元山镇通过大力实施"农业龙头企业招商引资""成功人士回引创业""业主大户培育扶持"三项计划;积极构建"龙头企业+""党支部+""专合组织+"三个机制;探索推行股份合作经营、带园入社经营、托管入社经营三种模式,构建多元共兴、多业并举、重点突出、特色鲜明、全面发展的现代农业产业发展新格局,以现代农业助推脱贫攻坚,引领产业振兴。根据本地独特的气候特征和土壤条件,依托丰富的农产品资源,按照"公司+基地+专业合作社+集体经济+农户(贫困户)"的规划方式,推动形成"一业两带六大基地"的现代农业发展格局("一业"即大力发展生态循环农业,"两带"即剑盐线产业示范带、双鱼线产业示范带,"六大基地"即万亩优质粮油基地、万亩优质柑橘生产基地、万亩果药套种基地、5000亩农旅融合发展基地、2000亩生态水产养殖基地、1000亩苗木果蔬基地),丰富当地农户的"菜园子"。

元山镇盘石村重点发展蔬菜产业,2018年通过"筑巢引凤"成立海山家庭农场,与夹江县吴卫伦蔬菜种植专业合作社合作,投入产业扶持基金23万元,种植了500余亩无筋豆,第一批无筋豆于2019年11月上旬采收4万余公斤,销往陕西省,供不应求。海山家庭农场无筋豆亩产可达3000余公斤,总产量100余吨,总收入达500余万元,纯收入可达50万元左右,每天用工30余人。全村96户贫困户借用扶贫产业基金全部入股,村集体按产量效益可提取积累2万余元,农户土地流转收益亩平500元左右,全村人均可创收达600余元。让农户"持家又赚钱,离土不离乡",切切实实提高了农户的生活水平和幸福指数。

通过产业带动,元山镇共提供新的就业岗位2000多个,解决当地就业1800余人(贫困户621人),实现本地劳务收入近500万元。通过稳固利益联结模式,集体经济收入渠道被拓宽,贫困户通过产业收入分红、土地流转收入、户办庭园盈利、就近务工等方式,实现人均增收2000元以上。2022年,元山镇双柳村集体经济纯收入实现23万余元,集体经济组织成员分红14.9万元、人均109元。在探索农业产业结构升级转型的道路上,形成镇有致富引路人,村有产业带头人,户有技术明白人的良好局面。同时,产业发展围绕"农业强、农村美、农民富"的目标,坚持大兴农业产业、助推乡村振兴。

元山镇以产业扶贫为切入点,重燃了农村发展希望,重构了社会诚信体系,重兴了乡村生态文明。元山镇产业扶贫的成功经验是四川省经济转型升级组合拳和剑阁县绿色发展、生态富民、科学跨越的一个缩影。

（六）甘肃省产业扶贫成效与经验

发展产业是实现脱贫的根本之策。聚焦攻克最后贫困堡垒，甘肃省农业农村厅组建产业扶贫挂牌督战工作队，挂牌督战工作队以未摘帽的 8 个贫困县及未退出的 395 个贫困村作为督导对象，围绕产业扶贫中存在的突出问题分级挂牌督战，以贫困村产业培育、贫困人口收入增长和人居环境干净整洁作为挂牌督战目标任务。通过挂牌督战，确保每个贫困村至少能培育 1 项主导产业，有运行规范、带动能力强的农民专业合作社覆盖，每个贫困村有稳定的集体经济收入渠道，最终确保剩余 17.5 万贫困人口中 6 万人左右通过发展产业实现脱贫。

1. 布局特色产业带，规模效益快速提升

面对自然条件差、经济基础薄弱、贫困程度深的省情实际，甘肃省确定并主攻"牛、羊、菜、果、薯、药"六大特色主导产业，谋划出台了一系列含金量高、针对性强的产业扶贫配套政策，通过打好精准政策组合拳促进产业扶贫实效。贫困地区特色农业产业带逐步形成，建设了宕昌县万亩中药材、安定区万亩马铃薯，环县、广河县、东乡县万只肉牛肉羊等一批绿色标准化种养基地，初步形成了以临夏州、甘南州为主的牛羊产业带，以平凉、天水、庆阳为主的果畜融合发展产业带，以定西为核心的马铃薯生产加工销售一体化发展产业带，以定西、陇南为主的中药材产业带，以榆中县、武山县为主的高原夏菜产业带，以武都区为核心的花椒产业带。

特色产业集约化、规模化发展发挥着强大的辐射带动作用。在宕昌县拉路梁绿色中药材标准化生产基地，5 个乡镇的 58 家合作社抱团发展，流转土地 2.38 万亩，带动 4190 户贫困户参与中药材种植，采取统一土壤消毒、统一供应种苗、统一标准化种植和绿色防控、统一机械化采挖、统一加工销售的全产业链生产，有力提升了中药材品质和生产效益。2019 年，宕昌县通过"宕昌模式"带动贫困户增收，退出贫困村 144 个，脱贫 7756 户、减贫 3.12 万人，建档立卡贫困人口人均可支配收入达 6020 元，同比增长 20.5%，贫困户人均增收 1530 元，贫困发生率下降到 2.54%。2022 年，宕昌县城镇居民人均可支配收入 28548.2 元，比上年同期增长 3.5%。

甘肃省还建成了安定区马铃薯、陇西中药材、静宁苹果、榆中高原夏菜、临夏肉牛肉羊等大宗农产品产地批发市场和信息价格形成中心，在全国具有一定的

话语权和定价权。培育和引进了海升集团、中天羊业、中盛羊业、蓝天淀粉等一批加工销售水平高、带动能力强的龙头企业。成功创建了安定区、临洮县两个国家级现代农业产业园，初步走上了良种繁育、生产、加工、销售一体化发展路子，促进了贫困地区一二三产融合发展，打造了一批贫困县县域经济主导产业，全省农产品加工率达到54.5%。

2. 产业扶贫支撑起"四梁八柱"，群众稳定脱贫有保障

为解决贫困群众在发展产业中"没钱干""不会干""闷头干"等核心难题，甘肃省构建了特色产业、投入保障、生产组织、产销对接、风险防范产业扶贫"五大体系"，搭建起产业扶贫"四梁八柱"，为群众稳定脱贫、长久致富保驾护航。2021年，全省脱贫人口小额信贷新增发放13.1万户共61.83亿元，累计159.13万户共717.44亿元。精准对接特色产业，激发了贫困群众的内生动力；利用入股合作社等新型经营主体，实现贫困户与市场有效对接，打通扶贫产业全产业链，帮助贫困群众提升效益。

通过到户资金政策的推动，贫困户的种养结构发生明显变化，增收产业逐步形成。蔬菜、中药材、马铃薯等高效益特色种植业和牛、羊、猪等高效益特色养殖业规模迅速扩大，实现了村有主导产业、户有增收渠道，贫困户通过到户资金扶持获得收益可达1.2万元。2019年广河县积极推进基础母牛奖补政策，广河县官坊乡石磊村贫困户在6000元奖补资金支持下，自筹6700元买下一头基础母牛。经过两年繁殖后，1头牛变成4头牛。2022年，县上筹措资金3000多万元用于牛羊产业奖补，重点扶持规模养殖户、绿色标准化养殖合作社和家庭农场。通过以奖代补，8700多户脱贫户、7500多个一般户受益。

此外，甘肃省大力加强贫困地区农产品产销对接和冷链物流体系建设。通过举办甘肃特色农产品贸易洽谈会和贫困地区农产品产销对接活动，组织龙头企业、产销协会和合作社与省外经销商有效对接。大力实施"甘味"农产品品牌营销战略，组建全省农业产业扶贫产销协会和马铃薯等8个特色产业产销协会，抱团出省抢市场。新建果蔬保鲜库1019座错峰销售农产品，防止"果贱伤农"，真正助农增收。为解决新型冠状病毒疫情期间中药材滞销的问题，宕昌县木耳乡积极与当地甘肃琦昆农业发展有限公司对接，通过村两委领办合作社的"牵桥搭线"，贫困户的中药材以略高于市场价统一销往琦昆公司，形成了"贫困户+合作社+政府+公司"的销售模式。木耳乡拉寺村神龙合作社、西坞村荣达合作社与琦昆公司达成黄芪、党参干货销售协议。

不断健全风险防范机制，持续完善推广保险保本垫底、入股分红保底、公益岗位托底和低保政策兜底的"3+1"保险保障体系，实现了农业保险对建档立卡贫困户所有种养产业全覆盖。2019年，全省实现农村金融综合服务室覆盖所有行政村，村民不出村就能享受银行、保险类基本金融服务。

甘肃省陇南市素有"陇上江南"之称，占地2.79万平方公里，是北纬33°线上的"绿色宝库"。在陇南，遍地开花的特色产业，点亮了贫困群众脱贫致富的梦想。长期以来，陇南始终把产业扶贫放在重中之重的位置，大力发展山地特色农业，坚持宜种则种、宜养则养、宜林则林，以农业供给侧结构性改革为主线，倒逼产业结构调整优化，做大做强核桃、花椒、苹果、油橄榄"四棵摇钱树"，做精做优苗木、茶叶、中药材、食用菌产业，做好做实养蜂、养鸡、养牛、养猪产业，大力培育订单辣椒、万寿菊等"短平快"产业，进一步做大做强"独一份、好中优、错峰头"等优势产业，构建起"长短结合、大小互补、种养相融"的农业特色产业矩阵，让陇南的青山绿水成为贫困群众致富奔小康的"绿色银行"。面对繁多的特色产业，陇南闯出了一条规模适度、立体发展、龙头带动、品质优先、特色取胜的发展之路。2022年数据统计显示，陇南农业特色产业面积稳定在1000万亩以上，年产值达到210亿元，对农村居民人均收入贡献率达到42%。

近年来，陇南积极组建富民公司，引导合作社、龙头企业通过"三变"改革、土地流转等方式，集约经营、规模发展、科学管理，打造了一批百亩试验园、千亩产业带、万亩示范区，培育重点龙头企业249家。同时，抢抓东西部扶贫协作和中央定点帮扶政策机遇，引进北京德青源、国药集团等落户陇南，极大提升了产业发展整体水平。积极推广现代农业技术，大力引进新优品种、改良老旧品种，强化日常科学管护，动员各级干部群众、帮扶单位连续三年开展核桃、花椒等高接换优活动，打牢了产量质量双提升的"底板"。

秉持"种好养好更要卖好"的理念，陇南大力发展农产品电子商务，实现了田间与餐桌的"无缝"对接。特别是在新型冠状病毒疫情防控期间，陇南化危为机，发展同城配送，让陇南人首选陇南农产品，推进消费扶贫，汇集四面八方的力量助农增收，形成了自产自销的"小循环"和陇南产品卖到全国、卖到境外的"大循环"互补发展格局，成为当前陇南拉动经济最行之有效的方法。陇南人自己的"线上旗舰店"居家生活平台——陇南电商同城配送平台于 2020 年 7 月正式上线运行。同时，陇南还积极组团参加全国、全省重大节会，举办各类产销对接会、产品博览会，积极申报"三品一标"认证，一大批产品入选"甘味"农产品名录，以"祥宇"橄榄油为代表的纯天然、原生态、无污染的陇南"麻辣香甜"产业普遍获赞。

3. 甘肃省产业脱贫经验

（1）武都区

为改善贫困地区生产生活条件和帮扶贫困人口脱贫奔小康，武都区扶贫部门通过实地调研、精细规划，大力实施产业扶贫，先后在 13 个乡镇 42 个村栽植优质嫁接核桃良种苗木 42.43 万株，发展中药材 10 万亩，进一步增强了贫困村的发展后劲，激发了发展的内生动力。武都区隆兴乡四房村采取党参和核桃套种模式，大力提升土地的利用率和产出率，帮助贫困群众积蓄发展后劲。隆兴乡党委政府联合扶贫部门将栽植任务分解到每一位包片领导和驻村干部头上，落实逐级责任制，量化目标，规定时间，严明奖惩。在栽植过程中，积极做好人员组织、苗木预定、物资准备等前期工作。同时，扶贫部门选派驻村指导员跟班作业，确保栽一棵、活一棵。武都区马街镇沙坪村几乎每家每户都种植花椒，搭乘花椒产业发展的快车，邻里乡亲们得以顺利脱贫。

（2）西和县

西和县遵照"尊重规律、扩大规模、强化科技、健全市场、壮大龙头、打造品牌、提质增效"的总体思路和"一产区、六基地、多片带"的特色农业发展布局，投入财政扶贫资金 213 万元用于重点产业培育，完成优质核桃栽植 1486 亩，建设了十里乡后川坝苹果基地示范点，栽植苹果 1500 亩，建设了大桥乡鱼洞大樱桃示范点，栽植大樱桃 200 亩；在何坝等蔬菜适宜区种植高原夏菜 400 亩；繁育马铃薯良种 600 亩，良种推广 1400 亩，进一步优化了农业产业结构，加快了贫困村农民增收步伐。

（3）康县

为了充分调动广大贫困群众参与产业开发的积极性，加快推进全县建档立卡贫困群众脱贫致富步伐，夯实整县脱贫群众增收基础，康县结合全县产业发展实际，制定了《康县产业扶贫奖补办法及标准（试行）》，突出"六项措施"，强力推进农业特色产业、劳务产业、农村电商产业、乡村旅游产业等重点扶贫产业发展，确保带动贫困人口稳定增收、顺利脱贫。

一是政府主导，群众主体。发挥政府投入在扶贫开发中的主体引导作用，充分发挥建档立卡贫困户在产业发展中的主体地位，调动贫困户脱贫致富积极性，引导贫困户根据自身条件和能力自主选择发展产业。

二是乡镇主责，部门主推。乡镇党委、政府作为产业扶贫项目落实的主体，指导贫困村制定项目资金管理办法。县直农牧、林业、人社、旅游、电商等产业部门落实业务指导、服务等主要责任。县乡（镇）积极协作，密切配合，瞄准贫困人口，突出扶贫效应，落实建档立卡贫困户稳定、长期受益产业帮扶措施，努力解决好制约贫困人口致富产业发展的关键因素，增强贫困人口自我发展的能力。

三是分类施策，差别扶持。针对建档立卡贫困户致贫原因，落实差异化扶持政策。对已经脱贫但有产业发展需求和能力的建档立卡退出户，综合运用产业贷款、"三变"改革等措施扶持发展。对尚未脱贫但有产业发展需求的建档立卡贫困户（含动态调整新识别的贫困户），结合"一户一策"梳理出来的产业项目，采取直接奖补贫困户发展产业和政府向新型经营主体补助带贫资金的方式，对自主发展产业的实行以奖代补；对有发展意愿但无劳动能力的，鼓励将到户扶持资金入股企业（合作社）参与分红。建档立卡贫困户稳定脱贫后，政府配股的1万元股金收回村集体作为产业扶贫发展基金。通过自我发展和带动发展，实现贫困户经营性收入稳定增长。

四是精准施策，群众满意。立足资源优势、生态优势和多元化产业实际，紧紧围绕特色农业、乡村旅游、劳务输转、农村电商四大主导产业，按照长短结合、以短为主的要求，根据建档立卡贫困户产业需求和乡镇产业发展实际，精准安排贫困户到户产业项目，引导建档立卡贫困户集中发展，打造区域性特色产业带。

五是自力更生、先建后补。对未脱贫且有产业需求的建档立卡贫困户实行直接奖补方式，产业定标准，奖补定限额，采取"先实施后奖补"的原则，项目实施见效并经验收后兑现奖补。产业奖补涉及食用菌、中药材、瓜果蔬菜、粮油、畜禽水产养殖、茶叶、蚕桑、核桃、花椒等农业特色产业项目，包含种植类项目奖补、养殖类项目奖补、劳务产业奖补、农村电商奖补及贫困户开办农家乐或农家客栈等乡村旅游方面奖补。

第四章 秦巴山区茶产业助推乡村振兴

第一节 助推乡村振兴发展现状

一、秦巴山区发展茶产业的优势及必然性

（一）自然地理与区域特点

秦巴山脉是秦岭山脉与大巴山脉的总称，是指长江最大支流汉水上游的秦岭大巴山及其毗邻地区，地跨甘肃省、四川省、陕西省、重庆市、河南省、湖北省六省市，其主体位于陕南地区。秦岭是横贯中国中部的东西走向山脉，西起甘肃省临潭县北部的白石向东经天水南部的麦积山进入陕西，在陕西与河南交界处分为三支，北支为崤山，余脉沿黄河南岸向东延伸，通称邙山；中支为熊耳山；南支为伏牛山。

秦岭南北的温度、气候、地形均呈现差异性变化，因而秦岭——淮河一线成为中国地理上最重要的南北分界线。秦岭主峰太白山高3771.2米，在陕西省宝鸡市内。秦岭以南属亚热带气候，自然条件为南方型，以北属暖温带气候，自然条件为北方型；秦岭南北的农业生产特点也有显著的差异。因此，长期以来，人们把秦岭看作我国"南方"和"北方"的地理分界线。大巴山是四川盆地北部的天然屏障，阻滞、削弱了冬半年北方冷空气的南侵，对四川冬暖春早气候的形成影响重大。

秦岭西段大致可分为西、中、东三段。这些山岭海拔均在1500米以上，以紫柏山最高，海拔达2610米。秦岭西段各山脉分别为清姜河与嘉陵江、嘉陵江左岸支流与沮水干流、支流以及褒河一些支流的分水岭和发源地。陕西秦岭的中段称为终南山，主要山岭海拔在2500~3000米，是沣河、涝河、沪河、子午河、旬河和金钱河等的发源地。由秦岭梁向东南延伸的平河梁，主峰是广东山，海拔为2675米。在旬河和社川河流域，有近东西向延伸的古道岭、海棠山和羊山，山势低缓，海拔在1500米左右，是月河主要支流——恒河、付家河、蜀河、池

河等干、支流的发源地。骊山是陕西秦岭中段北麓外延的断块山，主峰是仁宗庙，海拔为1302米。陕西秦岭的东段呈手指状，向东南展开。从北向南依次是太华山、蟒岭、流岭、鹘岭和新开岭，海拔在1500~2500米；南洛河、丹江及其支流银花河分布其间，成为山河相间的岭谷地形。秦岭主脊草链岭和大华山，是丹江、南洛河以及秦岭东段北坡山洞溪流的分水岭与发源地。

大巴山是中国中亚热带气候和北亚热带气候的分界线，大部分地区属北亚热带气候。大巴山南面的四川盆地为中亚热带气候，而北面的汉中盆地则属于北亚热带气候。

（二）气候条件

秦巴山脉地处北半球中纬度，属大陆性季风气候。秦岭对气流运动有明显的阻挡作用，是我国1月0℃等温线、湿润半湿润区分界线和800毫米降水等值线，冬季将来自西伯利亚的寒冷气流阻挡在秦岭北坡，夏季将来自西太平洋的暖湿气流挡在秦岭以南，导致其南北气候条件对比鲜明，气温、降水、干湿状况、水资源、土壤植被、农业结构等差异大。秦岭北坡属于暖温带，年平均气温在11.9℃左右，年降水量为500~700毫米，属半湿润区；而秦岭以南属于亚热带气候，四季分明，雨量充沛，属湿润区，年均气温在14℃以上，年均降水量在800毫米以上，大巴山区则大于1000毫米/年，无霜期为210~256天。此外，秦岭山区山地高耸，垂直气候明显，南坡出现北亚热带暖温带、中温带、冷温带及亚寒带等多种气候带，北坡仅比南坡少一个北亚热带。秦岭山脉中山以下地区四季的气候具有干湿、冷暖分明，干冷与暖湿同季的特点。2000米以上的中高山地区，冬季寒冷，无夏，春夏秋三季不分明，山地南北的自然景观及农业有很大的差别，由于秦岭对南北气流的阻隔作用强，所以南北温度差异大。

秦岭山区气温的一般特点是冬季寒冷，夏季炎热，春季升温快，秋季降温迅速，春秋季气温多变。降水集中在夏季与秋季，占全年降水量55%左右。同时受地形影响，江水有明显的垂直变化与水平变化。秦岭山脉的空气湿度一般随海拔升高而迅速降低，到一定高度后达到最小值又开始转为向上增大。所有高度都是南坡比北坡大。秦岭山脉平均风速随海拔的升高而增加，且北坡风速总是比南坡大，主要出现在1月与7月。秦岭日照时数随高度变化比较复杂，在海拔750~1000米日照时数最长，向下迅速减少，向下由于绝热雾和低云，日照量也减少。

广义的大巴山是指绵延四川省、陕西省、甘肃省和湖北省边境山地的总称，长1000千米，为四川盆地、汉中盆地的分界山，属褶皱山。大巴山东与神农架、巫山相连，西与摩天岭相接，北以汉江谷地为界，西北——东南走向。狭义的大巴山在汉江支流经河谷地以东，四川省、陕西省、湖北省三省边境，为汉江与嘉陵江的分水岭，海拔为1300~2000米。主峰为大神农架，海拔3053米，位于湖北省神农架林区，富林、矿资源。四山松、巴山冷杉为其特有树种，经济林木以油桐、白蜡树、茶树、竹类为主。其木耳生产在全国有名，通江的银耳、城口的大木漆，以产量大、质量优著称全国。另有大量草山草坡，可用以牧养黄牛和山羊。成渝、襄渝、安阳铁路通车后，有不少穿越大巴山的公路。大巴山年平均气温为16~18℃，其余地区为14~16℃。年平均降水量一般在1000~1200毫米，米仓山东部为1200毫米以下，神农架林区为1400毫米左右。万源、巫溪一带是川陕鄂大巴山暴雨区的中心，年暴雨日6~8天。

（三）秦巴山区发展茶产业的基础与优势

在我国，有着悠久的茶叶产业史。中国是最早发现茶树的国家，也是最早开展茶叶加工和销售的国家。顾炎武曾道："自秦人取蜀而后，始有茗饮之事。"肯定了中国和世界的茶叶文化最初是在巴蜀发展起来的。巴蜀产茶，可追溯到战国时期或更早，巴蜀已形成一定规模的茶区，并以茶为贡品。西汉时，成都不但已成为我国茶叶的一个消费中心，由后来的文献记载看，很可能也已成了最早的茶叶集散中心。秦汉时期，茶业随巴蜀与各地经济文化而传播。《茶经》和唐代其他文献记载，唐代时期茶叶产区已遍及今之四川、陕西、湖北、云南、广西、贵州、湖南、广东、福建、江西、浙江、江苏、安徽、河南等十四个省区，几乎达到了与我国近代茶区约略相当的局面。隋唐以来，茶叶更成为重要的外贸商品，远销东南亚乃至欧洲，成为中央政府重要的税收来源。中华人民共和国成立后，历经70多年的发展，我国茶叶逐步迈向规范化、标准化、国际化，成为世界性的茶叶中心。建国初期的茶叶政策，大大促进了我国茶叶产业的迅速发展。中国不仅是产茶大国，并且是世界上茶类生产较为齐全的国家。中国幅员辽阔，不同地区的地形条件、自然气候有着很大的差别，这为茶叶产业的区域化发展以及区域优势的形成提供了良好的基础。目前，我国19个省份超1000个县种植茶叶，结合地带、气候、土壤特点等划定的区域，形成了西南、华南、江南、江北四大茶区。同时形成了"长江中下游名优绿茶、东南沿海优质乌龙茶、长江上中游特色和出口绿茶、西南红茶和特种茶"四大优势区。其中,长江中下游名优绿茶是我国茶叶的代表。

中国不仅是世界上最大的茶叶种植国,且拥有全球最多的饮茶人口,茶叶已经成为人们日常生活中不可或缺的一部分,并发展出独具民族特色的茶文化。茶叶产业作为绿色经济的重要组成部分,在改善生态环境、提高茶农收入、出口创汇乃至文化输出中均有着独特的作用。作为我国重要的特色农业产业,茶产业在乡村振兴、共同富裕中具有非常重要的价值。依据中国茶叶区域公用品牌价值评估报告显示,2019年,茶产业平均从业人数297377.60人,2020年平均带动301719.92人就业,2021年平均从业人数达到了310199.24人。3年间,平均从业人数增幅达4.31%。茶产业的振兴发展极大地带动了当地就业,为更多人提供了就业岗位。同时,对比2007年至2022年的15年毛茶收购价可知,2007年,我国茶叶区域公用品牌的平均毛茶收购价格为187.39元/千克;2021年,平均毛茶收购价上升至391.95元/千克,较14年前的平均收购价增长了109.16%。毛茶收购价的增长,可从侧面反映出茶农收入的增长趋势,茶叶区域公用品牌带动茶农增收的效果显著。

秦巴山区由于其独特的地理区域特征和气候优势,非常适宜茶叶的生长。在人们长期的发展中,逐步积累了非常丰富的种茶和制茶经验,使茶叶成为秦巴山脉的一种重要的经济作物。茶叶生产是秦巴山脉经济发展的传统产业之一,其独特的自然环境和无污染、全天然、纯绿色、富含锌硒等特点,使秦巴茶叶跻身于全国名茶行列。秦巴山脉茶叶分布面积广,文化底蕴深厚。目前,全区茶叶种植面积达200万亩,年产茶叶10万吨以上,西乡、紫阳、平利等县都是中国知名的"茶乡"。秦巴山脉有紫阳翠峰、翠芽、午子仙毫、巴山雀舌、五峰采花毛尖、竹溪龙峰、武当道茶、宁强雀舌、定军茗眉、三里垭毛尖等数十种名茶,"紫阳翠峰"创出0.5千克1.5万元拍卖成交价的纪录。2015年11月,来自秦岭深处的紫阳富硒茶叶的香气飘进人民大会堂,成为第十届中国中小企业家年会上的指定用茶。陕西的商南、镇安、紫阳、宁强、西乡、平利及汉台、南郑两区,重庆的奉节、云阳、巫山、巫溪、城口推进规模化标准化茶园建设和老茶园改造,湖北也在打造库区生态、有机茶叶基地。

目前,区内已经拥有很多较为成熟的茶产业生产与营销模式,出现了许多龙头企业带动、农民协会自我发展、政府引导型生态茶园模式,以及一些电商营销模式，秦巴茶叶开始走上国际市场。当地居民通过茶产业发展带动就业、经济的发展，正在朝着"绿染秦巴山川，成就'金山银山'"的方向迈进。陕西省南部地区的汉中、安康、商洛三市，气候温润、生态优越，是南水北调中线工程水源保护地和涵养地，土壤富硒，茶叶生态条件独特。党的十八大以来，陕南三市加快推进茶产业发展，通过政策引导、专项扶持、示范推广等措施，走生态优先、绿色发展之路，因茶致富、因茶兴业，推动陕南茶园面积、茶叶产量和产值稳步增长，已建成的293.4万亩茶园绿染秦巴山川，茶产业年综合产值500多亿元，77.9万贫困人口因茶脱贫致富，茶产业成为陕南群众奔小康的新产业。秦岭腹地的镇安县现有10.5万亩高标准茶园，2020年全县茶叶产值达到2亿多元，从业人员达到1.4万人，带动1800多户5700多人实现脱贫。2022年，全县产茶叶达1200多吨，产值2.5亿元，茶农4515户，户均茶园25.6亩，年户均纯收入5.5万元，全县615户1953人脱贫户、监测户搭上了产业增收的"快车"。汉中市勉县是茶叶种植大县，截至目前，全县茶园总面积20.4万亩，茶农逾1.2万户。2022年，勉县生产茶叶1.05万吨，产值14.8亿元，茶业成为当地群众增收致富的支柱产业。安康市紫阳县向阳镇形成了5000亩规模的紫阳富硒茶观光园，不仅开展茶园丰产优质栽培技术培训、茶树良种选育等工作，也成为集茶山观光、民俗风情体验、休闲娱乐、特色产品购物于一体的观光游览地。汉中市镇巴县观音镇丰源林牧业有限公司种植高山富硒有机茶6200亩，山区移民搬迁群众长期在茶园茶厂务工，实现家门口就业。

二、秦巴山区目前整体经济发展现状

（一）地区生产总值显著提高

纵向来看，秦巴山区五省一市近10年间，各省（直辖市）的地区生产总值呈现明显而持续的上升态势（表4-1），特别是河南、湖北、四川三省的规模优势明显。

2021年，秦巴山区五省一市的GDP总量（230689.5亿元）占全国全国GDP总量的20.17%，经济发展总量处于全国中等水平。河南省（58887.4亿元）、湖北省（50012.9亿元）、四川省（53850.8亿元）超过全国平均水平，陕西省在平均水平上下，重庆市、甘肃省低于平均水平（表4-2）。河南、湖北、四川三省体量大，具有规模优势，陕西省体量虽大但规模优势不明显，重庆市体量小但经济优势明显，而甘肃省是典型的欠发达省份。

表4-1 秦巴山区五省一市近年地区生产总值统计表　　　　单位：亿元

年份	河南	湖北	重庆	四川	陕西	甘肃
2012年	28961.9	22590.9	11595.4	23922.4	14142.4	5393.1
2013年	31632.5	25378.0	13027.6	26518.0	15905.4	6014.5
2014年	34574.8	28242.1	14623.8	28891.3	17402.5	6518.4
2015年	37084.1	30344.0	16040.5	30342.0	17898.8	6556.6
2016年	40249.3	33353.0	18023.0	33138.5	19045.8	6907.9
2017年	44824.9	37235.0	20066.3	37905.1	21473.5	7336.7
2018年	49935.9	42022.0	21588.8	42902.1	23941.9	8104.1
2019年	53717.8	45429.0	23605.8	46363.8	25793.2	8718.3
2020年	54259.4	43004.5	25041.4	48501.6	26014.1	8979.7
2021年	58887.4	50012.9	27894.0	53850.8	29801.0	10243.3

数据来源：根据国家统计局网站数据整理而来，后文除特殊说明外，数据获取途径与本表一致。

表4-2　2021年五省一市GDP在全国的比例

项目	绝对值/亿元				比例/%			
	第一产业	第二产业	第三产业	GDP	第一产业	第二产业	第三产业	GDP
河南	5620.8	24331.6	28934.9	58887.4	6.77	5.40	4.75	5.15
湖北	4661.7	18952.9	26398.4	50012.9	5.61	4.20	4.33	4.37
重庆	1922	11184.9	14787.1	27894	2.31	2.48	2.43	2.44
四川	5661.9	19901.4	28287.6	53850.8	6.81	4.41	4.64	4.71
陕西	2409.4	13802.5	13589.1	29801	2.90	3.06	2.23	2.61
甘肃	1364.7	3466.6	5412	10243.3	1.64	0.77	0.89	0.90
五省一市	21640.5	91639.9	117409.1	230689.5	26.05	20.32	19.26	20.17
全国	83085.5	450904.5	609679.7	1143669.7	100.00	100.00	100.00	100.00

五省一市的整体经济优势并不明显，对秦巴山区的全面振兴发展拉力不足。通常而言，只有在省市经济发展良好的情况下，区域经济才能实现跨越式发展，更有可能实现"弯道超车"。而经济发展自身情况不足的省份，就需要借助外力提升发展，如通过投资带动、健全机制改革及政府调控等方式。透过GDP内部产业结构来看，第一产业（21640.5亿元）占全国GDP总量的26.05%，超过GDP占全国的比重，可见秦巴地区具有农业发展的比较优势，除了重庆市体量较小而显得较弱，其他省份都在全国水平之上，特别是四川省、河南省和湖北省是全国农业大省。第二产业（91639.9亿元）占全国GDP总量的20.32%，情况基本与第一产业类似，其中河南省和陕西省第二产业发展具有比较优势。对比秦巴山区五省一市GDP结构，河南、湖北、四川、甘肃省对第一产业贡献比重较高，重庆市和陕西省对第二产业贡献率较高；2021年GDP贡献率占全国20.17%，且一、二、三产均在全国20%左右，特别是第一产业占到了全国26.05%。对第一产业贡献较大的是河南、湖北和四川，第二产业贡献较大的是除河南、湖北和四川外，还有陕西，第三产业以河南、湖北和四川为第一梯队（表4-3）。

表4-3　五省一市GDP结构与全国比较

分类	GDP 2021年	GDP 2017年	第一产业 2021年	第一产业 2017年	第二产业 2021年	第二产业 2017年	第三产业 2021年	第三产业 2017年
五省一市合计/亿元	230689.5	168841.5	21640.5	15807.8	91639.9	72308.3	117409.1	80725.7
五省一市GDP结构	100.00%	100.00%	9.38%	9.36%	39.72%	42.83%	50.89%	47.81%
全国/亿元	1143669.7	832035.9	83085.5	62099.5	450904.5	331580.5	609679.7	438355.9
全国GDP结构	100.00%	100.00%	7.26%	7.46%	39.43%	39.85%	53.31%	52.68%

（二）地区居民人均收入不断增加

从地区生产总值看，秦巴山区五省一市在近10年间无论是居民人均可支配收入，还是农村居民可支配收入，都有明显而持续的上升（表4-4、表4-5）。重点看2017年至2021年5年时间的变化情况，发现以重庆市、四川省、陕西省和甘肃省增幅比例大，说明该区域农民人均收入增长明显，均超过了40%，这在一定程度上反应了该区域自脱贫攻坚到乡村振兴以来经济发展的效果。

表4-4 秦巴山区近10年分省居民人均可支配收入统计表　　　　单位：元

年份	河南	湖北	重庆	四川	陕西	甘肃
2012年	12772	14809	14924	12753	12885	9768
2013年	14204	16472	16569	14231	14372	10954
2014年	15695	18283	18352	15749	15837	12185
2015年	17125	20026	20110	17221	17395	13467
2016年	18443	21787	22034	18808	18874	14670
2017年	20170	23757	24153	20580	20635	16011
2018年	21964	25815	26386	22461	22528	17488
2019年	23903	28319	28920	24703	24666	19139
2020年	24810	27881	30824	26522	26226	20335
2021年	26811	30829	33803	29080	28568	22066

表4-5 秦巴山区近10年分省农村居民人均可支配收入统计表　　　　单位：元

年份	河南	湖北	重庆	四川	陕西	甘肃
2012年	7963	8582	7526	7432	6285	4931
2013年	8969	9692	8493	8381	7092	5589
2014年	9966	10849	9490	9348	7932	6277
2015年	10853	11844	10505	10247	8689	6936
2016年	11697	12725	11549	11203	9396	7457
2017年	12719	13812	12638	12227	10265	8076
2018年	13831	14978	13781	13331	11213	8804
2019年	15164	16391	15133	14670	12326	9629
2020年	16108	16306	16361	15929	13316	10344
2021年	17533	18259	18100	17575	14745	11433
2021年相对2017年增幅	37.85%	32.20%	43.22%	43.74%	43.64%	41.57%

三、秦巴山区茶产业整体发展现状

（一）种植与开园采收状况

从农作物总种植面积看，2021年，秦巴山区的农作物总种植面积是44410.76千公顷，占全国农作物总种植面积的26.33%，河南省接近秦巴山区总种植面积的1/3，四川省超过1/5。从茶叶种植面积看，四川省、湖北省分别占到秦巴山区茶叶总种植面积的 1/3，明显具有规模优势，秦巴山区总的茶叶种植面积占全国茶园总种植面积的 33.64%，超过全国总种植规模的 1/3。农作物的种植面积比例可以反映农业产业的布局状况，从上述数据不难看出，2021 年农业产业总体布局中，第一梯队当属河南省和四川省，两省总量达到秦巴山区总量的一半，第二梯队为湖北省，第三梯队主要是陕西和甘肃省，重庆市体量最小。茶产业布局中，2017 年主要是四川省、湖北省处于第一梯队，四川省超过秦巴山区总量 1/3，2021 年年末，湖北省、重庆市、陕西省茶产业种植规模继续扩张，处于第一梯队的是湖北省和四川省，第二梯队的是陕西省和河南省，其次是重庆市、甘肃省（表 4-6）。

表 4-6 秦巴山区五省一市主要农作物及茶叶种植面积比例　　单位：千公顷

项目	主要农作物总种植面积 2021年 绝对值	占比(%)	2017年 绝对值	占比(%)	茶园总种植面积 2021年 绝对值	占比(%)	2017年 绝对值	占比(%)
河南省	14705.13	8.72	14732.53	8.86	115.78	3.50	115.76	4.06
湖北省	8109.24	4.81	7956.14	4.78	369.08	11.16	283.31	9.95
重庆市	3409.26	2.02	3339.56	2.01	54.34	1.64	39.94	1.40
四川省	9999.92	5.93	9575.05	5.76	404.85	12.24	356.28	12.51
陕西省	4189.27	2.48	4063.88	2.44	156.53	4.73	126.57	4.44
甘肃省	3997.94	2.37	3752.03	2.26	12.27	0.37	11.75	0.41
五省一市合计	44410.76	26.33	43419.19	26.10	1112.85	33.64	933.61	32.77
全国	168695.13	100.00	166331.91	100.00	3307.84	100.00	2848.72	100.00

进一步看各省实有茶园面积的变化，均有稳步增加的态势，特别是湖北省和陕西省扩张明显，重庆市较为稳定，河南省和甘肃省增速放缓（表 4-7）。茶产业具有第一产业的特征，随着产业发展规模的不断扩张，也需要注意不同情况下的适度规模，避免规模风险的存在。

茶产业对区域经济的带动需要同时考虑投入和产出状况，而茶园开园采收面积在一定程度上体现了产业产出水平。因此，对比秦巴山区茶园总种植面积和当年茶园采摘面积，可以较为直观地了解该产业发展的情况。对比发现，体量越大的省份，采收面积与种植面积的差越大，这也是产业发展中需要注意的可能的经营风险（表4-8）。

表4-7　秦巴山区近10年实有茶园面积统计表　　　单位：千公顷

年份	河南	湖北	重庆	四川	陕西	甘肃
2012年	87.63	225.45	34.31	270.83	89.16	9.72
2013年	97.69	246.91	35.38	287.63	99.31	10.2
2014年	105.47	251.03	37.44	307.09	108.29	10.62
2015年	114.0	261.5	39.86	319.03	112.16	11.27
2016年	118.29	267.53	39.53	341.68	118.03	11.45
2017年	115.76	283.31	39.94	356.28	126.57	11.75
2018年	115.67	321.5	42.35	375.4	135.89	12.11
2019年	114.6	347.7	47.5	387.0	145.20	12.30
2020年	113.0	358.39	52.09	396.38	152.72	12.31
2021年	115.78	369.08	54.34	404.85	156.53	12.27

表4-8　秦巴山区五省一市近10年当年茶园采摘面积统计　　　单位：千公顷

年份	河南	湖北	重庆	四川	陕西	甘肃
2012年	73.52	164.95	25.21	190.26	63.51	3.83
2013年	78.98	174.84	22.27	203.18	66.99	4.23
2014年	88.49	182.11	28.25	215.38	66.95	5.22
2015年	93.04	188.02	28.6	228.49	73.21	5.81
2016年	99.33	193.32	29.19	236.49	80.93	6.11
2017年	97.56	202.9	29.98	252.38	87.05	6.15
2018年	97.87	232.68	31.19	277.03	91.08	6.45
2019年	94.9	264.8	32.9	295	102.6	6.4

注：全国分省茶园采摘面积目前只统计到2019年。

（二）茶叶产量基本情况

从茶叶产量看，秦巴地区的茶叶产量占全国茶叶总产量1/3左右，其中，以湖北、四川的茶叶产量占比最高，分别超过全国总产量10%以上（表4-9、表4-10）。

表4-9　秦巴山区五省一市近10年分省茶叶产量统计表　　　　单位：万吨

年份	河南	湖北	重庆	四川	陕西	甘肃
2012年	5.14	20.41	3.13	21.03	3.49	0.1
2013年	5.59	21.71	3.41	21.97	4.02	0.1
2014年	6.11	24.41	3.37	23.47	4.85	0.11
2015年	6.49	26.13	3.5	24.61	5.41	0.12
2016年	6.86	28.7	3.66	26.51	6.11	0.12
2017年	6.4	30.33	3.88	27.78	6.66	0.12
2018年	6.34	32.98	4.2	30.07	7.1	0.13
2019年	6.53	35.25	4.48	32.54	7.93	0.15
2020年	7.1	36.08	4.81	34.42	8.7	0.16
2021年	7.5	40.44	5.08	37.48	9.32	0.16

表4-10　秦巴山区五省一市茶叶产量比例　　　　单位：万吨

项目	2021年 绝对值	2021年 占比（%）	2017年 绝对值	2017年 占比（%）
河南省	7.5	2.37	6.4	2.60
湖北省	40.44	12.78	30.33	12.33
重庆市	5.08	1.61	3.88	1.58
四川省	37.48	11.85	27.78	11.29
陕西省	9.32	2.95	6.66	2.71
甘肃省	0.16	0.05	0.12	0.05
五省一市合计	99.98	31.60	75.17	30.55
全国	316.4	100.00	246.04	100.00%

（三）茶叶区域品牌发展及价值评估

根据《2022中国茶叶区域公用品牌价值评估报告》数据显示，秦巴山区五省一市茶叶区域品牌的平均品牌价值，以河南、陕西两省最好，分别以33.97亿元和29.51亿元位列第二和第三。相对而言，重庆市的茶叶区域公用品牌的平均品牌价值较弱，为11.43亿元。总品牌价值以湖北和四川最高，参与有效评估的品牌数量达12个（表4-11）。

表4-11　2022年有效评估品牌中秦巴山区各省份的平均品牌价值和品牌总价值比较

省份	有效评估品牌数（个）	品牌总价值（亿元）	平均品牌价值（亿元）
湖北	12	222.26	18.52
四川	12	256.42	21.37
河南	3	101.9	33.97
陕西	3	88.52	29.51
重庆	3	34.28	11.43

对比品牌收益，河南省有效评估品牌的平均品牌收益位于前列，达2亿元以上；重庆市有效评估品牌的平均品牌收益为6959.04万元，是有效评估的16个产茶省份中平均品牌收益最低的2个区域之一。从平均单位销量品牌收益来看，江苏省以平均796.05元/千克的单位销量品牌收益高居榜首，表现出强劲的品牌溢价能力，相比秦巴山区五省一市茶叶区域品牌平均单位销量品牌收益整体位于全国中等偏上水平，其中以重庆市表现最佳（表4-12）。从全国范围来看，126个有效评估品牌中品牌收益排在前10位的品牌中，来自浙江的品牌占3个，河南、陕西的品牌各有1个，其中信阳毛尖的品牌收益排第三位。可见，秦巴山区通过茶产业带动增收的效益是比较显著的，未来市场发展的成长性也很好。

表4-12　2022年秦巴山区各省有效评估品牌平均品牌收益及平均单位销量品牌收益比较

省份	平均品牌收益（万元）	平均单位销量品牌收益（元/千克）
河南	20489.03	41.93
陕西	19325.19	21.41
四川	13390.4	34.65
湖北	11709.63	21.64
重庆	6959.04	64.25

整体来看，2022年上榜的126个茶叶区域品牌中，除甘肃省外的其余四省一市均表现出明显的增长势头，各省（市）区域品牌集聚的效应逐步凸显，品牌价值不断提高（表4-13）。茶产业的蓬勃发展，使茶农的收入逐年增加，茶叶区域公用品牌带动茶农增收的效果显著。

表4-13 秦巴山区茶叶区域品牌价值

区域	最高值	最低值	品牌数	品牌名称	品牌价值/亿元 2022年	品牌价值/亿元 2019年	增值	增长率（%）
河南	75.72	11.88	3	信阳毛尖	75.72	65.31	10.41	15.94%
				桐柏玉叶茶	14.3	7.79	6.51	83.57%
湖北	38.16	0.23	12	赤壁青砖茶	38.16	28.41	9.75	34.32%
				恩施玉露	27.07	20.54	6.53	31.79%
重庆	28.84	1.91	3	永川秀芽	28.84	19.3	9.54	49.43%
				南川金佛玉翠茶	3.52	1.67	1.85	110.78%
四川	43.99	2.83	12	蒙顶山茶	43.99	33.65	10.34	30.73%
				峨眉山茶	41.76	29.74	12.02	40.42%
陕西	39.6	10.21	3	安康富硒茶	39.6	22.2	17.4	78.38%
				汉中仙毫	38.71	25.69	13.02	50.68%

根据2023中国茶叶区域公用品牌价值评估核心成果发布的数据显示，2023年秦巴山区茶叶区域品牌进入全国前20名的是信阳毛尖（品牌价值79.84亿元）、蒙顶山茶（品牌价值49.60亿元）、峨眉山茶（品牌价值46.44亿元）、安康富硒茶（品牌价值43.8亿元），相比上年度，品牌价值均在继续提升。其中湖北省的赤壁青砖茶被评为最具品牌资源力的三大品牌之一，四川省的蒙顶山茶被评为最具品牌经营力的三大品牌之一，湖北省的恩施玉露和陕西省的安康富硒茶均在最具品牌发展力的三大品牌之列。可见，秦巴山区通过发展茶叶区域品牌发展茶产业，对推动乡村振兴发展中具有强劲的发展潜力。

第二节 助推乡村振兴发展方式

一、发展新型经营主体助推乡村振兴

新型农业经营主体，是乡村振兴战略的实施者。经营主体的蓬勃发展能促进乡村产业兴旺，推动农村一二三产业融合，可以提升农民的整体素质，有利于乡风文明建设。目前茶产业的经营主体主要包括专业大户、家庭农场、农民专业合作社、茶叶龙头企业等在内的各种组织形式，它们往往具有较大的经营规模，相对较好的物质装备和管理基础，能够充分地利用各种资源，劳动生产、资源利用及土地的产出率较高，可以通过商品化的生产为其增加收入来源。

在我国农业产业化经营过程中，产生了龙头企业这样一个特殊的群体，并自

产生之初起龙头企业就一直是我国农业产业化经营最主要的经济组织载体。狭义的龙头企业是由国家依据一定的标准认定的，这些国家认定的龙头企业一般是在农业产业化经营中依托农户产品生产基地建立的，规模较大，辐射带动作用强，具有引导生产、深化加工、服务基地和开拓市场等综合功能。广义上的龙头企业具有与狭义上的龙头企业一样的综合功能，但组织形式有农副产品加工流通企业、中介组织或批发市场等。在已有的许多文献，往往赋予"农业产业化组织"与广义的龙头企业相同的内涵。"龙头企业带动"乡村振兴模式是通过培育一批规模较大、辐射带动作用强的龙头企业，带动区域经济发展。截至2021年，农业产业化国家重点龙头企业中，国家重点龙头茶企数量为68家，占比4.40%，总计所占比例逐步提升。

新型农业经营主体助推乡村振兴，需进一步转变管理理念。当前我国的农产品生产消费变化较快，经营主体面临着农业转型升级。新型农业经营主体管理理念应适应时代变化及产业发展趋势，转变主体管理理念的主要路径为：一是政府或行业协会有计划地组织主体参观学习先进地区管理理念。二是新型农业经营主体可以聘请高素质的专业管理人才。三是新型农业经营主体应转变传统的重生产、轻管理以及依靠个人经验管理的思维模式，提升管理者的创新意识。

新型农业经营主体助推乡村振兴，需进一步健全管理制度。完善的管理制度能提升新型农业经营主体的市场竞争力，是规范化管理的重要保障。健全主体管理制度的主要内容为：一是借鉴现代企业管理经验，清晰定位主体内各部门的职能范围。立足企业及农业合作社发展特色，建立科学合理的管理制度，提升社员及员工的制度意识，使农民专业合作社及农业企业内部管理有制度可依，明确各部门分工，确保主体内部的有序运转，提升管理效率。二是完善主体内部的财务管理制度。

新型农业经营主体助推乡村振兴，需进一步创新经营方式。创新经营方式是新型农业经营主体适应市场竞争环境的必然要求。创新主体经营方式的具体路径为：一是实行订单农业。订单农业经营模式是满足市场需要的必然产物，可以使农业逐步走向市场化、商业化的道路，有利于主体合理规划生产。二是促进电子商务发展。

新型农业经营主体助推乡村振兴，需进一步提升市场风险防范能力。强化农业市场风险的管控是新型农业经营主体稳定发展的前提条件。具体路径为：一是提升新型农业经营主体的市场分析能力，把握市场的未来走向，避免盲目生产。二是通过适度规模经营、推广机械化生产等措施降低生产成本，防范价格波动风险。

二、优化利益联结机制助推乡村振兴

乡村振兴不仅仅是产业发展问题，而且是治理问题和农政问题。因此，只有将产业发展放在农政发展的脉络与框架之中进行分析，才能从根本上揭示其根源。找到农户与大市场之间的联结机制，是破解产业发展难题的关键。已有不少研究表明，在乡村振兴模式中农户参与程度高的混合带动模式的农户受惠明显优于参与程度较低的直接带动、就业创收和资产收益模式。然而，现代市场中农户相较企业公司等市场主体处在一个天然的不利位置上。为了能够获得更多利润，企业资本往往倾向于将产业链较低的生产环节分离出来给农户，从而转嫁公司的种植风险，而企业自身则更多地负责利润更多的加工、流通以及销售环节，在"公司＋农户"的利益联结机制模式下很多农户处于依附地位。更有甚者仅仅注重财政资金的吸纳而在实际运营过程中并没有农户的实际参与，使企业带动农户增收的效果打折。在这样的乡村振兴模式中企业生产经营将不可持续，农户的收益也十分有限。因此只有农户真实参与产业发展，并嵌入产业链时，才能够走出产业发展的农户参与表象，从而实现乡村振兴。

乡村振兴中，关键的影响因素就是利益联结方式。利益联结方式决定了合作社的最终效益分配，农户与合作社之间的利益联结对其收入增加和长效发展至关重要。在利益联结机制的构建上仅仅依靠农户在合作社的务工劳动是远远不够的，还需要建立多元化的利益联结机制。如一些地区乡村振兴模式是以合作社为载体带动农户发展产业，通过流转土地、集约经营、有效整合本村资源，并以划地到户型、直接参与型、反租倒包型、委托代管型等多种方式建立合作社与农户之间的利益联结机制，把农户牢牢镶嵌在产业链条上，发挥合作社带动优势，通过"横向一体化"与"纵向一体化"相结合来发展产业，实现乡村振兴。

资产的缺乏也是制约乡村振兴的重要原因，这就需要从多方面想办法增加农户的资产。如"三变改革"政策的推行，将农村集体资产清产核资、资源资产确权颁证，通过资源变资产、资金变股金以及农民变股东的方式增加农户的资产和壮大村级集体经济，发挥好集体经济对农民的引导带动作用，农户就可以获得产业发展的更多利润。这样农户与村集体、农户与合作社通过多元化的利益联结方式构成了一个"利益共同体",真正实现了风险共担、利益共享。

此外,在创新利益联结机制方面,提高农户的契约意识,让农户严格按照合同要求生产也至关重要。同时,还要探索建立常态化管理机制,政府相关部门定期对利益分配实行情况进行监督,促进乡村振兴的可持续发展。

三、用金融活水助推乡村振兴

《中共中央国务院关于实施乡村振兴战略的意见》指出乡村振兴产业振兴离不开金融支持,生活富裕就要以市场为导向,让农村有产业有龙头,从而实现乡村持续健康发展。2020年"中央一号"文件明确指明"脱贫攻坚与乡村振兴二者的有效衔接是当下三农工作任务的关键所在,近年来的工作绩效与两者的关联度密切相关。金融作为社会经济发展的关键所在,在产业发展过程中扮演着不可或缺的角色"。2023年"中央一号"文件再次强调"巩固拓展脱贫攻坚成果,坚决守住不发生规模性返贫底线。稳定完善帮扶政策。落实巩固拓展脱贫攻坚成果同乡村振兴有效衔接政策,保持脱贫地区信贷投放力度不减,扎实做好脱贫人口小额信贷工作,按照市场化原则加大对帮扶项目的金融支持"。在新的时期,金融支持乡村振兴的重要体现是金融支持产业发展,在产业发展中融入金融资源、金融手段,实现产业、财政、信贷政策有效衔接。

金融支持产业发展的目的在于解决相关地区资金缺乏的现实问题,通过努力使得农户的生产生活条件发生显著改善,农民收入水平大幅提升、安全感直线增强。现期来看,需要把巩固脱贫成果、抑制返贫摆在首要位置。截至2021年6月末,全国涉农贷款余额41.66万亿元,同比增长10.1%。

金融支持产业发展应该以龙头企业或处于农业产业链核心位置的企业为着力点,通过财税政策、金融政策等政策的引导作用,实现产业兴旺。近年来,关于金融支持产业发展的相关研究显示,在众多的金融支持模式中,产业贷款模式实施范围广泛、效果最佳,并且可有效推广到其他地区。助推农村产业发展,将贷款贴息及保险补贴等金融支持政策结合,在促进农村产业的长远发展方面提供了经验。

可持续性的金融支持产业发展模式是实现产业兴旺内源性的重要保障。单一的信贷配给和贴息贷款是我国主要的金融支持产业发展的理念,短期来看这种方式具有一定成效。然而,容易受担保体系、项目选择、信用环境等一系列问题的干扰,也将会造成我国现存的各类农村金融服务机构财务状况不佳、企业激励机制不足、信贷管理积极性不断下降，最终使我国金融支持产业发展体系陷入死局等一些潜在的风险。因此，在实践过程中，国家将金融与产业发展相应结合，不断完善和构建产融互促的发展格局，重视开发性金融、强调金融对于产业发展的促进作用。

虽然一些新闻报道通过地方性典型案例的途径传递了各地在金融支持乡村产业发展中的成功经验，但金融支持产业发展的全国性系统研究成果并不多见。学者辛胜阻等以滇桂黔石漠化片区为例，研究发现虽然当地自然资源丰富，但是由于存在缺乏资金、无龙头企业、没形成特色产业的问题，导致当地农户无法致富；申云等以四川、重庆、江西三省农户为研究对象，发现在产业发展的前提下农户进行链式融资比直接向金融机构融资的发展效果更好。广西昭平县为了使产业发展具有可持续性，以优势茶产业为着力点，构建的"政府+金融+企业+基地+农户"的金融支持产业发展模式。此外，加快推进金融对产业的助力离不开信用体系的建设，在政府机构的号召与领导下，金融机构、农户、农业企业组织等多主体的相互协同与努力才能实现产业兴旺的目标。金融支持产业发展模式需要进行创新和改进，如"电商"助推模式、"农村产权抵押+银行"的发展模式、"政府+公司+合作社+银行+农户"的金融产业帮扶发展模式等，"电商+金融"的新模式可促进当地优势产业发展。与此同时，一些学者从政府和公共财政视角分析，提出将财政资金和信贷资金结合，通过财政资金撬动银行信贷资金，可支持乡村发展特色产业。

与此同时，金融支持产业发展模式虽带来一定的成效，但是还存在发展的瓶颈。学者周孟亮等认为融合产业发展和小额信贷、推行贷款"分贷统还"或"户贷企用"具有一定的潜在风险，削弱了金融机构发放贷款和创新产品的积极性。金融支持产业发展能够推进产业的可持续发展，一定程度提升了农户的生产能力与创收能力，然而受产业项目潜在风险大、农户无实物抵押、信用体系不健全等的作用，致使金融支持产业的发展存在瓶颈。

金融助推乡村振兴，要进一步加强金融基础环境建设。在数字经济时代，数字基础设施是发展数字金融和产业数字化的前提。应灵活布局普惠金融服务站，运用网络金融、手机银行、物联网等多种科技手段，大力普及线上金融服务，多管齐下满足县域、乡村地区的基础金融服务需求。积极整合普惠金融、便民服务、农资农技等资源，增强金融网点综合化服务能力，提升网上服务的便捷性。

金融助推乡村振兴，要大力发展农业保险。按照"政府引导、市场运作、自主自愿、协同推进"原则，以农业保险条例为指针，以化解和防范农业风险为目的，做好种植保险推广和应用工作。一是科学运用财政对农业保险的补贴政策。拓展涉农主体的参保范围，扩大承保覆盖面，尽可能最大限度地去保证农户的利益。二是支持保险公司在乡镇设服务点，优化赔付程序，让农业保险成为农业发展的"助推器"和"稳定器"。三是因地制宜创新保险品类。全方位提高保障水平，通过各机构的有效协作，逐步扩大保险范围，增强茶农抗风险能力。

金融助推乡村振兴，要进一步加强金融文化建设。通过金融知识普及宣传、表彰授予"金融诚信示范户（企业）"等渠道加大金融支持宣传，逐步普及金融知识、信用知识、金融法律法规、诚信文化等，让农业经营主体既能有效运用金融手段提高经营管理能力，又能识别金融认知误区，珍惜信用经营，避免逃废债、金融纠纷的发生。法院、公安等部门应加大对逃废债的打击力度，保护正当融资主体，防止劣币驱逐良币，形成金融支持领域风清气正的法律环境。

四、政府与市场双驱动助推乡村振兴

（一）政府主导型

政府主导型具备资金、政策、技术和经济环境的优势，在促进秦巴山区乡村振兴中发挥着重要作用。政府主导型侧重于强调政府在产业发展中的主导作用，主要表现为政府出台产业发展政策和投入专项资金，通过项目制的形式促进秦巴山区产业发展。这种乡村振兴模式一般具有政策性、非市场性和程序性的特征。首先，在出台乡村振兴政策，用于激发农民发展的内生动力。同时，非市场性主要表现在政府主导产业发展的类型和方式，可较少考虑市场的需求与规律。其次，政府在拨付乡村振兴资金时，要求资金分配、使用和监管等各个环节都要严格按照规定的程序执行，以确保乡村振兴资金的规范使用，具有较强的程序性。一味地以政府为主导，可能会导致一些地方出现追求短期政绩，而忽略从产业长效发展考虑等现象，加之政府对生产环节的直接干预可能造成乡村振兴资源的浪费，从而消解了对农户的带动效应。

为保证政府在产业发展中发挥积极的促进作用，要求政府应秉持"有为"原则，即提供制度供给与市场监管。坚持"有所为，有所不为"的原则，避免在产业发展中包揽一切，切实履行好政府的基本职责，为市场提供制度、政策环境和服务供给，把生产要素的配置权交给市场，从而激发市场的创造活力。积极发挥桥梁和纽带的作用，提供信息交流平台，不干预市场主体的经营行为，减少直接干预农户的具体生产行为，回归到创造平台、链接资源、共享信息、提供服务和加强监管的作用上来，政府通过提供政策和制度供给和农业基本公共服务等不断激发市场活力，并进行有效的市场监管，让市场实现生产要素的有效配置。脱贫攻坚实践表明，政府过度干预乡村产业发展，虽可在短期内获得收益，帮助贫困户提高收入，但从长远来看，不利于激发内生动力和本土人才的成长，影响乡村产业的可持续发展。坚持为市场提供良好的政策环境、制度供给和市场监管，把资源配置的任务交给市场，能充分激发市场活力，又能减轻政府负担。因此，在全面推进乡村振兴进程中政府应回归平台和催化作用，从制度设计和政策制定上保证产业扶贫和产业振兴实现深度融合。

（二）企业主导型

乡村振兴中另外一种实践类型即企业主导型，这种类型以市场为导向，可以充分发挥企业优势，实现生产要素的最优组合和产品与市场的有效对接，确保产业发展具备自生能力。

企业主导型主要由龙头企业（公司或合作社）通过资本下乡的方式，将土地、资金、劳动力等生产要素整合起来，以"公司+基地+农户"的模式，或以其他形式发展产业。这种产业发展模式坚持发挥市场主体的带动作用，强调市场导向和生产要素的自由流动，实现企业生产利润与农户利益的联结。可以充分调动生产要素的自由流动，及时把握市场动向和市场规律，根据市场需求调整农业生产。同时，也可以避免小农户直接对接市场出现的各种风险。但是，企业主导型产业发展的难点在于如何建立企业与农户之间的有效利益联结机制。由于企业以追求自身利益最大化为目标，企业利用政府政策优惠创造了大量的利润，农户却受益有限。一般而言，企业在决策时只能在不影响实现企业利润最大化的基础上，按照企业的承载能力吸纳农户的劳动力、土地和政府的资金，建立起利益联结机制，实现带动农户发展的目标。需要注意的是，一定要加强对市场主体的监管，这些监管主要包括对资金的使用、农户受益情况和产业发展的长效机制等方面，避免出现企业的"假带动"而造成农户利益受损。

市场应该坚持"有效"原则，即充分发挥市场规律，实现市场要素的有效配置。坚持按照市场规律实现生产要素的有效配置，促进产业发展提质增效。一方面，按照市场规律制定生产和销售计划，及时满足市场需求。与此同时，把农户嵌入产业发展链条之中，通过土地流转、基地务工、委托经营、资产入股和订单生产等方式参与到农业产业发展中，获得相应的报酬，从而实现带动农户发展的目标。其中，龙头企业是带动乡村产业发展的一支重要力量，在应对市场风险、收集市场信息和产品销售环节具备明显优势。将龙头企业与集体经济融合发展是促进乡村产业振兴的一条有效路径。通过将现代化的生产技术用于农业生产，借助资金优势扩大生产，并形成规模效应，从而降低企业生产成本和提高农业生产效率。在秦巴山区，农业生产要素细碎化依旧严重，需依托农民专业合作社进行有效整合，激发市场要素的活力。因此，推动龙头企业与集体经济的融合发展，充分发挥农民专业合作社的生产组织优势，实现企业与农民之间的有效衔接，实现各生产要素间的有机结合，充分发挥龙头企业和集体经济的比较优势，从而实现促进产业振兴的目标。

（三）政府与市场"双强驱动"型

已有文献充分肯定并证明了政府和龙头企业在乡村振兴中的关键作用及影响效应。例如，程杰贤和郑少锋认为政府对农产品区域品牌公用的投入和改善在规范农户生产行为方面的重要作用。陈灿和罗必良强调了龙头企业在企业与农户这一特殊供应链关系治理中的主导地位。虽然现有文献明确了政府在农产品区域公用品牌建设中的主导作用，并对龙头企业的能力建设及其与农户关系的治理机制有所关注。但往往侧重于操作层面的政府构建策略探讨，忽视了政府与市场"双强引擎"耦合的多主体协同治理机制。从实践探索上看，打造政府与市场"双强引擎"，通过充分发挥政府在产业规划、政策和资金支持等方面的体制优势。在区域品牌的形成过程中，政府部门作为不可或缺的中坚变量，在很大程度上决定了区域品牌的创建方向、速度及持续发展水平。政府规制、政策工具刺激和政策补贴均能显著促进农户农资投入行为和新技术采用行为。此外，"强市场"能充分激发企业家群体参与的积极性，提升品牌知名度和信任度。两者的有机结合可实现宏观统筹规划层面的高效决策和微观市场经营主体的活力，政府职能和市场机制的相互补充有利于农产品区域公用品牌的建立、推广和维护。

五、加大技术支持与培训助推乡村振兴

发展茶产业是秦巴地区乡村振兴的重要途径之一，而技术进步则是其改造传统农业生产和实现产业提质增效的根本出路。通过教育培训、技术指导与产业示范等方式，将先进的农业科技和管理知识引入秦巴山区，实现改造落后生产方式、

提升科技素养和拓展家庭生计手段。

秦巴山区农技水平相对落后、产业基础薄弱，但土特优农畜产品资源丰富、发展潜力巨大。加大技术支持是面向秦巴山区特色农业实施的公共科技政策，是投资人力资本开发的重要渠道。围绕秦巴山区特色产业开展的农业科技培训，可实现农民内生发展能力的提升，加速区域特色产业发展的科技驱动。此外，农业科技培训弥补了秦巴山区在教育、信息、社会网络等资源的短缺，为家庭扩大农业生产规模和实现非农就业提供智力支撑。对秦巴山区家庭而言，农业技能是一项重要的智力资本，决定着家庭农业生产效率及其依托农业特色产业发展增收的潜力，通过教育培训、技术集成示范、田间指导等方式，破解秦巴山区农技水平滞后、科技支撑平台缺乏的困境，精准提升了农村家庭生产技能而达到增强内生发展能力的目的。

此外，缺乏内生动力是导致乡村振兴主体性缺失的重要原因，而农民安于现状和消极懒惰的心态会引发代际传递。因此，激发农户的内生发展动力成为稳定发展的关键。一方面，科技、信息、资金及管理知识等科技资源供给，增强其发展农业、增收的信心。另一方面，在农业科技培训、田间指导等科技活动中，政策宣传增强了农村群众在外部组织支持下实现增产增收的信心。

六、创建品牌助推乡村振兴

当前我国社会主要矛盾已经转化为人民日益增长的美好生活需要和不平衡、不充分的发展之间的矛盾。品牌从市场意义上看是一种招牌，从文化和心理意义上看，是一种口碑和格调。品牌的建设和发展可以更好地满足人们对美好生活的追求。农业领域区域品牌依托地区优势资源进行整合培育，通过地区整体力量规划建设，更有利于提高农产品质量，满足消费者需求层次的变化。

（一）创建茶叶品牌的原则

1. 充分利用茶叶资源禀赋及企业集聚的优势

茶叶区域品牌的创建应以茶叶资源禀赋及企业集聚为基础，依托现代茶产业化发展，利用已有茶叶企业集聚的优势为创建茶叶区域品牌提供有力的产业支撑。

2. 充分挖掘区域文化的内涵

茶叶区域品牌应具有深厚的区域文化底蕴，充分挖掘区域内品牌的文化内涵，使茶叶区域品牌能代表区域特色，并便于推广。只有当一个产品与消费者产生情感共鸣时，这种产品才有资格成为一个好品牌。

3. 注重茶叶的差异化需求

在当前茶叶产品同质化趋势越来越严重的现实前提下，茶叶区域品牌的创建和宣传营销都应该进一步体现出区域品牌的特色，注重市场对差异化的需求。

4. 建立好茶叶质量管理标准体系

茶叶的质量是区域品牌建设的基础，只有建立好质量标准体系，确保茶叶的质量，才能获得消费者的信任。信任是品牌的核心，良好的声誉和忠实的客户源于信任，而保证茶叶品质是建立企业与消费者之间信任的基础。

5. 加大政府扶持，促进龙头企业的示范带动

茶叶区域品牌的创建离不开当地政府的大力支持。培育壮大自主创新能力强、加工水平高、处于行业领先地位的茶业龙头企业，需要通过政府和茶业龙头企业的协同作用，促进区域品牌形象的提升和茶叶区域品牌价值的提高。

（二）加大茶叶企业产品品牌传播，推动乡村振兴

通常情况下，茶叶企业产品品牌传播需要考虑以下 8 个因素：

1. 品牌占位

品牌占位是通过率先建立产品的营销标准，抢先占据品牌领导者的位置。使用占位策略的企业要建立自己的个性品牌，目的是要在顾客心目中占据有利的地位。茶叶企业可以根据本企业产品的特点和消费者对产品需求的差异性，在分析竞争企业品牌的基础上，抢先在该类产品中提出一个营销概念或利益点，使其成为该品类中好产品的标准。如果自己企业产品的品牌能够代表这个品类的标准，或者本身就是标准的制定者，则可能成为该产品品类中的领导品牌。比如秦巴山区的"安康富硒茶"率先提出"富硒"的概念及标准，就属于品牌占位。

2. 品牌的视觉化

品牌视觉化可以使品牌更加生动形象，让消费者更加容易记住品牌的名称与品牌的核心卖点，从而大大提升品牌的传播效用，增加品牌对产品销售的拉动力。品牌视觉化设计就是要围绕品牌名称、品牌占位或品牌的核心卖点，通过创意设计，让茶叶企业品牌以图案的形式表现出来，从而拉近品牌与消费者之间的距离。

3. 策划品牌的广告语

品牌广告语是从品牌核心价值点中提炼出来的、能与消费者快捷沟通的最简洁语言。通过品牌广告语可以清晰传达品牌的定位，能够让消费者很快记住产品的核心卖点，从而提升品牌形象、扩大产品销售。品牌广告语是与目标消费群体

的界定、品牌定位及品牌利益点一脉相承的,是品牌定位的形象化体现,是品牌核心卖点的提炼。因此,广告语在品牌传播中作用巨大,很多情况下消费者是先记住广告语,才进一步了解该品牌的产品。

4. 产品的包装设计

茶叶产品包装是消费者对茶叶产品的视觉体验,可以充分展现茶叶产品的个性,也是茶叶企业形象的直接表现。茶叶企业应围绕品牌策略和市场策略,为自己的产品创意设计出一流的产品包装。好的包装设计是企业创造利润的重要手段之一。包装策略定位准确、符合消费者的心理需求,能帮助企业在众多竞争品牌中脱颖而出,并赢得良好的声誉。

5. 设计系列宣传品

好的终端宣传品能瞬间吸引消费者的注意,增加产品的重复购买率,也有利于茶叶企业直接宣传产品品牌。精美的宣传品还可以被消费者带回家仔细阅读,起到品牌传播和产品宣传的效果。茶叶企业终端宣传品的设计要与茶叶产品的包装设计风格一致。宣传品是产品包装设计的延展,对中小型茶叶企业尤为重要,利用宣传品可以在销售终端中直接面对消费者进行品牌传播和产品推广。

6. 拍摄电视广告片

电视广告片对品牌和产品销量提升有巨大的推动作用。茶叶企业要想成为知名品牌就需要在精准品牌和市场策略的指导下创意拍摄电视广告片。电视广告片的播放区域应与产品的推广市场区域相一致。

7. 销售终端品牌化

产品销售终端品牌化的具体操作:一是展示茶叶系列产品;二是在产品堆头或货架旁边悬挂POP、摆展架,在适当的地方张贴海报,提供宣传单页和四折页等茶叶宣传品;三是统一着装,在终端直接开展各种促销活动。销售终端品牌化能营造出喜庆的销售氛围,从而有利于提高产品的销售量。

8. 搭建线上营销传播平台

目前,线上媒体资源主要集中在互联网方面。可以把茶叶企业的营销网站整合成营销传播的核心平台,针对当前消费者大量使用手机上网的特点,网站或微信公众号要符合手机用户的使用习惯。企业可以利用这个平台尽量多展示本企业的产品、文化、品牌和服务等信息。利用线上平台从多方面和消费者进行互动交流,以达到和消费者互相了解的目的。平台应尽量采集消费者和潜在消费者的行为信息，以便更好地支持精准营销。

七、产业融合助推乡村振兴

（一）茶产业融合发展的必要性

茶产业是秦巴山区乡村振兴不可或缺的支柱产业，是实现乡村振兴的重要支撑。茶叶产业是以茶叶的生产、加工、销售为中心所形成的产业，其与三大产业均有着密切的关系。茶叶种植属于农业中的种植业，茶叶加工业以及茶叶机械等均属于工业的范畴，茶文化产业等属于服务业。一般认为，茶叶产业是与茶叶相关的所有产业的统称，主要是涵盖茶叶种植、茶叶产品加工、茶产品流通、茶文化服务等各个环节的茶叶产业，其中茶叶是产业得以形成的前提和根本。对中国人而言，茶叶不仅是一种饮品，更是一种文化。深厚的文化积淀与丰富的文化资源，使我国茶叶具有多样化的综合开发价值。茶叶产业的迅猛发展为茶文化产业的壮大铺平了基础，各类茶文化产品以及茶文化服务纷纷涌现，杭州西南龙坞茶镇着力打造的茶文化产业园，就是产业融合与协同发展的典型代表。此外，茶叶产业与旅游业同样有着巨大的融合空间，产茶大省、产茶名省的茶园均是区域旅游的重要内容。

正因如此，产业融合成为当前茶叶产业发展中的重要内容。茶叶不仅具有饮用价值，更有着多样化的综合利用价值，如保健价值、食用价值、茶日用品等。随着现代工艺的不断发展，茶叶价值的开发水平日益提升，茶产业链条得到了很大的延伸，因此，做强中国茶产业，是推进农业供给侧结构性改革的重要内容，是发展现代农业的重要任务。随着茶叶产业链条不断深化延伸，打造茶品牌，开发茶旅游，弘扬茶文化，既能取得良好的经济效益、社会效益和生态效益，也能为加快实施乡村振兴战略增添新动能。乡村振兴要聚焦"特色"这一关键词，做好"产业"这篇大文章，放大区域资源禀赋的优势，唤醒各地发展特色产业的主动性和积极性，增强秦巴山区获得持续发展的动力。

（二）茶产业与旅游产业融合

由于茶产业与旅游产业两者自身的产业特性和现阶段市场竞争的需要，茶旅融合能有效地促进两产业的发展。茶产业与旅游产业从产业属性上来说，两者存在很高的关联性。一方面，茶产业在依托茶叶资源进行发展的过程中需要其他产业的支持，茶产品也需要优质的宣传、包装、营销等手段，而旅游服务能够有效地为其提供客源和推广方式，推动茶产业的转型升级。另一方面，与茶产业相关的资源不仅为旅游产业带来创新，促进旅游路线的开发以及旅游产品的更新，而且丰富了旅游产业的内涵，更加适应当今旅游市场需求的变化。

茶产业与旅游产业融合发展的过程就是两个产业链之间相互作用、相互影响的过程。茶产业链主要包括茶园规划和茶叶研发、茶叶种植和加工、茶叶销售和茶产品消费四大方面。旅游产业链则包含与旅游相关的吃、住、行、游、购、娱六大要素。随着产业分工和产业结构调整的推动，产业边界逐渐模糊甚至消失，且旅游产业本身关联度高、包容性强，旅游市场与茶叶市场存在交叉性，因此两产业之间具有较多的融合点。

两个产业融合，相互交叉和渗透，茶产业提供资源，旅游产业提供服务。茶园规划和茶叶研发、茶叶种植和加工、茶叶销售、茶产品消费等环节构成了茶产业的产业链，茶产业的每个环节都可为游客提供休闲观光、茶文化体验、茶餐饮、茶知识教育等旅游产品，也可以把茶叶种植、茶叶采摘等形式的茶农活动作为体验价值纳入茶产业资源范畴。游客亲身参与到茶产业链中，感受旅游价值。在茶旅融合过程中，旅游活动作为茶产业的表现形式，起着服务延伸的作用，通过设计相应的旅游活动，实现了游客对于茶产业的体验需求。

两产业融合发展到一定程度时，会共同分享各自的市场，形成第一、第二、第三全产业链条的茶旅市场。针对市场融合，茶产业带来了新的旅游业务和游客，将部分市场吸引过来。与此同时，游客和消费者在旅游过程中，进行采摘茶叶、购买茶产品等活动成为茶产业的消费者，从而实现了"1+1>2"的协同效应和市场的融合。在第一产业上，通过茶园风光、茶叶种植和采摘等多角度发展茶旅产品，促进农业发展，增加农民收入。在第二产业上，茶叶加工园、茶叶企业为游客提供茶叶制作过程讲解、茶叶生产工具和茶具售卖、茶叶制作体验等旅游活动，带动茶产业相关产品市场的发展。在第三产业上，开发了茶艺术表演、茶餐饮服务、茶主题酒店服务、茶文化研究等多种形式的旅游产品，为当地群众提供更多的就业机会和增收途径。

参考《旅游资源分类、调查与评价标准》与目前常见的茶产业融合类型，探索茶产业融合发展的多种路径，据此，可以将茶产业资源和产业融合的方向大致分为茶旅融合、茶旅＋研学、茶旅＋茶文化、茶产业相关多产融合等不同类型，见表4-14。

表4-14 茶产业资源开发与产业融合类型

资源类型	资源单体	资源开发价值	产业融合类型
茶叶景观	茶园综合体、茶叶基地、特色茶叶村落	茶旅观光、休闲娱乐、生态体验	茶旅融合
茶叶旅游购品	茶叶、茶具、茶饮料、茶餐、茶点、茶保健品	购物、纪念品、餐饮、特色商品选购和体验	
茶人文活动	茶饮食、茶民俗、茶艺术、茶故事、茶诗歌、茶礼仪	文化体验、科普教育、采摘体验与劳动教育、餐饮、康养	茶旅+研学 茶旅+茶文化
茶遗址和遗迹	茶古道、古茶树、茶文化遗址	历史教育、红色教育	
茶产业活动场所	茶企、茶馆、茶休闲会所（酒店）、茶博会、茶农家乐	茶叶加工与销售、休闲娱乐体验、度假住宿	多产融合

第三节 助推乡村振兴发展案例

陕西南部地区的汉中、安康、商洛三市，气候温润，生态优越，茶叶生态条件独特。茶产业链是陕西重点打造的5条千亿级产业链之一，是带动陕南秦巴山区当地农民群众持续稳定增收的绿色富民产业。陕南三市把茶叶做成"茶业"，让它形成一条集生产、加工、销售、科研为一体的完整产业链，通过茶产业发展实现乡村产业兴旺，助力实现乡村振兴战略目标。近年来，茶园面积、产量稳步增长，茶叶品类日益丰富、品质显著提升，品牌知名度和影响力逐步扩大。截至2021年12月，陕西省茶园面积达298万亩，产量11.3万吨，干毛茶总产值196.3亿元。目前，陕南地区已建百万亩茶园，各类茶叶年产量达10万余吨，年综合产值500多亿元，累计带动77.9万建档立卡脱贫人口和边缘易致贫人口增收致富、因茶兴业。

一、金融支撑乡村振兴——陕南三市金融助力茶叶变"茶业"

乡村振兴既是国家进入新时代的发展战略，更是广大农民的内心所向。乡村振兴战略的实施需要大量资金投入的保障和支持。乡村振兴战略提出，开拓投融资渠道，强化乡村振兴投入保障，要健全投入保障制度，创新投融资机制，加快形成财政优先保障、金融重点倾斜、社会积极参与的多元投入格局，确保投入力度不断增强、总量持续增加。这既明确了乡村振兴战略实施的资金保障渠道，也对财政支农体系、金融支农体系及农村产业多元投融资机制创新提出了明确的要求。

乡村振兴离不开金融的助推和支持。近年来，作为服务三农的国家队、主力军，农行陕西省分行耕耘广袤的三秦大地，为三秦大地现代农业发展注入金融"活水"，在助力陕西省农业强、农村美、农民富中彰显责任担当。截至2022年5月末，农行陕西省分行县域贷款余额1272亿元，净增90亿元，增速7.61%；涉农贷款余额784亿元，净增53亿元，实现了持续增长。在中国人民银行西安分行、陕西银保监局联合开展的全省首次金融支持重点领域服务评估中获评2021年度"金融支持乡村振兴"优秀机构。

（一）推进顶层设计，强化金融赋能

结合地方实际细化金融支持乡村振兴和小微企业高质量发展办法，督促各银行保险机构完善金融服务小微企业和乡村振兴专业化机制。陕南地区大部分银行机构已设立普惠金融服务部，部分涉农银行机构还成立了由"一把手"挂帅的乡村振兴工作领导小组，专业化经营机制进一步完善。此外，全面落实金融支持乡村振兴、小微企业、绿色产业发展等重点领域决策部署，以推动特色现代农业产业体系发展为着眼点，通过调研、督导、约谈等方式，督促机构在合理金融需求满足度、金融供给适配性等方面寻求突破，将茶产业发展与生态康养、旅游观光、创业致富有机结合，优化产业生态。目前对陕南地区32家商业银行开展了小微企业金融服务监管评价，督促银行机构全面查摆小微企业金融服务存在的问题，补短板、强弱项、查漏纠偏，加大政策资源倾斜力度，为茶叶产业链全程提供优质金融服务。根据统计数据显示，陕南地区银行机构现已推出"茶企贷""茶农贷"等多种特色金融产品，累计投放资金20余亿元，用于支持茶农种植、茶商收购、茶厂加工等。同时，努力构建"保灾害、保病害、保价格、保指数"保险保障体系。2021年以来，陕南地区茶产业保险累计保费收入1580万元，提供风险保障4.45亿元，累计赔付1061万元，切实为当地茶产业发展保驾护航。

2021年以来，陕南三市银保监分局立足地域特色，积极引导和鼓励银行保险机构加大对茶农和茶产业的金融支持。金融机构聚焦企业需求，坚持绿色信贷导向，加大金融产品创新力度，通过开展"农担茶叶贷"保证茶叶企业正常运转。汉中银保监分局督导辖内银行机构，推动信贷资源在茶产业等生态农业领域倾斜，逐步扩大金融支持绿色循环经济发展在投融资中的比例。截至2022年年初，汉中市银行业金融机构向 5 个茶产业市级重点项目累计提供信贷支持 3 亿元。在日常督导中，汉中银保监分局积极深入茶叶种植产业基地，详细了解农户的资金需求情况，指导辖内金融机构了解政府对茶叶产业发展的政策支持，及时解决企业在生产发展中存在的困难，不断提升金融服务质量。

（二）突出地域特色，深化金融支持

为了让更多群众因茶致富、因茶兴业，安康市深挖资源优势，加大金融支持力度，大力培育和扶持当地茶产业发展。安康银保监分局积极引导农商银行探索推出以农村承包土地经营权、农民住房财产权为有效担保物的抵押贷款。2008 至 2022 年年初，累计投放"两权"抵押贷款 11.55 亿元，带动地方建成茶饮产业标准化基地 24.1 万亩，发展加工企业 44 家，实现产值 10 亿元。同时，该分局助推银行业金融机构创新推出信贷服务，有针对性地开发出"茶企贷""茶农贷""诚税贷"产品，最高提供信贷额度 500 万元，全面支持茶叶产业发展。

农行安康分行紧紧围绕安康市委、市政府《安康市重点产业链金融链长制工作方案》，坚持链链对接、一链一策，助推农业产业链强链、补链、延链，创新金融服务和信贷模式，针对安康市茶叶产业推出批量贷款业务的创新产品。农行安康分行通过调研反复修改产品细节，推出的"茶叶贷"业务为当地农民参与茶叶产业发展、分享发展红利提供强有力的支撑。农行陕西省分行紧紧依托各地主导产业，通过农担合作机制，大力支持特色产业种养、加工、商贸、流通等领域经营大户发展，发挥辐射带动作用，助力乡村振兴。截至 2022 年 8 月末，农行陕西省分行累计向安康地区投放"茶叶贷"2.3 亿元。农业贷款余额 145.9 亿元，较年初增加 18.7 亿元；乡村产业贷款余额 207.2 亿元，较年初增加 33.3 亿元；涉农贷款余额 787.3 亿元，较年初增加 56.2 亿元。紫阳县农行通过"惠农 e 贷—茶叶贷"的信贷扶持，解决了合作社众多茶户的融资难题。该信贷服务扶持的茶农在安康市就有 500 余户。

目前，安康市已建成现代茶叶园区 274 个，省级以上茶产业龙头企业 31 家，茶叶总面积 108.6 万亩，综合产值突破 260 亿元。安康富硒茶跻身中国茶叶区域公用品牌价值排行榜 20 强，位列陕西第一。安康市汉滨区 2022 年茶叶产量 9430 吨，综合产值达到 19.5 亿元，4 万余户茶农因茶致富，户均增收 6000 元以上。

（三）构建服务网络，助力乡村振兴

为全面加强县域支行和网点服务乡村振兴的能力建设，农行陕西省分行有机

结合县域支行的服务功能提升和服务主体下沉,充分发挥遍及县域城乡网点服务体系和乡村线上金融渠道优势,围绕壮大集体经济和农民致富,积极推进"农户信息建档+全线上化办贷"双轮驱动新发展模式,常态化推进"深耕乡村"行动和农户信息建档工作。进一步巩固"双基联动"工作成果,目前陕南地区"双基联动"建站共计5000余个,将基层党组织和基层金融便民服务有机结合,开展金融知识宣传、金融服务进基层等活动,不断完善农村信用体系,提升服务质效。同时,积极推动陕西中小企业融资服务平台("信易贷"平台)在陕南三市成功落地运营。此外,深化与税务部门信息互通,深化银税合作。截至2021年6月末,陕南三市银税合作贷款余额14.32亿元,较年初增加3.45亿元,有效缓解了茶产业链企业融资过程中的"信息不对称"瓶颈。安康地区茶农分散,安康分行通过员工实地进村入户进行走访的方式,集中采集农户信息入库。当地茶农只需经过申请、村委会集中评议、农行员工入户调查等流程,就可以在农行掌银上申请贷款。

商洛市商南县是全国著名茶乡,但多年来茶产业链一直没有做大做强。由于缺乏资金,小微企业没有形成发展合力。近年来,商洛银保监分局结合地方实际需求,不断细化金融支持乡村振兴和小微企业高质量发展的措施,完善金融服务小微企业和乡村振兴专业化机制。商洛银保监分局针对辖区商业银行开展了小微企业金融服务监管评价,督促银行机构全面查摆小微企业金融服务存在的问题,补短板、强弱项、查漏纠偏,加大政策倾斜力度,为延伸茶叶产业链提供优质金融服务。同时,通过开通绿色信贷通道、组建专业经理团队等金融支持措施,扶持茶产业链龙头企业做大做强,辐射和带动上下游产业大户和企业快速发展,形成"龙头企业+生产基地+农户"的产业化经营新格局。同时,加快推进"互联网+茶产业"商业模式,构建集电商、金融、消费等于一体的互联网金融生态区,帮助茶产业经营主体开拓市场。长安银行商洛分行推出针对商南县茶产业的专属信贷产品"茶叶贷",立足乡村实际,推进农村土地承包经营权、林权、冷库、大型通用农业机械设备等直接抵押,解决农业企业有效押品不足等问题。2022年,长安银行商洛分行先后与四家茶企签订了融资协议,授信金额2000万元。

在金融活水的助力下,陕南三市的茶产业不断发展壮大,在"因茶致富""因茶兴业"方面发挥重要作用。

二、龙头企业引领茶产业赋能乡村振兴——陕南田珍茶业公司带动引领乡村振兴的经验

以实施乡村振兴和美丽乡村建设为抓手，充分发挥茶叶龙头企业的资本、技术、人才等生产要素优势，构建完善龙头企业+农民专业合作社+农户的紧密型利益联结机制，带动专业化、标准化、清洁化、规模化、集约化生产，提高产业综合效益。

（一）平利县田珍茶业有限责任公司简介

平利县田珍茶业有限责任公司（以下简称田珍茶业公司）拥有标准化茶叶示范园144公顷、绞股蓝基地20公顷。固定资产2100万元，年销售收入3650万元。公司秉承"生态、绿色、环保、安全"理念，坚持一心培育有机茶园，匠心制作放心好茶，倾心打造市场知名品牌。"田珍茶业"是省级著名商标，获名牌产品称号。公司先后荣获"全国巾帼建功先进集体"、陕西省"十佳茶企"等荣誉称号，公司是省级现代农业园区、省级职业农民实训基地和农业产业化经营重点龙头企业。

（二）龙头企业躬耕茶园20年助力乡村振兴

怀着"致富"的梦想，带着"共富"的责任，田珍茶业公司从种茶销茶到科研示范、技术培训，躬耕茶园20年，使一片叶子成为一个产业，帮助乡亲因茶兴业、因茶致富。如今公司在乡村振兴的舞台上发挥龙头企业的带动作用，在当地茶产业发展中体现着自己的责任与担当。

1. 产业联盟促发展

2018年8月，陕西省平利县田珍富硒茶产业化联合体由平利县田珍茶业有限责任公司牵头，联合11家企业、9个合作社和家庭农场以及部分种植大户成立。联合体以市场为导向，以科技为先导，以富硒茶产业为基础，以平利县田珍茶业有限责任公司为龙头，积极推进富硒茶产业化经营，进一步优化资源配置，提高茶产业组织化程度，保证产品质量，加强品牌建设，延长产业链，提升价值链，拓展增收链，推动第一、第二、第三产业深度整合、生产要素相互渗透、联合体成员互通互联，协调共进，通过章程与合同协议形式，缔结使各成员单位长期稳定的利益联结机制，真正实现联合体内各方有机结合、优化配置、优势互补、互联互通。通过成立产业联盟提高各主体经营效益和农民收入，推动乡村振兴。

平利县田珍茶业有限责任公司积极帮扶组建专业合作社，指导规范运营，培

育县级农业产业园区。目前，公司已帮扶建成了42个茶叶加工厂，其中在贫困村的有20个。公司为新建的茶叶加工厂免费提供技术培训，三年后再支付设备费用，这一措施大大缓解了新建加工厂的资金压力。公司还与加工厂、合作社签订了收购订单，保障了公司原料供应，既解决了合作社、小企业市场销售无包装、无品牌和销路不畅的问题，又培育了合作社、小企业的辐射带动效应，提升了新型主体助力农户增收的能力。

2. 产业订单拓市场

对担心市场风险又有自主发展茶产业意愿的农户，田珍茶业公司充分利用自己的市场、品牌、人脉和智力资源，先后与135个农户签订了产业帮扶、产品回购、技术服务等协议。公司给贫困户预赊种苗、肥料、农药等生产资料，免费提供茶树修剪、中耕、病虫害防治等茶园管理和代加工服务。公司安排专家给农户提供技术培训和技术咨询，开展了幼龄茶园抚育管理、病虫防治等内容的产业技术培训。目前，公司已帮扶农户建设产业园34.53公顷，实现农民稳定增收。

3. 土地流转保基础

通过土地流转公司建设标准化产业基地，可以提高机械化水平，降低经营成本。同时，可以使农户通过土地经营权获得稳定收益。按照依法、自愿、有偿的原则，公司先后流转平利县千佛洞村、中原村、梁桥村3村887户农户土地120.40公顷，其中贫困户土地约占10%。按照650元/亩计算，公司每年为3个村带来110万元的纯收入。

4. 入股分红共收益

支持农户贷款资金集体入股龙头企业，享受企业股权分红。2016年，由财政担保，田珍茶业公司获得贴息贷款126万元，按照一人一股、一股1万元的标准，向42户贫困户126人虚拟量化配股，当年人均兑现700元。实现入股农户一项稳定收入。

5. 劳务用工促就业

田珍茶业公司劳务用工主要从事施肥、修剪、病虫害防治、茶叶采摘等茶园管理和企业行政工作。公司吸纳农户就近务工，按照劳动力每天施肥的工资是80元，一年有近100天可以在茶园里务工，茶叶采摘时工资更高。公司常年固定雇用农户劳动力17人，季节性用工1200余人，公司每年仅人工工资支出约为260万元。农户就近务工，既能照顾家庭，又能获得稳定收入。

6. 教育培训显担当

近年来，田珍茶叶公司集茶叶生产经营、科研示范、技术培训、创业咨询、劳务就业、田园观光、文化康养、研学旅行和茶机推广服务于一体，有标准化茶叶科普示范基地 500 亩、手工制茶体验工位 20 个、茶叶现代化配套生产线 1 条，配套教学体验区、多功能培训室、餐厅、宿舍等设施，一次性接待服务能力 250 人以上，取得基层干部和农民教育培训资质，培训师资 35 人。近年累计接待省市县培训活动 30 余场次 2500 余人次、学生研学实践教育活动 3000 余人次；常年自主培训农民 1000 余人次，培育职业农民 50 名、低收入劳动力 800 余人。2022 年年底，省委农办印发《关于认定陕西省乡村振兴教育培训基地的通知》，田珍茶业现代农业园区乡村振兴学堂成功入选陕西省乡村振兴教育培训现场教学基地名单。

田珍茶业公司作为安康茶产业的龙头企业，发挥龙头企业作用，在产业中创品牌、生态上继续下功夫、发展中不断创新发展模式，积极作为，做大做强自身茶产业的同时，带动当地更多群众增收致富，积极探索融合发展之路，有效助推乡村振兴发展。

三、打造茶叶区域公共品牌，促进茶产业提质增效

（一）信阳毛尖品牌带动产业振兴

河南信阳市是信阳毛尖的原产地，是传统的革命老区、农业大市，也是大别山连片贫困地区的主要片区，全市有四分之三的面积为山地丘陵。信阳毛尖具有 2300 多年的种植历史，是信阳市农业主导产业之一，也是当地重要的特色产业之一。

信阳毛尖近 10 年的品牌价值逐年提升，从 2013 年的 46.06 亿元上升至 2022 年的 75.72 亿元，整体上涨了 29.66 亿元，整体涨幅达到了 64.39%（图 4-1）。2022 年信阳毛尖品牌价值远远高于其他江北茶叶产区茶叶区域公用品牌的平均品牌价值。与此同时，信阳毛尖品牌收益则在波动中上升。根据茶叶区域品牌价值评估报告显示，在 2013—2016 年，信阳毛尖品牌收益呈现持续小幅度下降，从 2017 年开始，品牌收益开始回升，到 2022 年，品牌收益达到历史新高，为 42800.74 万元。总体来看，信阳毛尖品牌收益从 2010 年的 25074.43 万元上升到 2022 年的 42800.74 万元，整体上涨 17726.31 万元，整体涨幅为 70.69%。信阳毛尖品牌强度乘数在波动中提升，2010 年为 17.04，到 2018 年达到历史最高（19.36），

2019年开始略有回落，2021年为18.13。总体而言，信阳毛尖的未来持续收益能力、抗风险能力和市场竞争力获得了强化。信阳市通过专门出台"茶叶品牌建设和市场开拓奖励办法"，激励信阳毛尖在渠道建设、市场营销等方面的发展。先后制定完善了《信阳毛尖证明商标使用管理规则》《信阳毛尖地理标志产品保护和管理办法》等政策文件，建立健全地理标志运用、保护、管理、服务相关业务协同推进体系。市政府已连续两年印发文件，对为以信阳毛尖为代表的信阳茶产业高质量发展作出贡献的县区和企业进行表彰和奖励。

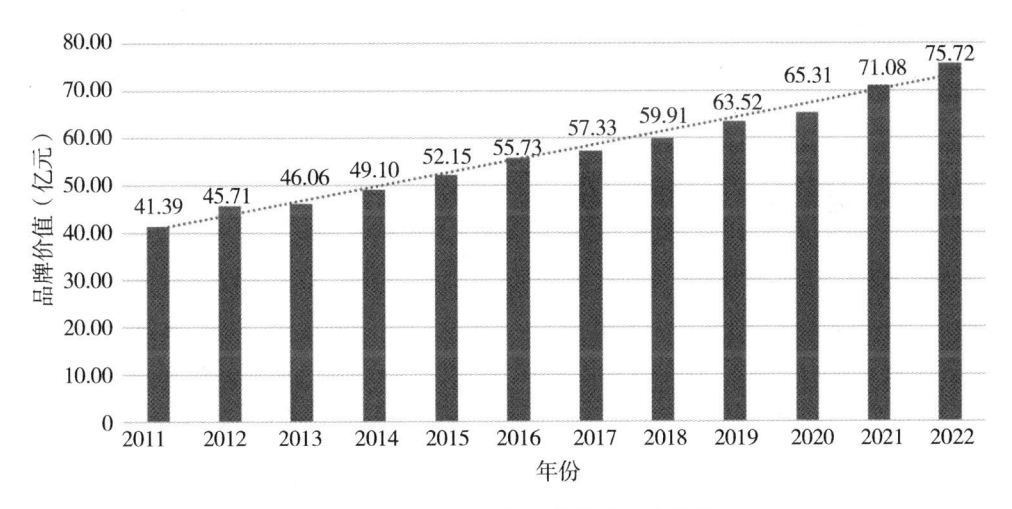

图4-1 信阳毛尖10年品牌价值变化趋势图

此外，信阳毛尖充分发挥其品牌带动力。其中，信阳市持续深入开展信阳毛尖生产经营主体"万人助万企"、信阳毛尖地理标志专用标志申报培训，在地理标志产品增量升级、知识产权融资、品牌塑造上实施"点对点"帮扶，现已培训服务3000余人次。此外，建立健全信阳毛尖茶标准体系、加强地理标志监管，规范授权单位的使用行为。截至目前，已有93家信阳茶企被核准使用信阳毛尖地理标志专用标志。2022年8月，获批筹建信阳毛尖国家地理标志产品保护示范区。通过区域联动方式，信阳茶业带动了就业、茶农投入生产经营，信阳茶业在区域经济中的贡献比重也在逐年增加。根据全国茶叶区域品牌价值评估报告显示，信阳毛尖在区域联动、经济地位这2个指数的变动与区域经济的发展息息相关，在带动当地就业、产业发展、农民增收中，能够直观反映茶业在乡村振兴中取得的成效。信阳毛尖的品牌带动力从2010年的76.00提升至2019年的93.34，上涨22.8%，特别是近2年品牌价值不断提升，对区域经济带动效益明显。截至

2021年年底，信阳毛尖产量近5万吨，产值近100亿元，占全市年茶业总产量和总产值的60%和70%以上。带动10万人增收，带动效益显著。

（二）恩施玉露品牌打造

恩施玉露的原产地湖北恩施州，位于湖北省武陵山片区。近年来，恩施州委、州政府把恩施玉露作为全州"三张名片"中的唯一产业名片来打造，并把茶叶作为群众增收致富的重要载体，大力发展茶产业。

品牌价值不断提升。恩施玉露近10年间的品牌价值一直处于高速上升状态（图4-2），从2013年的6.81亿元上升至2022年的27.07亿元，整体上升20.26亿元，历年增长率超过15%，最高达40%以上，近2年开始趋缓。2010年，恩施玉露品牌价值远低于当年度江南产区茶叶区域公用品牌的平均值，到2022年，恩施玉露品牌价值已高出当年度有效评估品牌平均水平（23.15亿元）3.92亿元，恩施玉露品牌的综合成效突飞猛进。

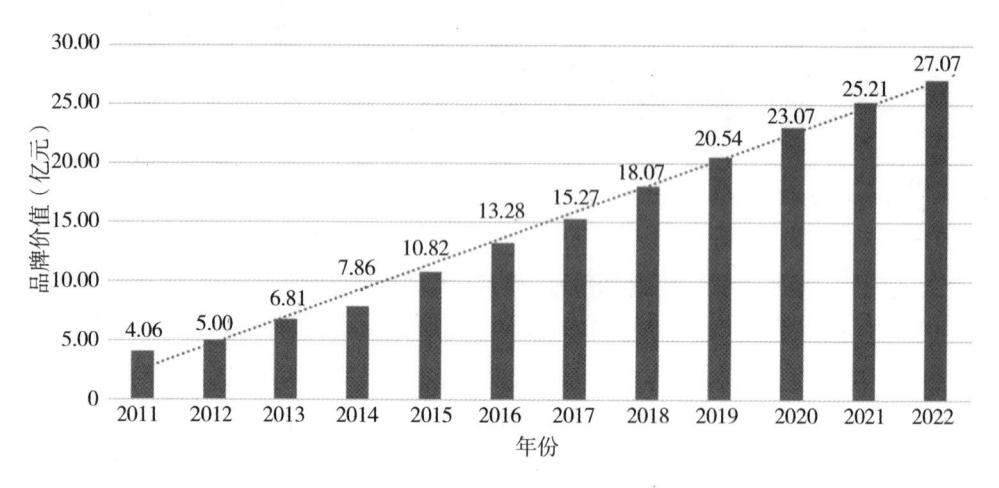

图4-2 恩施玉露10年品牌价值变化趋势图

品牌收益跳跃发展。2014年，恩施玉露品牌收益略有回落，比上一年度下降了6.17%。总体而言，恩施玉露的品牌收益呈现出跳跃式发展，从2010年的1990.63万元，上升至2019年的12714.48万元，整体提升10723.86万元，增长幅度超过5倍，相较于2022年有效评估品牌整体的平均品牌收益（14585.13万元）高出2634.54万元。

加快顶层设计，品牌发展力不断提升。2010年，恩施玉露的"品牌强度五力"均不足80，尤其是品牌经营力，仅51.00，到2019年，恩施玉露的"品牌强度五力"分别达到了89.71、92.63、95.35、90.06和86.33。品牌经营力化弱势为优势，成为"品牌强度五力"中最高的一个指标。10年间，恩施玉露通过在标准制定、质量检测、认证体系、组织执行等经营管理层面上进行顶层设计，取得了显著成效。同时，品牌资源力和品牌传播力也均达到了90以上，而品牌带动力和品牌发展力相对薄弱，其中品牌带动力在2010年为78.00，在恩施玉露当年度的"品牌强度五力"中占绝对优势，2019年其品牌带动力为89.71，仅提高了15.01%，与其余4项指标相比，整体涨幅不高，但比起本次评估的江南产区茶叶区域公用品牌的平均水平仍高出了7.16。为保证恩施玉露品牌发展力不断提升，自2021年，恩施玉露的茶叶生产范围从恩施市（县级市）调整扩大到了恩施州，生产规模获得快速增长，在生产趋势上有较大提高，恩施玉露的品牌发展力位列2022中国茶叶区域公用品牌榜首。

2022年，恩施州茶园面积突破180万亩，产量12.3万吨，农业产值60.34亿元，综合产值突破220亿元，基地规模位居全省第一、全国第四，有6个县市进入全国茶叶重点产茶县和中国茶业百强县。2022年适制恩施玉露茶叶基地面积25.2万亩，恩施玉露产量达到3400吨，同比增长21.4%，实现产值24.4亿元，同比增长24.4%，恩施玉露品牌价值达到27.07亿元，同比增长7.3%，带动恩施州茶业综合产值突破224亿元，83万茶农脱贫致富。在带动增收方面，茶产业已成为恩施市农业农村经济第一支柱产业。

四、多产融合茶产业发展，谱写乡村振兴新篇章

（一）河南新县以"三产融合"做强茶产业

新县，是鄂豫皖苏区首府所在地。作为中国共产党在土地革命战争时期领导创建的根据地之一，鄂豫皖苏区是仅次于中央苏区的第二大革命根据地，诞生了多支红军主力。解放战争时期，这里是刘邓大军千里跃进大别山的落脚地。近年来，新县围绕全域旅游发展目标，立足特色旅游资源优势，把乡村作为旅游发展的主战场，将旅游作为乡村振兴主抓手，坚持以科学规划为引领，以特色产业为根基，以美丽乡村为载体，新县致力于"三产融合"的一个亮点和该县"九镇十八湾"全域旅游线上的一枚"珍珠"，走出了一条以乡村旅游带动脱贫攻坚、助推乡村振兴的可持续发展之路。

为了做强、做"长"茶产业，大地茶业充分发挥生态优势，以江寨茶文化体验园为载体，创新产业发展项目，完善园内基础设施，在守护好绿水青山的同时，

着力打造以"茶产业+互联网+文化+生态旅游"为一体的多功能茶文化旅游基地，深化资源融合，延长产业链条，为当地乡村振兴提供更加强大的产业支撑。新县大地茶业有限公司的党支部就设在长岗村江寨茶文化体验园的核心部位。大地茶业有限公司于2017年7月成立了党支部，并与原新县国税局机关党支部、村党支部进行支部联建，发挥各自优势，资源共享，以党建引领激发了企业活力，并带动村民稳步增收。利用企业的到户增收项目和茶园用工、技术帮扶等形式实现了600多户村民稳定增收。通过走绿色防控之路，培育出1000多亩优质生态茶园；同时，建设保鲜冷库、引进红茶和绿茶先进生产设备，提高生产能力和茶叶品质。通过改进生产线，该企业毛尖茶生产线年加工能力已达10万千克，产品先后斩获"第四届中国（郑州）国际茶业博览会特级信阳红金奖""河南省名优茶优质奖"等荣誉。

无独有偶，在新县，以"产业兴"带动"乡村兴"的茶产业何止大地茶业。河南新林茶业股份有限公司通过产业五位一体项目，与八里畈镇400户农户签订入股分红协议，每户每年可分红4000元。河南草木人生态茶业有限责任公司着力构造茶农、茶企利益共同体，辐射带动了周边上千名群众增收。

新县将茶产业作为发展县域特色经济的主要内容之一，坚持以市场为导向，以科技为支撑，以土地流转为抓手，以提高资源利用率、土地产出率和劳动生产率为重点，积极推进茶产业转型升级。

近年来，新县综合考虑县域特色和资源禀赋，充分结合全域旅游发展布局，主动对接乡村整体规划和空间布局，围绕红绿古"三色"搭配，"红"字为首，优先考虑红色旅游资源丰富的乡镇，同时兼顾"绿""古"元素，创建示范区。示范区以红色旅游示范带为主轴，以观光农业生态园为基底，以特色种植和红色旅游市场为支撑，有效带动示范区发展的"两线三组团"的空间布局。示范区2021年共接待游客218万人次，实现旅游综合收入12.6亿元。同时，不断放大乡村旅游、乡村产业的富民效应，2021年，示范区6个村村集体经济收入均突破10万元，同比增长13.5%；两个乡前三个季度农民人均可支配收入同比增长13.79%。

在旅游及相关产业的带动下，全县32个乡村旅游扶贫重点村11321名贫困群众实现稳定脱贫，84.34%的建档立卡贫困群众在旅游发展各环节受益，旅游已成为助力县域经济发展、带动富民增收的支柱产业。截至2023年年初，全县发展茶园面积30余万亩，茶叶年产值10亿元，连续多年被评为"中国茶业百强县"，茶产业的发展有效带动2.2万名群众稳定增收。

（二）河南桐柏县"三茶"融合推动乡村产业高质量发展

近年来，桐柏县在确保粮食生产的前提下，因地制宜，充分挖掘土地资源，盘活利用闲置的荒山坡地种植茶树，发展茶产业，让"荒山变金山"。桐柏县将"茶文化、茶产业、茶科技"统筹发展，通过弘扬茶文化，培育壮大茶业龙头企业，发展茶科技，打造提升茶叶品牌，壮大茶产业，让茶产业成为发展县域经济的重要引擎，以"三茶"融合推动高质量发展。据统计，2023年年初，桐柏县茶园总面积达16.3万亩，开采面积11.6万亩，茶叶年产量4000吨左右，年产值11亿多元，综合产值超20亿元。生态茶园面积已发展到15.5万亩，其中进入开采期的茶园面积9.6万亩；全县拥有各类茶企、合作社100余家，从业人员5万余名。

1. 政策引导，持续为民增收

坚持高位推动，构建特色产业体系。桐柏县成立"4+N"特色产业发展领导小组，研究部署桐柏特色产业发展工作，并及时协调解决特色产业发展中遇到的的困难和问题，强力推进全县特色产业高质高效发展。制定出台《桐柏县2021—2025年乡村振兴战略规划》《桐柏县实施茶产业扶贫三年行动计划》《桐柏县农业产业项目奖补办法》等专项扶持政策，着力构建茶叶产业集聚群，为促进产业规模化发展奠定坚实基础。同时，强化督导考评。建立乡村振兴特色产业评价办法和考评指标体系，将发展特色产业工作纳入年度责任目标综合考评，并定期组织专项督导、现场观摩等活动，从产业发展规模、带动群众增收、促进村级集体经济发展等方面进行综合评价，对发展特色产业效益显著的乡镇和村给予适当的表彰或奖励，促进全县特色产业高质高效发展。

桐柏县出台茶产业精准支持政策，鼓励、引导有条件发展茶产业的群众靠茶致富。在财政资金支持下，截至2021年年底，全县已有15个乡镇（园区）、104个村、1700余名农户依靠茶叶生产实现增收。以种茶3年以上的农户为例，平均每亩茶园收入可达5000元以上，且持续收益可达数十年。

2. 科技支撑，推进数字化发展

茶科技对桐柏县茶产业发展产生了重要的支撑作用。为发挥茶科技对茶产业的引领作用，桐柏县高度重视茶种场建设。位于桐柏的河南省茶树良种繁育场承担着品种试验、良种繁育、茶叶生产研究和技术培训等任务。这里收集保存了全国 13 个省区市 200 份优质的茶树良种用作试验研究，多次获得省部级科技成果奖。依托茶树良种繁育场，桐柏县与中国农业科学院茶叶研究所签订了"茶业科技战略合作协议"，聘请专家学者担任"桐柏红茶科技研发顾问"，组建"技术团队＋科技人员＋示范基地＋实用人才"联合服务团，着力提升茶产业的科技含量。持续开展茶农培训行动，组织制茶技术人员参加全国茶叶加工工（精制）职业技能竞赛，培育一批茶叶加工能手；与中国农科院茶叶研究所合作，指导企业拓展茶品种类，使当地茶产业走出了一条多类茶转型发展的新路子。在"桐柏玉叶"绿茶、"桐柏红"红茶的基础上，利用夏秋茶叶资源，成功研制出具有区域特色的茯砖茶、白茶、冬茶等，丰富了茶品种类，拓宽了茶农增收途径。

桐柏县在建的中原茶祖小镇，以茶科技园为支撑，高标准建设"数字茶园"，一体推进数字化生产，全方位打造数字化供应链。集茶文化、茶产业、茶科技于一体，实现产城融合，茶区变景区，茶园变公园，茶山变金山。桐柏县委、县政府把传承弘扬茶文化与盘古、淮源、佛教、红色四大文化结合起来，不断推动茶文化创新性发展，科技赋能推动茶产业高质量发展。

3. 品牌带动，推进茶文化宣传

好山好水产好茶。桐柏县地处淮河源头，气候温和，四季分明，雨量充沛，土壤有机质含量丰富，适宜茶树生长。桐柏属高纬度的产茶区，这里地处南北气候过渡带，四季分明，气候温和，雨量充沛，是我国优质茶叶的产业带，其中野茶面积数万亩。市场对桐柏茶叶的兴趣来源于品牌。近年来，桐柏县精心培育了"桐柏玉叶""桐柏红"两大茶叶品牌。"桐柏玉叶"被原农业部批准为"国家地理标志产品"。

在桐柏县商务局的推荐下，桐柏县还带着自己的茶产品参加了进博会。随着"品牌带动"战略的持续实施，县里涌现出了一批茶叶生产专业镇、专业村、农民专业合作社。桐柏县茶产业呈现规模化、集聚化趋势。目前，桐柏县 14 家茶企获得产品有机认证证书 23 个，有机茶园认证面积 2 万余亩，被授予"有机茶之乡"之美誉。2016 年以来，桐柏茶叶累计出口创汇 1.44 亿美元，远销日本、韩国、新加坡、马来西亚等国家和地区，获得"省级出口农产品（茶叶）安全示范县"称号。2018 年桐柏茶叶出口额达到 2.58 亿元人民币，出口增幅达 89.5%，占全省茶叶出口的 53%。

作为淮河之源、盘古之乡的桐柏县，茶文化历史悠久，内涵极为丰富。近年来，桐柏县委、县政府把传承弘扬桐柏茶文化与盘古文化、淮渎文化、红色文化等有机结合起来，每年举办"中原茶乡第一采"采茶仪式、手工制茶大赛、万人品茶、"三茶"论坛等活动，弘扬当地茶文化，用深厚的文化底蕴持续赋予茶产品新内涵，茶文化日渐成为桐柏县重要的文化品牌。

桐柏县立足"中原茶乡"的发展定位，以茶文化赋魂、茶产业赋能、茶科技赋力，持续统筹做好茶文化、茶产业、茶科技文章，讲好桐柏"茶故事"，以"三茶"激活桐柏的生态资源，助推乡村振兴持续发展。对促进当地以茶为纽带的第一、第二、第三产业的提档升级发挥强力的拉动效应。

五、秦巴山区茶产业推动乡村振兴发展路径与思考

（一）高起点谋划，做强产业促发展

高质量推进秦巴山区茶产业发展，巩固脱贫成果，实现乡村振兴首先需要进一步明确茶产业对于秦巴山区经济发展的重要意义。首先，各地发展应高起点谋划，进行顶层制度设计，做好产业发展规划和统筹。2021年1月22日，湖北省十三届人民代表大会常务委员会第二十次会议表决通过了《湖北省促进茶产业发展条例》(以下简称《条例》)，以立法的形式引领、推动、规范、保障湖北省茶叶全产业链高质量发展。通过立法，为深化茶产业供给侧结构性改革，政策扶持、产品生产、质量监管、品牌塑造、生产模式及奖惩措施的制定与推行均提供了有力的法规依据。此外，政府层面要加大政策扶持力度，各级各有关部门应统筹整合项目资金，合力推进茶产业发展。财政部门可通过补贴、贴息等方式，撬动金融资本、社会资本进入茶产业，形成多元化、多层次的投入机制。金融机构可创新"茶叶贷""茶叶担""茶叶保"等金融产品，为符合条件的茶企优先给予必要的信贷保险支持。自然资源部门要按照保障和规范农村第一、第二、第三产业融合发展用地政策要求，优先满足茶叶企业项目建设和加工园区用地需求。各类工会组织可优先将茶叶产品纳入部门年度工会福利采购物资等。同时，还可通过促进和规范采购办公用茶的政策，利用扶贫平台等，进一步扩大茶叶帮扶消费。

（二）高成长培育，做优龙头显担当

企业是产业发展的核心主体，茶叶龙头企业在带动秦巴山区经济发展中所扮演的重要角色是有目共睹的。因此要促进茶叶龙头企业发展壮大，是应对茶产业发展难以"突围"的关键。大力实施龙头壮大工程，要支持一批有生产规模、有

营销渠道、有社会责任的茶叶企业做大做强；支持一些优势企业通过收购兼并、联合重组、合资合作等形式整合中小茶叶企业并组建能够挂牌上市的企业联盟或集团；支持对国家级、省级及出口龙头茶叶企业进行培育，着力打造一批在国内外有竞争性、有影响力的知名大型茶企。同时，加强省茶业集团的建设，进一步加大人力、物力、财力的投入力度，使之成为各省茶叶经营的龙头、品牌建设的主力、茶文化发展的旗手。此外，重点龙头企业要主动融入产业链，发挥各自的优势和作用。

（三）高科技引领，做深加工促升级

科技创新是产业发展的动力源。没有科技创新作为支撑，茶叶品牌打造、品质提升等都是无源之水、无本之木。要依靠科技创新，加快生态茶园建设，提升茶叶品质，改善自然生态环境；依靠科技创新，加快茶叶加工标准化、连续化生产线的使用，提高生产加工效率，提升质量卫生安全，保证茶产品品质的稳定；依靠科技创新，集中力量突破制约产业发展的技术性瓶颈问题，着力开发适应消费者需求的新产品，抢占市场制高点。科技创新，人才是关键。大力实施科技赋能工程，聘请涵盖种植、加工、销售、品牌建设等多个领域的专家学者参与茶产业发展，充分发挥专家在茶产业链建设中的作用，走科技兴茶之路。进一步深化科技人才下乡政策，通过政策宣传、任职或挂职、科技服务等形式，选派专家到茶产业链建设现场，进行深入地指导。

（四）高价值定位，做响品牌亮名片

品牌是产业的核心竞争力。在市场经济条件下，品牌就是产品的生命。各地要立足区域优势，大力实施品牌培育工程。做强已有的区域公用品牌，远期要通过政府引导和市场化运作方式，进一步优化整合区域公用品牌。建立并完善以品牌为主导的政策扶持和工作机制，进一步加大对品牌建设的激励力度、强化品牌保护机制和加强品牌宣传推介。

品质是产品的灵魂，是品牌的基石，做好品牌首先要提升品质。要从标准化、优质化入手，严格执行"扶质不扶量"的政策导向，统筹使用各类资金重点实施现有茶园的有机化、生态化升级改造，构建从茶园到茶杯全程质量追溯体系，进一步调整优化茶叶区域布局和品种结构，着力建成一批高标准优质、高效生态茶园。同时，加大科技创新力度，提高品质。茶叶学会、茶叶协会等行业组织是加快茶产业发展的重要资源和力量，应充分发挥行业组织作用。要积极支持茶叶学会和协会建立区域公用品牌标准化体系和茶叶产品追溯体系，实现茶叶产品的全程监管、阳光消费。省茶叶学会和协会要积极引导企业自觉履行社会主体责任，树立"质量第一、安全第一"的意识，诚实守信经营。

（五）高水平经营，做宽销售增效益

市场是产业发展的根本动力。要加强营销创新、品牌创新、科技文化创新等，积极拓展市场。推进省级茶业交易中心、区域性茶叶交易市场、电商交易平台等的建设和运营，构建"线上线下融合、国内国外并进"的多元营销格局，积极拓展营销渠道，健全市场销售体系。优化品牌专卖奖补政策，支持在省域外的省会、副省级及以上城市，开设茶叶品牌专卖店，拓展国内产业市场，提升茶叶市场的份额；积极开拓海外市场，实施"走出去"发展战略。多措并举，提升秦巴茶叶在国际国内市场上的占有率和知名度。同时，各地应充分提炼各自的优势，做好宣传营销，做出有特色的"明星"产品，避免区域内的无效竞争。

充分运用报、网、微、端、屏等传统媒体和新媒体，推动茶产品进学校、学生进茶园的"双进行动"，推动茶产品走进社区、进入千家万户，引导茶叶的健康、理性消费。政府、协会及龙头企业应积极推动国际性的茶产品交易和茶文化交流会。各级领导干部尤其是茶主产区的干部要带头学茶、懂茶和护茶，自觉做宣传员和推销员，让更多的人知道家乡的茶、爱上家乡的茶。

（六）高效益联结，做长链条共发展

"十四五"规划纲要明确指出，"推进产业基础高级化、产业链现代化，提高经济质量效益和核心竞争力"。经济发展的高质量取决于产业发展的高质量。高质量发展是追求高效、高端、绿色、持续的发展。现代化则要求产业链必须总体处于全球价值链中高端水平，供应链绿色化、智能化，而且灵活、高效、富有弹性，产业链上下游和生产制造各环节等衔接紧密、有高度协同性，技术创新自主可控。茶产业在农业诸多产业之中具备绿色、持续发展的优势，加快发展茶产业是实现经济高质量发展的重要举措。2021年9月，农业农村部、国家市场监督管理总局、中华全国供销合作总社等国家3部门联合印发《关于促进茶产业健康发展的指导意见》，从国家层面提出了建立省级领导担任茶全产业链"链长"的推进机制。茶产业链建设是一项系统工程，要大胆地探索链长责任制，认真梳理"卡脖子"问题，以问题为导向，统筹各方资源，聚合各方力量，构建政府引导、市场主导、上下联动、多方协同的推进机制，推进茶产业链快速、健康、高效发展。

大力实施补链强链工程。发展茶叶精深加工，打造覆盖生产、加工、销售、流通等环节，一二三产业以及茶、旅、文、康深度融合的茶产业链。积极支持以茶为主导产业的国家和省级农村产业融合发展示范园创建活动，培育壮大融合主体，促进全链条融合，打造具有影响力的最美茶乡和茶旅融合精品线路及景区。同时，茶产业还需要与康养、文化等相互融合，互促互进。支持举办茶文化交流等节会活动，擦亮历史文化名片、放大传统技艺名片、打造新的品牌名片，讲好茶文化故事，以文化消费带动产品消费，以产品消费带动产业发展。此外，强化政策督办落实。相关部门要加强协调配合，对任务进行分解，列出工作清单，明确责任主体，加强督促检查。加强与省茶叶学会、茶叶协会联系沟通，积极搭建协商平台，凝聚发展共识。

参考文献

[1] 乡村振兴战略规划（2018—2022年）[DB/OL].[2018-11-29]http://www.moa.gov.cn/ztzl/xczx/xczxzlgh/201811/t20181129_6163953.htm.

[2] 傅琴.基于Citespace的十九大以来乡村振兴研究热点分析[J].农村经济与科技，2020，31(18):233-235，229.

[3] 习近平.决胜全面建成小康社会夺取新时代中国特色社会主义伟大胜利——在中国共产党第十九次全国代表大会上的报告（2017年10月18日）[M].北京：人民出版社，2017.

[4] 郝丽丽.习近平乡村振兴战略研究[D].石家庄：河北经贸大学，2019.

[5] 苟文峰.乡村振兴的理论、政策与实践研究：中国"三农"发展迈入新时代[M].北京：中国经济出版社，2019.

[6] 张娇.我国"乡村振兴战略"的理论与实践研究[D].西安：西安工业大学，2019.

[7] 郭俊华，卢京宇.乡村振兴：一个文献述评[J].西北大学学报（哲学社会科学版），2020，3(2):130-138.

[8] 李晓东.乡村振兴战略的理论渊源和内涵研究[D].青岛：青岛理工大学，2019.

[9] 姜书瑾.农村产业兴旺问题研究[D].石家庄·河北经贸大学，2020.

[10] 段端磊.新时代中国农村产业兴旺研究[D].武汉：武汉大学，2019.

[11] 张可心.基于产业兴旺的乡村振兴战略模式研究——以陕西省为例[D].西安：西北大学，2019.

[12] 王雪.乡村振兴战略背景下的产业振兴问题研究[D].石家庄：河北经贸大学，2020.

[13] 李勇.中国茶产业升级研究[M].北京：光明日报出版社，2016.

[14] 周文彰.数字政府和国家治理现代化[J].行政管理改革，2020，2：35-

40.

[15] 唐弋夫,杨苗,唐德祥.新型农业经营主体融资风险的纾解机制研究[J].南京:南京社会科学,2022,2:10-14.

[16] 邓安能.新时代诚信建设制度化的实践路径[J].理论导刊,2020,10:7-12.

[17] 刘仲华.中国茶叶深加工产业发展历程与趋势[J].茶叶科学,2019,2:72-78.

[18] 周久立.改革开放以来中国农村贫困治理的政策演进研究[D].大庆:东北石油大学,2020.

[19] 何得桂,姚桂梅,徐榕.中国脱贫攻坚调研报告——秦巴山区篇[M].北京:中国社会科学出版社,2020.

[20] 国务院扶贫开发办,国家发展与改革委员会.秦巴山片区区域发展与扶贫攻坚规划(2011—2020年)[EB/OL].[2012-05-22].https://www.docin.com/p-796450188-f2.html.

[21] 中华人民共和国中央人民政府.中国农村扶贫开发纲要(2011—2020年)[EB/OL].[2020-09-05].http://www.gov.cn/gongbao/content/2011/content_2020905.htm.

[22] 张权伟,王欢.秦巴新风扑面来——安康市新民风建设综述[N].陕西日报,2019-01-26(1).

[23] 陕西自然资源厅.陕南移民搬迁带动贫困成效显著[EB/OL].[2018-09-13].http://gtzyt.shaanxi.gov.cn/info.1038/39994.htm.

[24] 王罡,康传义,赵杨博.周至县委书记杨向喜:在家门口打一场漂亮的攻坚战[N].陕西日报,2019-10-16.

[25] 刘强,曹瑞.太白县委书记田来锁:用实干打开"贫困锁"[N].陕西日报,2019-10-17.

[26] 张权伟.汉阴县委书记周永鑫:做大产业,把贫困户"镶嵌"在产业链上[EB/OL].[2019-10-28].https://www.sxdaily.com.cn/2019/10/28/content_8076749.html?from=timeline.

[27] 汉中市南郑区法镇沙坝村第一书记张可"奋斗路"连着村民的"幸福路"[N].陕西日报,2020-07-06.

[28] 湖北省农业农村厅.推进特色产业发展 夯实湖北脱贫底盘 我省农业

产业扶贫取得明显成效 [EB/OL].[2020-12-15].http://nyt.hubei.gov.cn/zfxxgk/fdzdgknr_GK2020/qtzdgknr_GK2020/zczxjlsq/202012/t20201215_3086031.shtml.

[29] 上下同心、尽锐出战、精准务实、开拓创新、攻坚克难、不负人民——24字精神铸就脱贫伟业 [N]. 湖北日报，2021-07-15.

[30] 产业扶贫助力湖北脱贫攻坚 [N]. 中国产经新闻报，2017-06-02.

[31] 湖北省农业农村厅. 推进特色产业发展 夯实湖北脱贫底盘 我省农业产业扶贫取得明显成效 [EB/OL].[2020-12-15].http://nyt.hubei.gov.cn/zfxxgk/fdzdgknr_GK2020/qtzdgknr_GK2020/zczxjlsq/202012/t20201215_3086031.shtml.

[32]《"决战脱贫攻坚"系列新闻发布会第四场：省农业农村厅发布全省产业扶贫推进情况》，陕西省农业农村厅农业宣传信息中心 [EB/OL].[2020-10-16].http://nynct.shaanxi.gov.cn/www/fpdt/20201016/9738459.html.

[33] 吴莎莎，刘斌，王旭. 产业造血拔穷根 因地制宜久为功——陕西省产业扶贫工作纪实 [EB/OL].[2021-01-20].http://nynct.shaanxi.gov.cn/www/fpdt/20210120/9747879.html.

[34] 产业扶贫 硕果累累 [EB/OL]. 河南省人民政府门户网站，http://nrra.gov.cn/art/2021/2/2/art_5_186513.html，2021-01-31.

[35] 方化祎，张海涛. "精准扶贫河南攻坚"之二：产业扶贫拔穷根 [N]. 河南日报，2016-08-12.

[36] 由"扶生存"到"扶发展"——316万贫困人口依托产业脱贫 [N]. 湖北日报，2020-06-09.

[37] 马国强在全省产业扶贫现场会上强调 以更加精准有效的举措 推动产业扶贫提档升级 [N]. 湖北日报，2018-05-09.

[38] 产业扶贫助力湖北脱贫攻坚 [N]. 中国产经新闻报，2017-06-02.

[39] 恩施州产业扶贫观察 [N]. 恩施日报，2017-06-26.

[40] 湖北省扶贫办. 英山：土鸡敲开贫困农民致富门 [EB/OL].[2015-10-09].http://xczx.hubei.gov.cn/bmdt/jzfp/cyfp/201911/t20191108_505008.shtml.

[41] 利川市扶贫办. 利川创新金融扶贫新模式互助合作社帮专业合作社贷款 [EB/OL].[2016-8-8].http://xczx.hubei.gov.cn/bmdt/jzfp/cyfp/201911/t2019

1108_505091.shtml.

[42] 咸丰县扶贫办.咸丰县打好产业扶贫组合拳 精准帮扶到户到人 [EB/OL].[2019-11-07].http://xczx.hubei.gov.cn/bmdt/jzfp/cyfp/201911/t20191108_505362.shtml.

[43] 咸丰县扶贫办.东西部扶贫协作助力咸丰油茶产业招商引资项目顺利落 地 [EB/OL].[2020-05-01].http://xczx.hubei.gov.cn/bmdt/jzfp/cyfp/202005/t20200 501_2257024.shtml.

[44] 奉节县产业处.重庆奉节三个"全覆盖"夯实产业脱贫基础 [EB/OL].[2018-07-31].http://fpb.cq.gov.cn/zxgz_231/cyfz/202001/t20200113_4536482.html.

[45] 奉节：因地制宜发展丹参产业 带动贫困户增收脱贫 [EB/OL]. 中国网，[2020-05-27].http://fpb.cq.gov.cn/hdjl_231/mtgz/202005/t20200527_7487159.html.

[46] 重庆市奉节县：小额信贷破局开路 立足产业脱贫致富 [EB/OL].[2020-09-08].http://fpb.cq.gov.cn/zxgz_231/cyfz/202009/t20200908_7860910.html.

[47] 奉节产业处.奉节县坚持产业扶贫"四到户"促增收脱贫 [EB/OL].[2018-03-30].http://fpb.cq.gov.cn/zxgz_231/cyfz/202001/t20200113_4538001.html.

[48] 社会扶贫处.巫溪县峰灵镇探索产业发展模式助推脱贫攻坚 [EB/OL].[2017-06-22].http://fpb.cq.gov.cn/zxgz_231/shfp/202001/t20200113_4539921.html.

[49] 巫山县扶贫办产业开发处.巫山县大力发展山羊产业 助推脱贫攻坚 [EB/OL].[2017-08-25].http://fpb.cq.gov.cn/zxgz_231/cyfz/202001/t20200113_4539575.html.

[50] 产业开发处.巫山县发展壮大中药材产业促进脱贫增收 [EB/OL].[2019-03-14].http://fpb.cq.gov.cn/zxgz_231/cyfz/202001/t20200113_4534894.html.

[51] 剑阁县扶贫开发局.剑阁县：产业扶贫助增收 绿水青山富农家 [EB/OL].[2020-05-28].http://xczxj.sc.gov.cn/scfpkfj/sxnews/2020/5/28/337ee733ff0b483c924517e047f6a210.shtml.

[52] 脱贫攻坚不停步 产业扶贫出实招——甘肃全力抓好产业扶贫 增加贫困群众收入侧记 [N]. 甘肃日报，2020-03-05.

[53] 特色产业扶贫正当其时——陇南市产业扶贫掠影[N].甘肃日报,2020-07-29.

[54] 武都区扶贫办.武都区产业扶贫增强贫困村发展后劲[EB/OL].[2014-12-09].http://fpb.gansu.gov.cn/fpb/c105290/201412/520424.shtml.

[55] 西和县扶贫办.西和县2014年产业扶贫成效显著[EB/OL].[2015-01-08]. http://fpb.gansu.gov.cn/fpb/c105290/201501/520428.shtml.

[56] 康县扶贫办.康县"六项措施"抓实产业扶贫[EB/OL].[2018-09-05]. http://fpb.gansu.gov.cn/fpb/c105290/201809/528224.shtml.

[57] 郭青.新社区工厂是促进经济恢复性增长和巩固脱贫攻坚成果的最佳结合点[N].安康日报,2020(005).

[58] 李霞."龙头企业带动"产业精准扶贫模式研究——以"陕西模式"为例[D].西安:西北大学,2017.

[59] 王鹤蓉.金融支持产业扶贫的帮扶发展模式运行效率研究[D].成都:西南科技大学,2020.

[60] 徐德龙.秦巴山脉绿色循环发展战略研究(综合卷)[M].北京:科学出版社,2019.

[61] 刘旭.秦巴山脉绿色循环发展战略研究(农林畜药卷)[M].北京:科学出版社,2019.

[62] 何得桂,姚桂梅,徐榕,等.中国脱贫攻坚调研报告——秦巴山区篇[M].北京:中国社会科学出版社,2020.

[63] 邓正琦.山地区域乡村振兴研究——以秦巴山区、武陵山区为例[M].成都:西南师范大学出版社,2020.

[64] 蒋文龙.品牌赋能——"丽水山耕"营造法式[M].北京:中国农业出版社,2017.

[65] 许汉泽,徐明强.再造新集体经济:从"产业扶贫"到"产业兴旺"的路径探索——对H县"三个一"产业扶贫模式的考察[J].南京农业大学学报(社会科学版),2020,20(4):78-90.

[66] 程杰贤,郑少锋.农产品区域公用品牌使用农户"搭便车"生产行为研究:集体行动困境与自组织治理[J].农村经济,2018,2:78-85.

[67] 罗高峰.农产品品牌整合中的政府角色研究——以浙江省景宁惠明茶为

例 [J]. 农业经济问题, 2010, 31(4):75-79, 112.

[68] 郑宝华, 晏铃. 以农业地标品牌建设推动高原特色现代农业快速发展 [J]. 云南社会科学, 2017, 3:80-86.

[69] 陈磊, 姜海, 孙佳新, 等. 农业品牌化的建设路径与政策选择——基于黑林镇特色水果产业品牌实证研究 [J]. 农业现代化研究, 2018, 39(2):203-210.

[70] 李启平, 赵溯, 晏小敏. 地理标志促进农业经济发展的实证研究 [J]. 经济经纬, 2014, 31(3):26-30.

[71] 薛彩霞, 姚顺波. 地理标志使用对农户生产行为影响分析:来自黄果柑种植农户的调查 [J]. 中国农村经济, 2016, 7:23-35.

[72] 孙丽辉. 区域品牌形成中的地方政府作用研究——基于温州鞋业集群品牌的个案分析 [J]. 当代经济研究, 2009, 1:44-49.

[73] 刘伟, 童洪志, 丁卡尼. BOP战略背景下影响农机扩散的政府补贴因素分析——基于多Agent建模的仿真研究 [J]. 管理评论, 2017, 29(7):200-212.

[74] 邹洋, 王庆斌, 季荣妹. 农户加入合作社的收入效应和资产效应——基于CHIP数据的实证研究 [J]. 财经论丛, 2021, 11:13-24.

[75] 李秉勤, 房莉杰. 反贫困:理论前言与创新实践 [M]. 北京:社会科学文献出版社, 2019:116-119.

[76] 黄宗智. 中国的隐性农业革命（1980—2010）——一个历史和比较的视野 [J]. 开放时代, 2016, 2:11-35.

[77] 王春光, 单丽卿. 农村产业发展中的"小农境地"与国家困局——基于西部某贫困村产业扶贫实践的社会学分析 [J]. 中国农业大学学报（社会科学版）, 2018, 3:38-47.

[78] 朱启臻. 乡村振兴背景下的乡村产业——产业兴旺的一种社会学解释 [J]. 中国农业大学学报（社会科学版）, 2018, 3:89-95.

[79] 武广汉. "中间商+农民"模式与农民的半无产化 [J]. 开放时代, 2012, 3:100-109.

[80] 迈克尔. 谢若登. 美国及世界各地的资产建设 [J]. 山东大学学报（哲学社会科学版）, 2005, 1:23-29.

[81] 杨云龙,王浩,何文虎.我国金融精准扶贫模式的比较研究——基于"四元结构"理论假说[J].南方金融,2016,11:73-79.

[82] 陈胜良,卢军静.金融支持产业扶贫理论模型:以田东县为例[J].广西民族大学学报(哲学社会科学版),2017,39(4):134-139.

[83] 陈成文,陈建平,陶纪坤.产业扶贫:国外经验及其政策启示[J].经济地理,2018,38(1):127-134.

[84] 辜胜阻,李睿,杨艺贤.切断贫困代际传递实现全国同步小康的对策思考[J].社会科学家,2015,4:63-67.

[85] 申云,彭小兵.链式融资模式与精准扶贫效果——基于准实验研究[J].财经研究,2016,42(9):4-15.

[86] 刘平,黄绍进,黄彦媛,等.新形势下金融支持扶贫开发模式研究——昭平茶产业案例[J].区域金融研究,2013,12:48-52.

[87] 李坤.农村信用工程助力贵州脱贫攻坚[J].当代贵州,2016,6:24-25.

[88] 黄莉,王定祥.深度贫困地区扶贫信贷供需对接困境及其破解[J].贵州社会科学,2018,5:151-158.

[89] 郭兴平.新时期的金融扶贫:形势、问题和路径[J].农村金融研究,2013,5:12-16.

[90] 黄庆河.京东、阿里下乡放贷对农村金融市场的影响分析及启示[J].甘肃金融,2016,6:57-59.

[91] 许尔忠,齐欣.金融支持产业扶贫"庆阳模式"研究[J].西北民族大学学报(哲学社会科学版),2015,4:109-115.

[92] 周孟亮,罗荷花.双重目标下金融扶贫的实践偏差与模式创新[J].郑州大学学报(哲学社会科学版),2019,52(2):46-50,127.

[93] 赵红艳.金融助力产业扶贫的制约因素及消解路径——兼析银行利率+政府补贴+扶贫项目模式探索[J].价格理论与实践,2017,12:146-148.

[94] 刘艳华,徐勇.扶贫模式可持续减贫效应的分析框架及机理探析[J].地理科学进展,2018,37(4):567-578.

[95] 汪三贵,殷浩栋,王瑜.中国扶贫开发的实践、挑战与政策展望[J].华南师范大学学报(社会科学版),2017,4:18-25,189.

[96] 张跃平，徐凯. 深度贫困民族地区贫困特征及"扶志"与"扶智"的耦合机制建设——基于四川甘孜、凉山两州的调研思考 [J]. 中南民族大学学报（人文社会科学版），2019，39（5）:149-153.

[97] 周华强，王敬东，冯文帅. 构建新型农村科技服务体系 [J]. 宏观经济管理，2014，6:43-46.

[98] 郎亮明，张彤，陆迁. 基于产业示范站的科技扶贫模式及其减贫效应 [J]. 西北农林科技大学学报（社会科学版），2020，20（1）:9-18.

[99] 李博，方永恒，张小刚. 突破推广瓶颈与技术约束：农业科技扶贫中贫困户的科技认知与减贫路径研究——基于全国12个省区的调查 [J]. 农村经济，2019，8:42-50.

[100] 郎亮明，张彤，陆迁. 农业科技扶贫的多维效应：增收、扶智与扶志——基于陕西省821份农户调研数据 [J]. 农业技术经济，2021，9:129-144.

[101] 李卓，郑永君. 有为政府与有效市场：产业振兴中政府与市场的角色定位——基于A县产业扶贫实践的考察 [J]. 云南社会科学，2022，1:162-168.

[102] 田雄，刘丹. 泥淖之上科层之下：产业扶贫中乡土企业与基层政府的关系研究 [J]. 中国农业大学学报（社会科学版），2019，36（2）:68-78.

[103] 焦芳芳，刘启明，武晋. 基于"权力—利益"框架的农户参与问题研究——以L县"企业+基地+农户"香菇产业扶贫模式为例 [J]. 甘肃行政学院学报，2018，6:93-103，128-129.

[104] 郭晓鸣，廖祖君，张耀文. 产业链嵌入式扶贫：企业参与扶贫的一个选择——来自铁骑力士集团"1+8"扶贫实践的例证 [J]. 农村经济，2018，7:1-8.

[105] 张海鹏. 制度优势、市场导向与产业扶贫 [J]. 社会科学战线，2018，6:85-90.

[106] 蒋永甫，龚丽华，疏春晓. 产业扶贫：在政府行为与市场逻辑之间 [J]. 贵州社会科学，2018，2:148-154.

[107] 张春敏. 产业扶贫中政府角色的政治经济学分析 [J]. 云南社会科学，2017，6:39-44.

[108] 孙兆霞. 脱嵌的产业扶贫——以贵州为案例 [J]. 中共福建省委党校学报，

2015，3:14-21.

[109] 田云章.农产品区域品牌研究综述[J].农机化研究，2013，35(8):232-235，252.

[110] 关于促进扶贫小额信贷健康发展的通知[N].经济日报，[2017-08-18]. http://www.gov.cn/xinwen/2017-08/18/content_5218523.htm.

[111] "镇园产业联盟"模式找准"有为政府"与"有效市场"的黄金结合点[N/OL].安康日报[2019-07-18].http：//www.hyxw.com.cn/Article/mtgz/akrb/201905/21276.html.

[112] 易明，杨树旺.探索建立科技助力精准扶贫的长效机制[N].光明日报，2018-5-10.

[113] 杨光.金融活水助力陕南茶叶变"茶业"[N].陕西日报[2022-1-16]. http://www.shaanxitoday.com/index.php?v=show&cid=1&id=21788.

[114] 新县写活"绿"文章做强茶产业[N].信阳日报，[2019-06-27].https://nynct.henan.gov.cn/2019/06-26/935178.html.

[115] 黄楚平.奋力打造千亿茶产业[N].湖北日报农村新报，[2021-12-01]. http://nyt.hubei.gov.cn/dtyw/202112/t20211201_3891684.shtml.

[116] 新华社.中共中央国务院关于打赢脱贫攻坚战的决定[EB/OL].[2015-12-7].http://www.gov.cn/zhengce/2015-12/07/content_5020963.htm.

[117] 固始县现代农业产业园：茶叶带贫 农户增收[EB/OL].[2020-04-09]. https://nynct.henan.gov.cn/2020/04-09/1314645.html.

[118] 王者，杜福建.壮大茶产业 荒山变金山 河南桐柏县盘活闲置资源，因地制宜[EB/OL].人民网，[2022-04-12].https://nynct.henan.gov.cn/2022/04 12/2429971.html.

[119] 南川变资源优势为发展竞争力[EB/OL].http://www.sohu.com/a/234333483_649886.

[120] 王庆五，吕永刚.打造政府与市场的"双强引擎"[N].新华日报，2018-05-22.

[121] 中国农业品牌研究中心.中国茶叶区域公用品牌价值评估报告[OB/OL]. http://www.brand.zju.edu.cn/main.htm.

[122] 推进农业产业扶贫综述：增收靠项目 脱贫有门路[EB/OL].央广网，

[2017-04-13].http://news.cnr.cn/native/gd/20170413/t20170413_523705051.shtml.

[123] 央视网评：以茶致富 以茶兴业 [EB/OL]. 央广网 [2021-02-19].https://baijiahao.baidu.com/s?id=1692082265297072704&wfr=spider&for=pc.

[124] 陕南茶业：绿染秦巴山川 成就"金山银山" [EB/OL]. 中国日报网，[2021-05-17].https://baijiahao.baidu.com/s?id=1699971706722440215&wfr=spider&for=pc.

[125] 关于实现巩固拓展脱贫攻坚成果同乡村振兴有效衔接的意见 [OB/OL].[2021-03-22].http://www.gov.cn/zhengce/2021-03/22/content_5594969.htm.

[126] 习近平：高举中国特色社会主义伟大旗帜 为全面建设社会主义现代化国家而团结奋斗——在中国共产党第二十次全国代表大会上的报告 [EB/OL].[2022-10-25].http://www.gov.cn/xinwen/2022-10/25/content_5721685.htm.

[127] 中共中央国务院关于做好二〇二三年全面推进乡村振兴重点工作的意见 [EB/OL]. 人民日报 [2023-02-14].http://www.bjszjggw.gov.cn/res/bulletin/0125_18912/167621679 2462_m.html.

[128] 陕西持续巩固拓展脱贫攻坚成果助力乡村振兴让群众稳稳地收获幸福 [N]. 陕西日报，2022-10-17.

[129] 肖伏清. 推进特色产业发展 夯实湖北脱贫底盘 [EB/OL]. 荆楚网 .[2020-12-29].https://www.sohu.com/a/441121490_119861.

[130] 湖北 203.9 万贫困劳动力转移就业 [EB/OL]. 中国农村网，http://www.crnews.net/zt/jstpgj/gdbd/874078_20201013013940.html.

[131] 中国这十年·重庆丨巩固拓展脱贫攻坚成果 全面推进乡村振兴 [EB/OL]. 视界网 / 重庆网络广播电视台，[2022-08-17].https://www.cbg.cn/show/4933-2251161.html.

[132] 守牢底线抓发展 稳中求进促振兴——回望 2022 年甘肃巩固拓展脱贫攻坚成果全面推进乡村振兴之路 [N]. 甘肃日报，2023-01-07.

[133] 巩固脱贫成果 推进乡村振兴 [EB/OL]. 每日甘肃 [2022-03-07].https://baijiahao.baidu.com/s?id=1726598896384621909&wfr=spider&for=pc.

[134] 信阳市多维度助力毛尖品牌建设 [N]. 信阳日报 [2022-12-09].

https://mp.weixin.qq.com/s?__biz=MzI3OTUyNjc4Nw==&mid=2247532890&idx=2&sn=70fba84bbdd9bcec04a93e784a8f330e&chksm=eb446db6dc33e4a055137215e40b6162d0e645e14ad17d3484c93b9a6c77921ad2ce535ce59b&scene=2.

[135] 安康汉滨区发展茶园"茶经济"鼓起群众"钱袋子".陕西科技传媒[2023-03-31].https://baijiahao.baidu.com/s?id=1761892841187063152&wfr=spider&for=pc.

[136] 农行陕西省分行"金融支持乡村振兴"助力三秦大地现代农业发展.农民日报[2022-06-28].http://www.gxcbt.com/toutiao/2022/0628/47727.html.

[137] 深化产业金融支持 有力带动群众增收致富因茶兴业.陕西银保监局[2021-11-11].http://fsa.shaanxi.gov.cn/jrfz/yxbx/ywdt/202111/t20211111_2200031.html.

[138] 乡村振兴新样本：在陕南的屋顶 一次"金融+公益"试验.新京报[2023-03-13].https://baijiahao.baidu.com/s?id=1760260042476966417&wfr=spider&for=pc.

[139] 石太莉.金融"妙笔"绘就乡村产业好场景——农行陕西省分行倾情服务安康乡村振兴.安康乡村振兴[2022-09-23].https://mp.weixin.qq.com/s?__biz=MzI0NTI0NzI4Ng==&mid=2247523989&idx=2&sn=b31715a03527001e9973206176a5ef43&chksm=e953a2ccde242bda891fa9111742fb4111781fab07b971a9a5d39b36241a405a5174fa5b624a&scene=27.

[140] 让茶叶绽放"新芽"信阳毛尖产业的创新探索.央广网，[2023-04-30].https://news.cnr.cn/local/dfrd/jj/20230430/t20230430_526236867.shtml.

[141] 信阳毛尖茶产业基地获评河南乡村振兴劳模出彩基地.中国气象报社[2023-01-13].http://www.zgqxb.com.cn/zx/zh/202301/t20230113_5256145.html.

[142] 王亚茹，王凯，何新华.乡村振兴战略视角下信阳市茶产业发展对策研究[J].安徽农学通报，2020，26(16):71-74.

[143] 桐柏县："4+N"特色产业助力群众增收致富.南阳市扶贫开发办公室[2023-03-28].http://fpb.nanyang.gov.cn/xwzx/xgdt/563805.htm.

[144] 桐柏县城郊乡：乡村振兴新气象 文旅产业新篇章.河南经济报

[2023-03-21].http://www.tongbai.gov.cn/zwgk/xxfb/webinfo/2023/03/1677801277423813.htm.

[145] 河南桐柏:"三茶"统筹 助力乡村全面振兴.央广网[2022-07-01].http://www.tongbai.gov.cn/ztlm/tongbaichaai/tongbaicha/webinfo/2022/07/1653376406794082.htm.

后记

开始撰写后记，意味着本次写作进入了新的阶段，竟有一种如释重负的感觉。本书是教育部人文社会科学研究项目"秦巴山区茶产业升级与精准扶贫互动发展长效机制研究"（编号：17YJAZH046）的研究成果之一。写作中曾一度处于紧张的状态，总感觉研究积淀不足，也常感到思维不严密、语言表述不精准。幸得李勇教授、乔雅洁副教授共同努力，最终完成本书撰写。此时，看着书桌旁打印出的一本厚厚的初稿，上面圈圈划划的修改批注，意外地享受到了这份努力之后的喜悦！

"把论文写在祖国的大地上，把科技成果应用在实现现代化的伟大事业中。"是对广大科技工作者提出的要求，也是每一个青年的责任。有幸参与到本课题组，期间查阅了大量相关文献，也多次深入秦巴山区的贫困县实地探访和调研，在这个过程中，我真切地感受到茶产业对秦巴山区产业、经济发展的重要作用，加深了对这些地区茶产业发展所遇到问题的认识和理解。回顾整个写作过程，我个人所撰写的部分，都是利用工作之余完成的，前前后后差不多用了近一年的时间。每完成一个章节，都对所研究问题有了相较之前更深入的理解。我惊奇地发现，自己已经爱上了"茶"，热爱自己正在做的这些研究，研究领域也不断聚焦。与此同时，在实践中我找到了很多可以继续深入研究的问题，这些都成为后来在申报个人科研项目、指导学生申报大创项目选题时的重要参考。"穷理以致其知，反躬以践其实。"如今细品，感触颇深。科学研究既要追求知识和真理，也要服务于经济社会发展和广大人民群众。我想它是有道理的。从浅层字面来说，我们做科研，其落脚点都是为了解决实际中出现的问题，能够用于实际生产生活，其根本是要发现问题、提出问题、解决问题。研究成果就是解决问题之后的产物，公开发表的传播价值，应该还是为了传播知识和真理。当苦于找不到解决问题的办法时，还是要回归"从现实中来，到实践中去"这个基本准则，坚持实事求是，在调研中发现问题，寻求帮助。这是我完成本书过程中最大的感受，与大家共勉。

本书在系统梳理秦巴山区茶产业在脱贫攻坚和乡村发展中取得的成就基础上，围绕脱贫攻坚与乡村振兴有效衔接中茶产业发展的现状和面临的突出问题，结合经营主体多元化、优化利益联结机制、金融支持、教育与培训、政府与市场驱动、品牌等相关内容，进一步提出从产业融合的角度对茶产业发展新模式、新路径的探讨。多学科、多主体融合，也是茶产业发展的未来路径选择。科学研究其实也如此！本书写作中得益于同事、朋友、师长及其他团队成员帮助，通过交流，互相学习，既有感触团队合作的快乐与思想碰撞，也体会到学科交融带来的成长和互补。

当然，本书对接下来的茶产业发展路径选择只是一个简单的初步的探讨，希望将来有更多学者能进一步、深入地研究，从而促进我国茶产业的健康发展，为消费者提供更多更好的茶饮品，为广大茶农及茶业企业创造更多的经济效益，让更多的人爱上"茶"，让贫困地区的人可以真正"因茶致富，因茶兴业"。

因为是第一次真正意义上全程参与专著的撰写，书中难免会有一些不足和纰漏，恳请读者批评指正。本书内容如能对读者有一点启发或帮助，自然深感欣慰。

最后，感谢在写作过程中给我指导的陕南生态经济研究中心的专家和团队同事，还有给我鼓励的朋友和家人，同时，要感谢本书写作所有参考文献的专家学者，你们的前期研究成果给了我很多启示。感谢所有给予我关心、支持和帮助的人们。

作者

2022 年 12 月 31 日